Durch die berufliche Krise und dann vorwärts –

Heidrun Schüler-Lubienetzki
Ulf Lubienetzki

Durch die berufliche Krise und dann vorwärts –

wie Sie in und nach der Krise auf den Beinen bleiben

 Springer

Heidrun Schüler-Lubienetzki
entwicklung GbR
Hamburg, Deutschland

Ulf Lubienetzki
entwicklung GbR
Hamburg, Deutschland

ISBN 978-3-662-60535-6   ISBN 978-3-662-60536-3   (eBook)
https://doi.org/10.1007/978-3-662-60536-3

Die Deutsche Nationalbibliothek verzeichnet diese Publikation in der Deutschen National-
bibliografie; detaillierte bibliografische Daten sind im Internet über ▶ http://dnb.d-nb.de
abrufbar.

Planung/Lektorat: Marion Kraemer
Fotonachweis Umschlag: (c) Adobe Stock/I Believe I can Fly

Springer ist ein Imprint der eingetragenen Gesellschaft Springer-Verlag GmbH, DE und ist
ein Teil von Springer Nature.
Die Anschrift der Gesellschaft ist: Heidelberger Platz 3, 14197 Berlin, Germany

Vorwort

Im Rückblick auf eine überwundene Krise hören wir oft Satz: „Das hätte auch anders ausgehen können." Manchmal endet eine Krise auch weniger positiv und geht damit anders als erhofft oder gewünscht aus. Doch woran liegt es, wie so eine Geschichte ausgeht? Dieser Frage sind wir in vielen Jahren unserer Arbeit als Coaches, Trainer und Berater auf den Grund gegangen. In diesem Buch möchten wir unsere Erfahrungen in diesem Thema an unsere Leserinnen und Leser weitergeben. Dabei richten wir uns gleichermaßen an Menschen, die bereits von einer persönlichen und beruflichen Krise betroffen sind, und an solche, die sich für eine solche präventiv wappnen möchten.

Wer wie wir mit Menschen in beruflichen Kontexten arbeitet, erfährt vieles über persönliche und berufliche Krisen. Eine Erfahrung ist, dass jede dieser Krisen einzigartig ist. Die Einzigartigkeit ergibt sich aus der Individualität jedes Menschen gepaart mit dessen individuell ausgeprägter privater und beruflicher Umwelt. Zwangsläufig sind damit auch die Lösungen samt Lösungsweg aus der Krise einzigartig. Eines ist jedoch nach unserer Erfahrung nicht einzigartig, die Systematik, mit der es gelingt, eine persönliche und berufliche Krise zu überwinden. Wir möchten unseren Leserinnen und Lesern zunächst grundlegendes Wissen zur Psychologie in der Krise, wozu unter anderem Stress und psychische Widerstandsfähigkeit zählen, vermitteln. Darauf aufbauend und veranschaulicht an praxisnahen Beispielen werden Wege aufgezeigt, für sich persönlich Erfolg versprechende Handlungsstrategien sowie konkrete Maßnahmen aus der Krise zu finden. Als Coaches wenden wir in der Arbeit mit unseren Kundinnen und Kunden gezielt Übungen und Tools an, um diesen zu helfen, ihre Erfolg versprechenden Wege aus der Krise zu finden. Eine Auswahl dieser Übungen und Tools haben wir für den individuellen Gebrauch auch ohne Coach aufbereitet und in diesem Buch beschrieben. Das Buch vermittelt damit einerseits psychologische Grundlagen und wendet diese andererseits auf die konkrete Krisensituation an.

Wie eingangs gesagt, richtet sich dieses Buch an Menschen, die systematisch mit beruflichen Krisen umgehen möchten, um ihre Lebens- und Berufsziele trotzdem zu erreichen und zu ihrem persönlichen Wohlbefinden zurückzufinden. Vorrangiges Ziel und Schwerpunkt ist es, Menschen in der Krise zu helfen, diese so zu überstehen, sodass es im Zuge der Krise nicht zur Katastrophe kommt. Gerade in der Krise ist der Mensch erfahrungsgemäß besonders emotional belastet, sodass die aufkommenden negativen Gefühle ein systematisches Arbeiten erschweren oder sogar unmöglich machen. Wir sind uns dessen sehr bewusst, sodass wir bereits zu Beginn dieses Buches darauf hinweisen möchten, dass es aus unserer Sicht sinnvoll ist, begleitend und mit geeigneter Unterstützung an seinen Gefühlen wie Wut oder Trauer, die in der Krise übermächtig werden können, zu arbeiten. Einem Buch sind an dieser Stelle nicht zu überwindende Grenzen gesetzt, sodass es nach unserer Erfahrung in solchen Fällen ratsam wäre, sich professionell begleiten zu lassen.

Da kleinere und größere Krisen im Grunde zum menschlichen Leben dazugehören, ist die Wahrscheinlichkeit groß, irgendwann von einer solchen getroffen zu werden. Eine Möglichkeit wäre sicherlich, das Unvermeidliche auf sich zukommen zu lassen und dann erst zu handeln. Eine weitere Möglichkeit, die wir in unserem Buch behandeln, ist die Krisenprävention. So wird beleuchtet, wie der Mensch sich selbst, genauer gesagt seine persönlichen Ressourcen stärken kann, um grundlegend besser auf noch nicht absehbare Krisensituationen vorbereitet zu sein. Dabei ist ein Ansatzpunkt, seine vorhandenen Ressourcen zu kennen, und ein weiterer wäre, eventuelle Lücken präventiv zu schließen.

Wir sind bestrebt, in unseren Büchern unsere Leserinnen und Leser wirklich zu erreichen. Dieses gelingt dann am besten, wenn das Vermitteln fundierten Wissens kombiniert wird mit anfassbaren Beispielen, die das Leben schrieb. Der im Buch durchgängig behandelte Fall von Tim K. ist ein solches Beispiel aus dem echten Leben. Zwar verfremdet und auf die für dieses Buch relevanten Details fokussiert, macht das Beispiel deutlich, dass die Krise jede und jeden treffen kann, dass eine emotionale Achterbahnfahrt dazugehört und dass es sich lohnt, seine Energie in das Finden des richtigen Weges durch die Krise zu investieren. Bildlich gesprochen, beinhaltet das Überwinden der Krise eine Belohnung. Wie sich diese gestaltet, hängt zu einem großen Anteil vom eigenen Handeln in der Krise ab.

Wir möchten an dieser Stelle die Gelegenheit nutzen, uns bei allen zu bedanken, die uns bei der Realisierung dieses Buches unterstützt haben. Dieses sind zuallererst unsere Kundinnen und Kunden, die uns Anregungen gegeben haben, mit denen wir gezielt relevante Themen diskutieren konnten, und die uns bestärkt haben, unser Wissen und unsere Erfahrungen weiterzugeben. Unser Dank gilt auch Frau Marion Krämer und ihrem Team beim Springer Verlag für die angenehme Zusammenarbeit sowie dafür, dass sie uns immer kompetent zur Seite standen. Für die tatkräftige Unterstützung bei der aufwendigen Literaturrecherche zu unserem Buch, für die Möglichkeit zur Reflexion und Diskussion der Inhalte sowie für die Organisation rund um das Buchprojekt danken wir unseren Werksstudenten Frau B.Sc. Janika Becker und Herrn Felix Lubienetzki. Schließlich bedanken wir uns bei unserer

Familie und unseren Freunden für den regen Austausch sowie für das entgegengebrachte Verständnis für zeitliche Einschränkungen gerade im letzten Abschnitt des Schreibens.

Wir wünschen Ihnen nun eine gewinnbringende Lektüre unseres Buches.

Heidrun Schüler-Lubienetzki
Ulf Lubienetzki
Hamburg
im November 2019

Inhaltsverzeichnis

1 **Die persönliche Krise – Ein einleitender Überblick** 1
  Literatur 7

2 **Der Weg in die Krise** 9
2.1 Als der Job noch Spaß machte – Ein erfüllter beruflicher Alltag 13
2.2 Anstrengung ohne Erfüllung – Wenn der Job jeden Tag
    mühsamer wird 26
  Literatur 38

3 **Die Krise – finale Zuspitzung einer Entwicklung** 41
3.1 Der Absturz in die Krise – Das plötzliche Ende einer
    „Bilderbuchkarriere" 42
3.2 Keiner wartet auf einen – Der erneute Aufstieg ist
    meistens länger als gedacht 55
  Literatur 61

4 **Persönlichkeit und Krise** 63
4.1 Wer bin ich? 64
4.2 Psychische Gesundheit und Wohlbefinden 69
4.3 Persönliche Ressourcen, Defizite und Hindernisse 73
  Literatur 79

5 **Beeinträchtigung der eigenen Gesundheit in der
  Krise durch Stress** 81
5.1 Transaktionales Stressmodell 82
5.2 Belastung der psychischen Gesundheit durch Stress 86
5.3 Emotionsorientierte Stressbewältigung als begleitende
    Maßnahme der Krisenbewältigung 89
  Literatur 94

6 **Psychische Widerstandsfähigkeit** 97
6.1 Konzepte und Ansätze zur psychischen Widerstandsfähigkeit 99
6.1.1 Resilienz 99
6.1.2 Kohärenzgefühl 102
6.1.3 Selbstwirksamkeit 104
6.1.4 Hardiness 107
6.2 Psychische Widerstandsfähigkeit als präventives Element 108
  Literatur 113

7   Grundlegende Überlegungen zum Umgang mit persönlichen Krisen 115

7.1 Anforderungen in der Krise und deren grundsätzliche Bewältigung 117

7.2 Prototypischer Umgang mit der beruflichen Krise..................... 128

Literatur 138

8   Prävention – Verbesserung der eigenen Ausgangsposition 139

8.1 Die eigenen Ressourcen stärken 141

8.2 Die Bedeutung persönlicher Zielsetzungen 148

8.3 Stärkung der eigenen Wahrnehmung für bedeutende Entwicklungen im eigenen Umfeld 157

Literatur 162

9   Werkzeugkasten zum Umgang mit der Krise 163

9.1 Tools zur Analyse und Zielfindung..................................... 164

9.2 Ableitung einer Handlungsstrategie 175

9.3 Beginn des Projekts Krisenbewältigung............................... 183

Literatur 188

10   Abschluss – Die Chance für etwas Neues 189

Serviceteil

Stichwortverzeichnis 195

Über die Autoren

Heidrun Schüler-Lubienetzki

ist seit mehr als zwei Jahrzehnten als Business Coach, Führungskräftetrainerin, Unternehmensberaterin und Moderatorin tätig. Heidrun Schüler-Lubienetzki ist Diplom-Psychologin mit dem Schwerpunkt Personal- und Organisationsentwicklung sowie Gesprächstherapeutin. In mehr als zwei Jahrzehnten arbeitete sie bereits mit mehreren tausend Fach- und Führungskräften bis auf Vorstandsebene zusammen. Als Autorin von Ratgebern sowie Fach- und Lehrbüchern gibt sie ihr Wissen und ihre Erfahrungen weiter. Persönliche Krisen sind ein immer wiederkehrendes Thema in ihrer Arbeit als Business-Coach. In jedem einzelnen Fall geht es darum, die Krise zu analysieren, persönliche Ziele zu erkennen und Möglichkeiten zu erarbeiten, zielgerichtet und Erfolg versprechend zu handeln. Begleitend ist immer auch die emotionale Betroffenheit Gegenstand der gemeinsamen Arbeit, wenn es darum geht, persönlich wieder handlungsfähig zu werden.

Ulf Lubienetzki

arbeitet seit mehreren Jahren als Berater, Business Coach und Trainer mit Fach- und Führungskräften unterschiedlicher Branchen zusammen. Zusätzlich verfügt er über mehr als 20 Jahre Erfahrung als Führungskraft bis zur Ebene der Geschäftsleitung in verschiedenen nationalen und internationalen Managementberatungsfirmen. Ulf Lubienetzki ist Diplom-Ingenieur und studierte Sozialpädagogik sowie Soziologie. In den von ihm verfassten Ratgebern sowie Fach- und Lehrbüchern bringt er anschaulich seine vielfältigen praktischen Erfahrungen aus der Arbeit mit seinen Kundinnen und Kunden ein. Persönliche und berufliche Krisen sind ihm in seiner Arbeit als Business-Coach und Berater, aber auch als Führungskraft in vielfältiger Art und Weise begegnet. Gerade der Umgang mit der Wechselbeziehung von erforderlicher systematischer Auseinandersetzung mit der Krise einerseits und emotionaler Belastung durch die Krise andererseits ist von zentraler Bedeutung.

Beide Autoren führen gemeinsam die Firma entwicklung GbR in ihrem Coachinghaus in Hamburg-Rahlstedt. entwicklung GbR steht für

- Coaching von Fach- und Führungskräften,
- Individual- und Teamtraining sowie
- Beratung bei Veränderungsprozessen in Organisationen.

Gemeinsam mit ihren Klienten arbeitet entwicklung GbR daran, die persönliche Leistungsfähigkeit von Fach- und Führungskräften zu erhalten und zu steigern, leistungsbereite und leistungsfähige Teams zu entwickeln, Ressourcenverschwendung durch dysfunktionale Konflikte zu reduzieren sowie Veränderungen kompetent zu beraten und zielführend zu begleiten.

Haben Sie Fragen oder benötigen Sie Informationen zu einem persönlichen Coaching, zu Seminaren oder Trainings, so finden Sie unter ▶ http://www.entwicklung-hamburg.de ein breites Informationsangebot.

Für Fragen, Rückmeldungen oder Anregungen stehen wir Ihnen gerne per E-Mail zur Verfügung: info@entwicklung-hamburg.de.

Die persönliche Krise – Ein einleitender Überblick

Literatur – 7

© Springer-Verlag GmbH Deutschland, ein Teil von Springer Nature 2020
H. Schüler-Lubienetzki, U. Lubienetzki, *Durch die berufliche Krise und dann vorwärts –*,
https://doi.org/10.1007/978-3-662-60536-3_1

1

Krisen sind allgegenwärtig, berichten die Medien doch täglich über sie. So erfahren wir von politischen Krisen, von der Finanzkrise, der Flüchtlingskrise, der Klimakrise und auch von Krisen in Sport und Kultur sowie persönlichen Krisen von Stars und Sternchen, die die Öffentlichkeit einmal mehr oder auch weniger interessieren. Eine weitere Kategorie sind Krisen von und in Unternehmen. Von diesen sind in erster Linie deren Mitarbeiter und Mitarbeiterinnen betroffen. Eine wichtige Aufgabe, wenn nicht die wichtigste des Managements eines Unternehmens ist, Unternehmenskrisen zu vermeiden bzw. sie zu bewältigen. Der Grund ist ganz einfach: Krisen kosten Ressourcen und damit Geld. Die Literatur zum Management von Krisen in wirtschaftlichen Zusammenhängen ist vielfältig, und in den Medien bekommen wir jeden Tag vorgeführt, wie Unternehmen bzw. deren Lenkerinnen und Lenker mit Krisen umgehen. In diesem Buch werden wir weniger Unternehmen im Umgang mit Krisen beobachten – wir möchten uns damit befassen, wie es betroffenen Menschen in beruflichen Krisen ergeht. Wir arbeiten mit Menschen in Krisen und interessieren uns dafür, wie es ihnen gelingt, mit ihrer beruflichen Krise umzugehen und diese zu bewältigen. Wir möchten den Fokus in unserem Buch daher auf persönliche Krisen von Menschen im Beruf lenken. Wie gehen Menschen, die mit kritischen und sogar existenzgefährdenden Situationen in ihrem Arbeitsleben konfrontiert sind, damit kognitiv und emotional um? Die tiefe persönliche Betroffenheit ist das entscheidende Merkmal einer solchen Krise. Unabhängig von der Branche, vom Unternehmen und der jeweiligen beruflichen Position, immer ist der Mensch in der persönlichen Krise mit einer Vielzahl von Anforderungen konfrontiert, die ihn in Gänze fordern.

Krisen allgemein und im Beruf

Von besonderem Interesse ist dabei, wie die von der beruflichen Krise Betroffenen die Krise erleben. Wie kommt es dazu, wie entwickelt sich die Krise, und was passiert währenddessen sowie im Anschluss? Krisen sind nach unserem Verständnis per se negative Ereignisse. Einige Expertinnen und Experten versuchen Krisen in ein positives Licht zu setzen – so werden Krisen als Chance begriffen oder postuliert, dass Menschen an der Krise wachsen, getreu dem Motto „Was uns nicht umbringt, macht uns härter!". Das mag in einigen Fällen so sein, muss es aber nicht. Daher lohnt es sich nach unserer Auffassung, in jedem Einzelfall genauer hinzuschauen und sich die Zeit zu nehmen, tiefer zu analysieren. Persönliche Krisen zu bewältigen kostet immer viel Kraft, und zusätzlich besteht stets das Risiko, dass die persönliche Krise in die persönliche Katastrophe mündet. Daher stellen wir uns die Frage, ob ein Mensch erst durch das anstrengende Tal einer Krise gehen muss, um irgendwann hoffentlich stärker daraus hervorzugehen, oder ob es nicht wesentlich effizienter, aber genauso stärkend ist, durch vorausschauendes Handeln die Krise zu vermeiden und sich den besonderen Kraftaufwand, den der Aufstieg aus dem Krisental bedeutet, zu ersparen? In jedem Fall bedeutet eine vermiedene Krise auch eine Minimierung des Risikos, dass die bereits erwähnte Katastrophe eintritt.

Wir sehen in der Krise die Zuspitzung einer schwierigen Situation oder gefährlichen Entwicklung, die unbedingt eine Reaktion erfordert, um eine drohende Katastrophe zu vermeiden. Bezogen auf die Arbeitswelt und den beruflichen Kontext bedeutet dieses, dass mit krisenbehafteten Entwicklungen umgegangen werden muss, um im schlimmsten Fall der beruflichen Vernichtung zu entgehen. Dabei geht mit der Krise in aller Regel ein Wendepunkt einher – anders ausgedrückt, ohne einen solchen Wendepunkt müsste sich die Krise zwangsläufig zur Katastrophe ausweiten. Wie gesagt, aus unserer Sicht lohnt es sich immer, eine krisenhafte Entwicklung zu vermeiden. Dass unser Verständnis damit sehr idealtypisch ist, wissen wir. Im realen Leben bzw. Berufsleben gibt es viele Gründe, warum Betroffene Krisen nicht abwenden können, sondern diese durchleben müssen. So entstehen manche Unternehmenskrisen plötzlich und mehr oder weniger unerwartet, z. B. indem ein großes Kundenunternehmen Insolvenz anmelden muss. Ein Unternehmen, das wohlmöglich in Vorleistung gegangen ist, wird nun zunächst nicht mehr bezahlt. Bei kleineren Unternehmen kann nun ebenfalls die Insolvenz drohen, wodurch die Arbeitsplätze der Arbeitnehmerinnen und Arbeitnehmer des Unternehmens gefährdet werden. In diesem Fall sind die Beschäftigten nahezu vollständig fremdbestimmt und haben gar keine andere Wahl, als mit dem eigenen Unternehmen durch die Krise zu gehen. In der Chefetage von Unternehmen sieht dieses etwas anders aus. Das Management hat gerade die Aufgabe, durch Planung und Risikovorsorge solchen Krisenszenarien wie zahlungsunfähigen Großkunden vorzubeugen. In dem genannten Beispiel wird es hoffentlich gute Gründe für das Risiko geben, die freien finanziellen Mittel des Unternehmens so weit zu binden, dass der Zahlungsausfall eines Kunden zur Insolvenz führen könnte. Wir sind der Überzeugung, dass sich die meisten Krisen frühzeitig abzeichnen und dass es weitere Gründe als deren häufig postulierte Unvorhersehbarkeit gibt, warum

1

Krise als Zuspitzung
einer schwierigen
Situation

Führungskräfte erst in der Krise und nicht bereits vorher handeln. Häufig beobachten wir dieses auch im politischen Raum, wo erst in der Krise die Kraft aufgebracht wird, zu entscheiden und zu handeln. Meistens werden Krisenentscheidungen dann mit Attributen wie „alternativlos" oder „erzwungen" belegt. Dabei wird unseres Erachtens häufig bewusst unterschlagen, dass die Alternativlosigkeit erst mit der Krise eingetreten ist und zu einem früheren Zeitpunkt nicht unbedingt gegeben war.

Die Flüchtlingskrise ist wahrscheinlich ein solches Beispiel. Die Lage der Flüchtlinge an den Grenzen Europas hat sich bis heute so zugespitzt, dass die Staaten immense Ressourcen aufwenden müssen, um halbwegs mit dem Flüchtlingsstrom an den Grenzen Europas umzugehen. War diese Entwicklung nicht bereits seit mehreren Jahren vorauszusehen? Sind nicht die Flüchtlingslager im Nahen Osten und an der afrikanischen Mittelmeerküste stetig gewachsen? Ist es so schwer zu erahnen, wie sich Menschen in Krisen- und Kriegsregionen verhalten, die ohne Perspektive und unter immer schlechter werdenden Bedingungen in ihrer Heimat oder in solchen Flüchtlingslagern leben müssen – sie suchen natürlich nach einem Ausweg, genauer gesagt nach einem Ort, den sie erreichen können und an dem sie bessere Bedingungen erwarten, in diesem Fall eben Europa. Dieses menschliche Verhalten ist nach unserer Lebenserfahrung nachvollziehbar und erwartbar. Eine weitere Verschärfung tritt mit der Veränderung des Klimas ein, wodurch ausgerechnet die bereits von Krise und Krieg betroffenen Regionen im Laufe der Jahre unbewohnbar werden. Politisch vorrangig umgegangen wird mit den Menschen erst, wenn sie es unter lebensgefährlichen Bedingungen bis nach Europa geschafft haben. Wenn die Menschen nun einmal da sind, ist es eben tatsächlich alternativlos geworden, dass Ressourcen und Geld bereitgestellt werden, um den Menschen hier ein menschenwürdiges Leben zu ermöglichen. Wäre es nicht weitsichtiger, sehr wahrscheinlich nachhaltiger und am Ende wirtschaftlicher, den Menschen in ihrer Heimat mit Ressourcen und Geld ein menschenwürdiges Leben zu ermöglichen? Uns ist bewusst, dass die Zusammenhänge von Krise und Krieg komplex sind, dennoch wäre es aus unserer Sicht ein vielversprechender Anfang, wenn die großen Industrienationen jeweils einen signifikanten prozentualen Anteil ihres Wohlstandes (derzeit sind es deutlich unter 1 % ihres Bruttoinlandprodukts) in die Verbesserung der Lebensbedingungen in den Heimatländern zukünftiger Flüchtlinge investieren würden. – So weit unsere These, von der wir selbstverständlich nicht wissen, ob der Ansatz in der Zukunft zu einer Reduzierung der Flüchtlinge an den Grenzen Europas führen würde. Es wäre aber zumindest eine Chance, deren Verfolgung in der realen Welt für die verantwortlichen Politikerinnen und Politiker in Europa vermutlich politischen Selbstmord bedeuten würde. Das vorausschauende Argument, dass die menschenwürdige Versorgung von Flüchtlingen in Europa sehr wahrscheinlich auf lange Sicht deutlich teurer wäre, wird als den Wählerinnen und Wählern nicht vermittelbar eingeschätzt – das alles ist nach Einschätzung der Masse scheinbar so weit weg. Erst in der Krise, wenn die Flüchtlinge vor der Haustür Europas stehen, werden Entscheidungen unabwendbar. Die Flüchtlinge sind unübersehbar da, müssen versorgt und integriert werden und kosten eben Geld – die damit einhergehenden Entscheidungen sind so tatsächlich alternativlos geworden und damit politisch ungefährlicher.

Soweit unser Exkurs in die Politik und das bewusste Zulassen krisenhafter Entwicklungen, um unabwendbare und damit politisch ungefährlichere Entscheidungen zu unterstützen. Auch in Unternehmen finden sich Managerinnen, Manager und Führungskräfte, die in vergleichbarer Art und Weise handeln. Indem mögliche Risiken vermieden werden sollen, werden unternehmerische Entscheidungen in die Zukunft verschoben, sodass sich Krisen entwickeln können. Im Unterschied zur Politik bedeuten Ignoranz und verschleppte Entscheidungen von Managerinnen und Managern, dass das Unternehmen im Extremfall vom Markt verschwindet oder zumindest in eine gefährliche wirtschaftliche Schieflage geraten kann. Auch wenn es Ausnahmen gibt, eigentlich sind Managerinnen und Manager es gewöhnt bzw. ist es ihr Job, Risiken abzuschätzen, diesen vorzubeugen und möglichst frühzeitig mit sich abzeichnenden Krisen für ihre Unternehmen umzugehen. Wenn dem so im Unternehmenskontext ist, wenn Unternehmenslenkerinnen und -lenker und auch Führungskräfte befähigt sein sollten, Krisen zu managen, dann stellt sich aus unserer Sicht eine interessante Frage:

> Wie gehen Managerinnen und Manager eigentlich mit persönlichen Krisen um?

Aus unserer Sicht überraschend, da Krisenmanagement eine ihrer Kernaufgaben ist, treffen berufliche Krisen Managerinnen und Manager nach deren eigener Wahrnehmung oft plötzlich und unvorbereitet. Sie geben an, Warnzeichen nicht gesehen oder missinterpretiert zu haben und dass sie die

Alternativloses
Handeln in der Krise

1

berufliche Krise als ein abruptes und schmerzhaftes Ereignis wahrgenommen haben. Die Psychologen Brands, Heidbrink und Debnar-Daumler haben hierzu eine Studie vorgelegt (2015), die dieses untersucht und bestätigt. Nach deren Ergebnissen wurden Vorboten der beruflichen Krise zwar wahrgenommen, zumeist aber als nicht ausreichend bedeutsam bewertet. Umso größer war dann der Schock nach dem Verlust ihrer Position im Unternehmen. Managerinnen und Manager sind hoch aufgestiegen und fallen daher auch tief, wenn sie ihren Job verlieren. Sie verlieren vordergründig zunächst einmal Geld. Was meistens jedoch schwerer wiegt, sie verlieren ihren beruflichen und persönlichen Status, die Anerkennung ihrer Umwelt und, als für viele wichtigsten Faktor, sie verlieren Macht. Kurz gesagt, die Befragten mussten „ein Tal durchschreiten", das in der Regel deutlich länger und tiefer war, als zunächst vorausgesehen. Nach Bewältigung der Krise gaben die Teilnehmerinnen und -teilnehmer an, dass sie mindestens genauso viel Lebensfreude empfanden, wie zuvor. Die Studienteilnehmenden sind allesamt wieder auf die Füße gekommen und das teilweise sogar verbunden mit größerem Wohlbefinden. Wir gehen später noch näher auf die genannte Studie von Brands, Heidbrink und Debnar-Daumler ein. Es gibt natürlich auch andere Beispiele. Thomas Middelhoff, der ehemalige CEO von Arcandor, ist für uns ein Beispiel für einen extrem tiefen Fall.

Managerinnen und
Manager in der Krise

Um durchgängig den praktischen Bezug zur im Einzelfall konkreten beruflichen Krise und dem Umgang mit ihr herstellen zu können, werden Sie in den folgenden Kapiteln einen Beispielfall kennenlernen, anhand dessen wir die Entwicklung der Krise aus Sicht eines Betroffenen nachvollziehen. Auch dort ist der berufliche Absturz eine mögliche Entwicklungsvariante, die es unbedingt zu verhindern gilt.

Zusammenfassung

In diesem Buch geht es um die Bewältigung beruflicher Krisen aus Sicht der persönlich Betroffenen. Da jede Krise anders ist, soll es weniger um die Krise selbst gehen. Die berufliche Krise ist vielmehr der Anlass, zu dem Betroffene spätestens reagieren sollten, um katastrophale Entwicklungen zu vermeiden. Die Krise ist der Anteil, den es zu analysieren und zu bewerten gilt, im Fokus stehen jedoch die Betroffenen selbst, die mit der Krise umgehen und diese bewältigen müssen: Wie gehen sie emotional und kognitiv mit Krisen um, und können sie diese erfolgreich bewältigen? – Die Krise ist im Kern die Zuspitzung einer schwierigen Situation, sozusagen ein Wendepunkt, an dem eigenes Handeln gefordert ist und sich entscheidet, ob sich das Blatt wieder zum Guten wendet oder es zum Absturz kommt. In der Realität sind krisenhafte Entwicklungen oft durchaus vorhersagbar und damit präventiven Maßnahmen zugänglich. Dennoch werden Zeichen häufig nicht erkannt oder sogar bewusst ignoriert. Tritt die Krise dann ein, ist der notwendige Energieaufwand, diese zu bewältigen regelmäßig höher als vorausschauendes Handeln zur Vermeidung derselben. Die Politik ist ein Beispiel, in dem krisenbehaftete Entwicklungen einem voraussagbaren Drehbuch folgen, in denen die politischen Köpfe sich jedoch handlungsunfähig oder handlungsunwillig geben, da ihr vorausschauendes Handeln von ihrer Wählerschaft kritisch aufgenommen werden könnte. Entsteht eine Krisensituation, in der das politische Handeln alternativlos wird, wird in aller Regel nicht mehr danach gefragt, ob rechtzeitiges präventives Handeln Ressourcen schonender gewesen wäre. Es geht dann nur noch darum, die Katastrophe, wie beispielsweise in der Flüchtlingskrise im Jahr 2015, abzuwenden. Interessanterweise lässt sich das Phänomen, dass Krisenanzeichen nicht erkannt oder ignoriert werden, auch bei Managern beobachten. Gerade wenn es um persönliche berufliche Krisen geht, geben diese an, dass sie trotz eigentlich eindeutiger Vorzeichen, von ihrer Krise überrascht wurden (Brands et al. 2015). Dabei ist es gerade eine der wichtigsten beruflichen Aufgaben von Managerinnen und Managern, ihr Unternehmen, für das sie Verantwortung tragen, vor Krisen zu bewahren bzw. diese abzuwenden. Im weiteren Verlauf des Buches wird anhand des Beispiels eines Managers nachvollzogen, wie sich die Krise entwickelt, wie in deren Verlauf agiert wird und welche Ansätze zu deren Bewältigung zielführend sein könnten.

Literatur

Brands, J., Heidbrink, M., & Drebnar-Daumler, S. (2015). Die Illusion des Wiedereinstiegs: Zur Psychologie entlassener Manager. *Wirtschaftspsychologie aktuell, 1*, 54–57.

Der Weg in die Krise

2.1   Als der Job noch Spaß machte – Ein erfüllter
         beruflicher Alltag – 13

2.2   Anstrengung ohne Erfüllung – Wenn der Job
         jeden Tag mühsamer wird – 26

         Literatur – 38

© Springer-Verlag GmbH Deutschland, ein Teil von Springer Nature 2020
H. Schüler-Lubienetzki, U. Lubienetzki, *Durch die berufliche Krise und dann vorwärts –*,
https://doi.org/10.1007/978-3-662-60536-3_2

2

In unserer schnelllebigen Zeit, in der wir jederzeit über unser Smartphone erreichbar sind, könnte der Eindruck entstehen, dass Stress fast schon zum heutigen Lifestyle dazugehört. So stressen uns beispielsweise laute Nachbarinnen und Nachbarn, die anderen Verkehrsteilnehmenden im Berufsverkehr oder auch unsere Vorgesetzten, Menschen aus dem Kollegenkreis und oft sogar unser Job insgesamt. Die an uns gestellten Anforderungen, gleich, ob sie von außen an uns herangetragen werden oder von uns selbst gesetzt sind, sind vielfältig. Dabei ist jeder Mensch individuell veranlagt und reagiert genauso individuell auf die wahrgenommenen Reize. Der eine Mensch empfindet bereits das eigentlich wohlklingende Klavierspiel in der Nachbarwohnung als extrem störend und damit Stress auslösend, der andere bearbeitet scheinbar völlig ruhig seine E-Mails bei Wagners Walkürenritt in Konzertlautstärke. Dem einen bereitet die demnächst anstehende wichtige Präsentation bereits Wochen im Voraus schlaflose Nächte, und die andere beginnt völlig entspannt erst zwei Tage vorher, sich überhaupt mit der Thematik ihrer Präsentation zu beschäftigen. Was die eine aufregt, lässt den anderen kalt und umgekehrt. Auch gibt es Persönlichkeiten, die anfälliger sind für Spannungszustände bis hin zu Stress, bei anderen ist die Zuversicht, dass schon alles gut wird, so groß, dass sie fast nichts aus der Ruhe zu bringen scheint – wie eine Anforderung auf den Menschen wirkt, hängt eben nicht nur von der objektiven Anforderung, sondern insbesondere auch von dem Menschen selbst ab, auf den sie wirkt.

Diese unterschiedliche Reaktion auf Anforderungen hat eine große Bedeutung, wenn es um Wohlbefinden und Gesundheit am Arbeitsplatz geht. Denn die Wirkung von Spannungen und Stress auf den Menschen besitzt eine zeitliche Dimension. Ein Spannungszustand benötigt im zeitlichen Verlauf Entlastung. Andauernde Spannungszustände ohne Entlastung machen den Menschen mit der Zeit krank. Dagegen kann der ausgewogene Wechsel zwischen Spannung und Entspannung sogar zur Ressource werden, wenn die Bewältigung von Anforderungen letztendlich die persönlichen Grenzen erweitert und zusätzlich wohlige Momente des Erfolgs beschert.

Unterschiedliche Reaktion auf Anforderungen

Wir erleben im Rahmen unserer Arbeit als Coaches auch Menschen, die in ihrer Arbeit nur noch wenig oder gar keine Erfüllung und Wohlbefinden mehr finden. Bei einigen war das erwünschte positive Gefühl früher vorhanden und ging im Laufe der Zeit verloren. Manchmal war es bei genauerer Betrachtung eigentlich niemals vorhanden. In unserem langen Berufsleben, quasi „am eigenen Leibe", haben wir gespürt, was Erfüllung und Wohlbefinden, aber auch die zeitweise Abwesenheit derselben, bedeutet. Eines haben wir gelernt: Berufliche Erfüllung ist kein Zufall oder ausschließlich von anderen Menschen und äußeren Gegebenheiten abhängig – jede und jeder kann und sollte selbst etwas dafür tun.

Wie eingangs bereits erwähnt, begegnet uns dabei immer auch das Thema „Stress". Der Begriff „Stress" meint einen durch an den Menschen gerichtete Anforderungen oder als unangenehm bewertete Situationen induzierten, unangenehmen Spannungszustand (Greif et al. 1991). Der Mensch erlebt diesen Spannungszustand auf mehreren Ebenen: körperlich, emotional-kognitiv und in seinem Verhalten. Die Wahrnehmung des Stresses ist dabei von Person zu Person unterschiedlich. Körperliche Stressreaktionen sind uns allen bekannt, dazu zählen z. B. schnellere Atmung, Herzklopfen und Schweißausbrüche. Diese körperlichen Stressreaktionen wurden erstmals in den 1940er-Jahren untersucht. Mit seinen damaligen Experimenten machte der österreichisch-kanadische Mediziner und Biochemiker Hans Selye (1936) den Begriff Stress populär. Selye gilt heutzutage als Vater der modernen Stressforschung. Später setzte sich der amerikanische Physiologe Walter Cannon (1975) mit dem Stressphänomen auseinander. Er verstand Stress als Anpassung eines Lebewesens an eine Gefahrensituation: Entweder das Lebewesen flieht vor oder es kämpft gegen die Bedrohung. In beiden Fällen muss das Lebewesen sich körperlich anstrengen, wozu es Spannung aufbaut und seine Kräfte auf den Umgang mit der Bedrohung konzentriert. Die körperliche Stressreaktion sichert demnach in ihrer ursprünglichen Anlage das Überleben des Individuums. Gestresste Menschen, die demnach eigentlich vor einer Bedrohung fliehen oder sich für einen Kampf wappnen, zeigen ein typisches Verhalten. Sie werden unruhig oder hastig, reagieren ungeduldig oder gereizt. Sie haben bei anderen Menschen und auch sich selbst sicherlich schon einmal bewusst typisches Stressverhalten beobachtet. Dieses äußert sich beispielsweise im eher unauffälligen Trommeln mit den Fingerspitzen, in einer hastigen und abgehackten Sprechweise oder im dünnhäutigen „Aus-der-Haut-Fahren" aufgrund von Kleinigkeiten. Stress wirkt sich nicht nur auf unseren Körper und unser Verhalten aus, wir spüren ihn, und er fühlt sich unangenehm an und beeinflusst unser Denken. Manche Menschen fühlen sich unter Stress nervös und ängstlich, andere spüren Ärger oder Schuldgefühle,

Thema „Stress" in
der historischen
Entwicklung

Menschen in
herausgehobenen
Positionen

wieder andere haben Denkblockaden oder vollkommene Leere im Kopf.

Wir möchten mit diesen ersten Betrachtungen zum Thema Stress verdeutlichen, dass Menschen Anforderungen unterschiedlich wahrnehmen, dass bei ihnen unterschiedliche Emotionen ausgelöst werden, dass die auftretenden Spannungszustände unterschiedlich erlebt werden und dass folglich der Stress unterschiedlich bewältigt wird. Es macht einen Unterschied, ob Menschen Anforderungen eher als negativ und damit belastend oder gar bedrohlich empfinden oder ob Menschen Anforderungen eher als Herausforderungen sehen und diesen vielleicht sogar einen individuellen Sinn geben. Im zweiten Fall ist die Chance, dass Anforderungen die eigenen Ressourcen positiv beeinflussen, deutlich größer. Gleichzeitig ist es wahrscheinlicher, trotz hoher Anforderungen und auch Stress das eigene Wohlbefinden zu erhalten und Erfüllung zu finden.

In unserem folgenden Fallbeispiel, dessen Entwicklung wir durch alle Kapitel dieses Buches verfolgen werden und das an echte Fälle angelehnt ist, betrachten wir vorrangig Menschen in herausgehobenen beruflichen Positionen. Das sind Managerinnen und Manager, wie beispielsweise Geschäftsführerinnen und Geschäftsführer, Vorstände oder auch Prokuristinnen und Prokuristen. Aber auch Professorinnen und Professoren, Chefärztinnen und Chefärzte oder hochrangige Beamtinnen und Beamte zählen dazu. Wir tun dieses aus der Überzeugung heraus, dass wir gerade von Menschen in herausgehobenen Positionen etwas in Bezug auf das Thema persönliche Krisen und deren Bewältigung lernen können. Es ist einfach nachvollziehbar, dass Menschen, die sich freiwillig in eine herausgehobene Position begeben, zwangsläufig wahrscheinlicher mit potenziell Stress auslösenden Anforderungen konfrontiert werden. Anders gefragt, warum sollte ein Mensch, der dazu neigt, Anforderungen aus dem Weg zu gehen, sich in eine solche Situation bringen? Ist es doch gerade die Aufgabe von Menschen in Managementpositionen, mit problematischen und fordernden Angelegenheiten umzugehen und diese zu lösen. Präsentationen und Auftritte vor vielleicht kritisch gestimmtem Publikum, mit Risiken behaftete Entscheidungen über hohe Investitionen oder Umgang mit schwierigen Führungssituationen: Aufgaben, die vielen Menschen schon beim bloßen Gedanken daran den Schweiß auf die Stirn treiben, gehören zu deren Arbeitsalltag. Uns stellen sich verschiedene Fragen, denen wir uns in diesem Kapitel näher widmen möchten:

- Wie fühlen sich Menschen, die beinahe jeden Tag mit hohen Anforderungen konfrontiert sind?
- Wie gehen Menschen in herausgehobenen Positionen mit solchen Anforderungen um?
- In welchen Fällen und wie ziehen sie sogar Kraft aus der Bewältigung der Anforderungen?
- Unter welchen Bedingungen sind auch diese Menschen überfordert?

Und schließlich die Frage, deren Beantwortung den Kern dieses Buches bilden soll:

- Was passiert mit den Menschen, wenn sich eine Situation zur Krise zuspitzt, und wie gehen sie damit um?

Wir werden Tim K., Mitglied der Geschäftsführung eines Tochterunternehmens eines großen international operierenden Konzerns, kennenlernen. Dabei schauen wir uns in diesem Buch seine berufliche Entwicklung bis hin zur beruflichen Krise sowie seinen Umgang mit der Krise näher an. Es handelt sich bei Tim K. um einen fiktiven Fall, der an reale Ereignisse angelehnt ist. Der Fall bildet die Grundlage, um Ansätze und Möglichkeiten zu entwickeln, individuelle Strategien für den Umgang mit persönlichen Krisen zu finden.

2.1 Als der Job noch Spaß machte – Ein erfüllter beruflicher Alltag

Beispiel

Jede berufliche Karriere verläuft anders. Es gibt Höhen und Tiefen, Erfolg und Misserfolg, mal gewinnt man, und mal verliert man – so ist das Leben insgesamt, und so ist auch das Berufsleben. Es gibt Karrieren, die scheinbar nur eine Richtung kennen, nämlich aufwärts. Sie verlaufen wie im Bilderbuch. Tim K. hat eine solche Bilderbuchkarriere durchlaufen. Sein beruflicher Absturz kam für ihn plötzlich und mit unerwarteter Wucht.

Doch der Reihe nach: Für Tim K. gehörten Herausforderungen, die natürlich auch Stress bei ihm auslösten, zu einem erfüllten beruflichen Alltag. „Was war das für eine Woche?!" – Es war Freitagnachmittag, und Tim K. fühlte sich großartig. Er fühlte sich in seinem Job genau richtig. Er konnte alles schaffen, und in dieser Woche hatte er alles geschafft. Sein Herz klopfte, er war von einer tiefen Zufriedenheit und Freude erfüllt. Zwei wichtige Präsentationen, ein Presseinterview, mehrere Personalgespräche

Fallbeispiel Tim K.

2

und ständig auf Abruf für den Vorstandsvorsitzenden – er hatte seinen Beruf, nein, seine Berufung gefunden. Als Leiter der Unternehmensstrategie war er sehr gefragt und hatte viele „Eisen im Feuer". Solche Wochen gab es häufiger, zum Glück immer wieder abgelöst von ruhigeren Tagen, in denen Grundlagen gelegt, Pläne gemacht und auch Beziehungen im Unternehmen gepflegt werden konnten. Gäbe es diese ruhigeren Tage nicht, Tim K. wäre sicherlich über kurz oder lang an seine persönlichen Grenzen gestoßen.

Eine Woche wie diese bedeutete höchste Anspannung und Konzentration und damit höchsten Stress für Tim K. Am Beginn der Woche, am Montag, nein eigentlich bereits am Wochenende davor, wusste Tim K. zeitweise nicht, wie er die Woche überstehen sollte. In seinem Kopf ging er die anstehenden Termine immer wieder durch. Er tat dieses vergleichbar einem autogenen Training. Oder vergleichbar mit einem Skirennläufer, der in Gedanken die vor ihm liegende Piste immer wieder durchfährt. Tim K. durchdachte als Manager eben seine bevorstehenden beruflichen Herausforderungen, diese waren quasi die Rennstrecke, die vor ihm lag. Es war schon immer ein fester Bestandteil seiner Vorbereitung.

Seine Spannung wuchs bis kurz vor Beginn der jeweiligen Termine. Dann atmete er tief durch und machte sich noch einmal bewusst, dass er gut vorbereitet war und alles dabeihatte, was er benötigte, um hier und jetzt erfolgreich zu sein. Mit dieser positiven inneren Haltung ging er in den Termin, tauchte in die jeweilige Situation ein und meisterte sie in dieser Gewissheit. Im Anschluss fühlte er sich erfüllt, er war voller Freude, er war natürlich auch müde, aber er war sich sicher, insgesamt am richtigen Ort zu sein – er ging völlig in seiner Aufgabe auf.

So war es eine logische Folge, dass seine guten beruflichen Leistungen gesehen und belohnt wurden. Ihm wurde ein Posten in der Geschäftsführung eines Tochterunternehmens angeboten. Geschäftsführung bedeutete für Tim K. nicht nur eine persönliche Bestätigung seines Erfolges, sondern auch die Aussicht, in einer solchen herausgehobenen Position noch selbstbestimmter zu arbeiten, und somit die Chance, weitere Erfüllung zu finden. Tim K. nahm das Angebot an. Er konnte nicht ahnen, welche katastrophalen Folgen diese Entscheidung für ihn in naher Zukunft bedeuten würde.

Ein erfülltes Berufsleben ohne phasenweisen Stress gibt es nicht! Nach mehr als 20 Jahren Arbeit mit Fach- und Führungskräften sowie eigener Tätigkeit in unterschiedlichen Führungspositionen in der Wirtschaft, im öffentlichen Sektor und im eigenen Unternehmen sind wir davon überzeugt, dass dieser Satz grundsätzlich gilt. Erfüllung im Beruf zu finden ist aus unserer Sicht ein wichtiger Schritt zu Wohlbefinden und einem erfüllten Leben. Selbstverständlich ist der Beruf nicht alles, aber einer von mindestens zwei wichtigen Bausteinen. Der zweite Baustein liegt im Privaten; auch hier gilt es, mit sich und seiner Umwelt im Einklang zu sein. Innere Ruhe, verbunden mit dem Gefühl, völlig richtig im Hier und Jetzt zu sein, wird sich nur dann einstellen, wenn sowohl Beruf als auch Privatleben erfüllt sind. Mit dem in den 1980er-Jahren in den USA geprägten Begriff „Work-Life-Balance" wird der ausgeglichene Zustand bzw. das ausgewogene Verhältnis von Berufsleben zu Privatleben beschrieben. Die Bezeichnung impliziert, dass es Sinn macht und zu Wohlbefinden führt, immer wieder zwischen Beruflichem und Privatem abzuwägen und seine Prioritäten gleichgewichtet zu setzen. Aktuell entwickelt sich die Arbeitswelt mit zunehmender Vernetzung und Mobilität dahin, dass berufliches und privates Leben immer weniger voneinander abgrenzbar sind. Betrachten wir es aus der ganzheitlich-emotionalen Perspektive, so gibt es nicht zwei Leben, ein berufliches und ein privates, sondern immer nur ein einziges. Betont Work-Life-Balance insbesondere die zeitliche und räumliche Dimension, die mit fortschreitendem Auflösen der Trennung von Beruf und Privat an Bedeutung verlieren, wird heute von Work-Life-Integration gesprochen. Unabhängig von Zeit und Ort liegt der Fokus bei dieser Betrachtung auf der Vereinbarkeit von Berufs- und Privatleben. So wirkt sich ein nicht oder nur wenig erfülltes Berufsleben in aller Regel auch auf das Privatleben aus, indem beispielsweise im Privaten nach einem Ausgleich für die fehlende Erfüllung im Beruf gesucht wird. Umgekehrt gilt dieser Zusammenhang ebenfalls. Vielleicht kennen Sie aus Ihrem persönlichen Umfeld den Satz, dass ein Mensch beklagt, eigentlich nur für die Arbeit zu leben. Es lohnt sich daher, der Frage nachzugehen, wie ein insgesamt erfülltes Leben und damit ein Wohlgefühl entstehen können. In diesem Buch nähern wir uns der Antwort auf diese Frage aus der beruflichen Perspektive unter Einbezug ausgewählter Aspekte des Privatlebens.

Doch zurück zu unserer Eingangsthese: Die Abwesenheit von Stress bedeutet nicht im Umkehrschluss, dass der Mensch sich auch wohlfühlt. Im Gegenteil, eine stressbehaftete Überforderung, die sich löst und von Unterforderung abgelöst wird, wird zwar zunächst als erholsam

Berufliche Erfüllung und Wohlbefinden

2

wahrgenommen. Wird aus der Unterforderung jedoch anhaltende Langeweile, ist das Wohlbefinden auch nicht von Dauer. Eine aus unserer Sicht sehr treffende Metapher, um diese Wechselwirkung zu beschreiben, entwickelt der bekannte israelisch-amerikanische Medizinsoziologe Aaron Antonovsky (1997, S. 91 ff.). Antonovsky ist bekannt für sein Modell der Salutogenese, worauf wir in Auszügen später noch eingehen werden. Er vergleicht den Menschen mit einem Seiltänzer, der jeden Tag damit beschäftigt ist, sein Befinden auszubalancieren. So gehört es zum Leben, die Balance im Umgang mit das Empfinden beeinflussenden Anforderungen zu behalten. Mit Blick auf den physischen und psychischen Zustand eines Menschen, setzt er Wohlbefinden dabei bewusst nicht mit Gesundheit gleich. Vielmehr sieht er Gesundheit und Krankheit als ein Kontinuum, in dem sich jeder Mensch bewegt. Ein Mensch ist in dieser Sichtweise niemals nur gesund oder nur krank, sondern hat immer von beidem etwas. Der Grad des Wohlbefindens drückt aus, inwieweit sich der Mensch eher in Richtung des positiven oder negativen Pols bewegt. So kann ein mit höchsten Anforderungen konfrontierter Mensch sich dennoch wohl und voller Energie fühlen oder ein ausschließlich mit Routineaufgaben beschäftigter Mensch gelangweilt und unglücklich. Oder ein todkranker Mensch kann in dieser Betrachtung dennoch glücklich sein, wie auch ein körperlich absolut gesunder Mensch depressiv und unglücklich sein kann. Lassen Sie uns weiter in unserem Szenario danach forschen, woran das liegt und vor allen Dingen, wie wir uns diese Zusammenhänge zunutze machen können.

Antonovsky – Salutogenese, Kontinuum von Gesundheit und Krankheit

Beruf kommt von Berufung – mit anderen Worten, idealerweise fühlen wir uns innerlich berufen, eine Aufgabe zu übernehmen. Wir verspüren in solchen Fällen einen unbändigen Drang und den unbedingten Willen, uns der Aufgabe anzunehmen und gleichzeitig sind wir zutiefst davon überzeugt, diese auch erfolgreich bewältigen zu können. Wer einen solchen Beruf gefunden hat, kann sich nicht nur glücklich schätzen, er ist es mit großer Wahrscheinlichkeit auch. Fragen wir Menschen, die ihre berufliche Aufgabe als erfüllend bezeichnen, danach, woher diese Erfüllung stammt, so erhalten wir auf die Arbeitsaufgabe bezogene Antworten wie:

- „Ich beherrsche meine berufliche Aufgabe und habe die Möglichkeit, mich persönlich weiterzuentwickeln."
- „Ich kann mich persönlich entfalten und über meinen Aufgabenbereich bestimmen."
- „Ich tue etwas Sinnvolles, und meine beruflichen Aufgaben bedeuten mir etwas."

Eher selten wird von beruflich erfüllten Menschen betont, dass ihre Aufgabe völlig entspannt und frei von Anspannung oder Stress sei. Im Gegenteil, es wird häufig darauf hingewiesen, als wie spannend ihre berufliche Aufgabe empfunden wird. Mehr noch, Unterforderung und Routine werden von solchen Menschen eher abgelehnt. Dennoch benötigt auch die (an)spannendste Aufgabe Phasen der Entspannung. Beruflich erfüllte Menschen umschreiben diese mit Phasen des Glücks und der Freude über eine gelungene berufliche Herausforderung. Anders ausgedrückt, fordernde und (an)spannende Phasen im Beruf benötigen Zeiten, in denen der Mensch kurz verschnaufen kann, in denen er auf das Geschaffte zurückblickt und das wohlige Gefühl genießen kann.

Die genannten Antworten zielen allesamt auf die eigene Wahrnehmung und das Gefühl zur beruflichen Aufgabe. Das Beherrschen der Aufgabe, die Möglichkeit zum Wachsen an der Aufgabe, das Ausüben von Kontrolle sowie der Sinn im eigenen Tun drücken dieses aus. Wohlbefinden im Beruf entsteht nicht nur, aber auch zu einem großen Anteil aus der Arbeitsaufgabe. Die Arbeitssituation, d. h. die (soziale) Umgebung und die Rahmenbedingungen (z. B. gutes Betriebsklima), in der die berufliche Aufgabe erfüllt wird, und die Arbeitsorganisation (z. B. flexible Arbeitszeiten) haben ebenfalls Einfluss darauf, ob die Arbeit als positiv oder negativ empfunden wird. In der Wechselwirkung kann eine eher unterfordernde und langweilige Aufgabe durch eine gute Arbeitssituation wie ein gutes Betriebsklima kompensiert werden. Auch kann eine erfüllende berufliche Aufgabe dazu führen, dass nervende Kundinnen und Kunden, Konflikte mit Kolleginnen und Kollegen oder ungünstige Arbeitszeiten erträglicher werden. Solche Kompensationen funktionieren natürlich immer nur bis zu einem individuell ausgeprägten Grad. Es ist daher zielführend, im Zusammenhang mit negativen Entwicklungen am Arbeitsplatz nicht nur die Arbeitsaufgabe, sondern auch Arbeitssituation und -organisation mit einzubeziehen. Beispiele für Ursachen von Unwohlsein und Stress am Arbeitsplatz sind u. a. ständige ungelöste Konflikte mit Kollegen oder auch fortwährender Zeitdruck, die das Finden von Erfüllung in der Arbeitsaufgabe be- oder sogar verhindern.

Lassen Sie uns noch einen Moment bei dem Punkt bleiben, dass Anspannung und Stress bei gegebener beruflicher Erfüllung nicht zwangsläufig krank machen müssen. Im Kern zielt eine solche Sichtweise doch darauf, dass Stress das bleiben kann, was er ursprünglich war: ein physiologischer

2

Prozess, um den Menschen fit für eine vor ihm liegende An- oder Herausforderung zu machen, die das bisher Bekannte und früher bereits Bewältigte übersteigt. Der Mensch ist auf die eigene Weiterentwicklung quasi programmiert. Es ist ihm ein inhärentes Bedürfnis, sich und seine Fähigkeiten – nennen wir es „seine persönlichen Ressourcen" – zu vergrößern, zu verbessern und zu erweitern. Diese grundlegenden Annahmen spiegeln sich in einer der großen psychologischen Schulen, der Humanistischen Psychologie, wider. Diese Schule wurde gegründet von den amerikanischen Psychologen Carl Rogers und Abraham Maslow. Eine grundlegende Annahme der Humanistischen Psychologie beinhaltet das Streben des Menschen nach Selbstaktualisierung bzw. Selbstverwirklichung. Die Selbstaktualisierungstendenz des Menschen umfasst das Streben nach „Differenzierung seiner Selbst und seiner Funktionen, […] beinhaltet Erweiterung im Sinne von Wachstum, die Steigerung der Effektivität durch den Gebrauch von Werkzeugen und die Ausweitung und Verbesserung durch Reproduktion" (Rogers 2009, S. 26). Die bekannte „Bedürfnispyramide" nach Maslow stellt, nachdem die grundlegenden Bedürfnisse nach physiologischer Erhaltung, Sicherheit und sozialer Zugehörigkeit und Wertschätzung erfüllt sind, das Streben nach Selbstverwirklichung bzw. Selbstaktualisierung an der Spitze der Hierarchie dar (Maslow 1987).

Humanistische Psychologie – Selbstaktualisierung bzw. Selbstverwirklichung

Übertragen auf unsere Betrachtungen, werden somit Anspannung und auch Stress zu quasi notwendigen Begleiterscheinungen der persönlichen Weiterentwicklung des Menschen. Eine Analogie zur physischen Weiterentwicklung drängt sich auf: Sportliches Training in der richtigen Dosierung und im Wechsel mit Phasen der Erholung macht den Menschen körperlich leistungsfähiger. In der falschen Dosierung allerdings, d. h. die Belastungen wirken zu viel und zu häufig, sinkt die physische Leistungsfähigkeit, und der Mensch wird in letzter Konsequenz krank. Analog dazu resultiert Weiterentwicklung im Beruf daraus, mit neuen, manchmal auch zunächst überfordernden Anforderungen konfrontiert zu werden, sowie dem persönlichen Willen, sich mit diesen Anforderungen auseinanderzusetzen und diese schließlich zu bewältigen. Wird die Herausforderung gelöst, führt dieses zu Wohlbefinden – der Mensch wird quasi für seine Mühen belohnt.

Wohlbefinden im Beruf hängt also davon ab, inwieweit wir unsere berufliche Aufgabe als erfüllend erleben, und von der Art und Weise, wie Arbeitssituation sowie Arbeitsorganisation ebenfalls positiv erlebt werden. Die berufliche

Ausgangssituation kann anhand dieser Kriterien untersucht und als eher positiv oder eher negativ bewertet werden. Diese Bewertung betrachtet jedoch nur einen Teil der Gleichung. Der Mensch selbst ist der entscheidende Faktor, d. h. die individuelle Haltung des Menschen zu seiner beruflichen Situation bestimmt über sein Wohlbefinden oder dessen Abwesenheit. Antonovsky beschreibt diese grundlegende Haltung des Menschen, von der u. a. auch das Wohlbefinden im Beruf abhängt, als „SOC – Sense of Coherence" oder übersetzt als „Kohärenzgefühl". (1997, S. 36).

Antonovsky definiert das Kohärenzgefühl (SOC – Sense of Coherence) wie folgt:

> Sense of Coherence (SOC) – Kohärenzgefühl

◾ **Definition**
„Das SOC […] ist eine globale Orientierung, die ausdrückt, in welchem Ausmaß man ein durchdringendes, andauerndes und dennoch dynamisches Vertrauen hat, dass

1. die Stimuli, die sich im Verlauf des Lebens aus der inneren und äußeren Umgebung ergeben, strukturiert, vorhersehbar und erklärbar sind;
2. einem die Ressourcen zur Verfügung stehen, um den Anforderungen, die diese Stimuli stellen, zu begegnen;
3. diese Anforderungen Herausforderungen sind, die Anstrengung und Engagement lohnen." (Antonovsky 1997, S. 36)

Oder umgangssprachlicher formuliert: Das Kohärenzgefühl stellt sich ein, wenn ich weiß und verstehe, was um mich herum passiert, wenn ich mich in der Lage fühle, mit den Anforderungen meiner Umwelt umzugehen, und ich zusätzlich der Überzeugung bin, dass sich mein Einsatz für mich lohnt. Antonovsky fasst das Kohärenzgefühl in den drei Komponenten Verstehbarkeit, Handhabbarkeit und Bedeutsamkeit zusammen (1997):

Die Komponente **Verstehbarkeit** (im Original: Comprehensibility) beschreibt, inwieweit ein Mensch seine Umwelt und auch seine Zukunft als kognitiv sinnhaft wahrnimmt. Die Spannbreite reicht von Menschen, die die Reize ihrer Umwelt als klar, geordnet, konsistent und strukturiert wahrnehmen, bis zu solchen, die ihre Umgebung eher als unerklärlich, chaotisch und willkürlich erleben. Die erstgenannte Person wird davon ausgehen, dass auch zukünftige Ereignisse von ihr eingeordnet oder Entwicklungen sogar vorhergesehen werden können.

> Verstehbarkeit, Handhabbarkeit, Bedeutsamkeit

2

Die **Handhabbarkeit** (im Original: Manageability) beschreibt, inwieweit ein Mensch seine zur Verfügung stehenden Ressourcen als geeignet ansieht, um den an ihn gestellten Anforderungen zu begegnen. Hierunter sind sowohl die Ressourcen gefasst, auf die ein Mensch unmittelbar zugreifen kann (z. B. eigene Fähigkeiten), als auch jene, die ihm mittelbar, über andere Menschen oder Instanzen, denen er vertraut bzw. die legitimiert sind, zur Verfügung stehen. Eine Person mit hoher Ausprägung dieser Komponente wird sich bei negativen Ereignissen weniger als hilfloses Opfer sehen, sondern sich den Herausforderungen stellen und mit ihnen umgehen.

Bedeutsamkeit (im Original: Meaningfulness) bezieht sich darauf, dass es auf kognitiver und auch emotionaler Ebene Sinn macht, sich Entwicklungen zu stellen und in deren Bewältigung zu investieren. Die „Prüfungen" des Lebens werden nicht als Last, sondern als Herausforderung erlebt. Sie sind es wert und es ist lohnend, mit ihnen umzugehen. Ein Mensch, der etwas bedeutsam findet, wird seine ganze Energie investieren, um eine negative Situation zu bewältigen oder sogar in positive Richtung zu verändern.

Wir werden auf das Kohärenzgefühl nach Antonovsky sowie auf weitere Konzepte und Modelle, die sich im Kern mit der Frage nach psychischer Widerstandsfähigkeit befassen in ► Kap. 7 zurückkommen. Bereits an dieser Stelle möchten wir betonen, dass nach unserer Auffassung das Kohärenzgefühl und das Finden von Erfüllung im Beruf unmittelbar zusammenhängen. Drückt das Kohärenzgefühl allgemein aus, was beim Menschen Wohlbefinden auslöst, so drückt der Begriff Erfüllung dieses in beruflichen Belangen aus. Auf den Punkt gebracht: Eine berufliche Aufgabe, für die wir über das notwendige Wissen und Können verfügen (→ Verstehbarkeit), von der wir annehmen, dass wir dieser auch in herausfordernden Situationen gewachsen sind (→ Handhabbarkeit), und die nach unserer Auffassung sinnvoll ist und uns auch etwas bedeutet (→ Bedeutsamkeit), wird uns auch erfüllen. Diese Erfüllung wiederum bildet den Grundpfeiler psychischer Widerstandsfähigkeit, die uns wiederum zur Bewältigung beruflicher Krisen zur Verfügung steht.

Behalten Sie bitte die Frage „Welche berufliche Aufgabe erfüllt mich eigentlich?" im Hinterkopf, sie wird uns im Verlauf unserer Ausführungen noch weiter beschäftigen. Neben der beruflichen Situation steckt in der Frage auch unser „Ich", in der Literatur auch als unser „Selbst" oder unsere Identität bezeichnet. Das Ich umfasst unser Selbstkonzept und unser Selbstwertgefühl. Im Selbstkonzept sammeln wir unsere Überzeugungen zu unserem Selbst, womit gemeint ist, wie wir uns selbst, unsere persönlichen Eigenschaften und unsere Fähigkeiten sehen. Das Selbstwertgefühl spiegelt unser Gefühl wider, das wir zu unserem Selbst und dessen Wert besitzen. Anders ausgedrückt, wenn wir nach unserem Selbst befragt werden, werden wir auf der kognitiven Ebene beispielsweise unsere persönlichen Eigenschaften oder unsere Erfahrungen nennen (Anteil Selbstkonzept). Auf der emotionalen Ebene werden wir beschreiben, wie positiv oder negativ wir uns selbst wahrnehmen, ob wir mit uns mehr oder weniger gut zufrieden sind, oder auch, ob wir uns etwas zutrauen oder auch nicht (Anteil Selbstwertgefühl) (vgl. Mummendey 2006).

Schauen wir uns zum besseren Verständnis einige Beispiele dazu an:

Identität = Selbst = Ich

Beispiel
Auf die Frage „Wer bist Du?" könnten folgende Antworten gegeben werden:
„Mein Name ist Peter. Ich bin in München geboren. Ich habe Physik studiert und arbeite als wissenschaftlicher Mitarbeiter am DESY in Hamburg." (→ Keine Preisgabe von Selbstkonzept und Selbstwertgefühl)
„Mein Name ist Peter. Ich besitze eine gute Auffassungsgabe, kann Situationen und Problemstellungen schnell und treffend analysieren. Ich arbeite gerne zielorientiert an klar definierten Aufgaben." (→ Preisgabe von ausgewählten Anteilen des Selbstkonzepts; keine Preisgabe des Selbstwertgefühls)
„Mein Name ist Peter. Ich bin intelligent, aber auch sensibel. Ich freue mich darüber, wenn ich Herausforderungen meistere. Gleichzeitig denke ich oft darüber nach, was von mir erwartet wird, was ich alles nicht weiß und was ich nicht gut kann. Im Kontakt mit anderen Menschen befürchte ich häufig, dass sie meine Unsicherheit bemerken. Mir ist dieses zwar bewusst, ich weiß jedoch nicht, wie ich es ändern könnte." (→ Preisgabe ausgewählter Anteile des Selbstkonzepts und des Selbstwertgefühls)

Vom Selbstkonzept und vom Selbstwertgefühl hängt unser Selbstbewusstsein ab. Selbstbewusstsein drückt einerseits aus, dass wir uns Dingen, die in uns selbst liegen, bewusst sind. In diesem Sinne ist Selbstbewusstsein weder positiv noch negativ besetzt, sondern kann als uns bewusste Aufzählung dessen verstanden werden, was wir sind. Der Begriff Selbstbewusstsein hat auch eine wertende Bedeutung, indem

2

Selbstkonzept,
Selbstwertgefühl,
Selbstbewusstsein

er beschreibt, inwieweit wir uns selbst vertrauen und optimistisch in die Zukunft schreiten, oder kurz, ob wir von uns und dem, was wir nach unserer Meinung sind, überzeugt sind. Diese beiden Bedeutungsebenen ergänzen sich, wenn wir uns selbst erforschen und erfahren. Auf die Zusammenhänge der Begriffe Selbstkonzept, Selbstwertgefühl und Selbstbewusstsein gehen wir im ▶ Abschn. 5.1 detaillierter ein.

Mit diesem grundlegenden Wissen über das Selbst kehren wir zurück zur Frage, welche berufliche Aufgabe persönlich erfüllend ist. Im Idealfall betrachten wir die uns zur Verfügung stehenden persönlichen Ressourcen, unsere Stärken und unser Können, und bewerten diese hinsichtlich der Möglichkeiten, unterschiedliche Aufgaben zu erfüllen. Uns wird dabei einerseits bewusst, welche Aufgaben bereits jetzt zu uns passen, und andererseits, für welche Aufgaben wir uns weiterentwickeln müssten bzw. welche für uns sogar ungeeignet sind. Das Abwägen sämtlicher Faktoren ist ein sehr persönlicher Prozess, und nach unserer Auffassung ist jede Entscheidung richtig, solange diese bewusst und nicht als bloßes Ergebnis äußerer Umstände, d. h. fremdbestimmt, getroffen wird. Der Satz „Eigentlich wollte ich Künstler werden, aber meine Eltern haben darauf bestanden, dass ich etwas Richtiges lerne" wäre ein Beispiel, das eine solche Fremdbestimmtheit ausdrückt.

Das Verhalten eines Menschen ist grundsätzlich von seinen Motiven geleitet. Eine Person handelt motiviert, wenn sie sich zu einer Handlung befähigt fühlt und implizite Motive (z. B. Hilfsbereitschaft) oder explizite Motive (Belohnungserwartung) besitzt. Fehlen in einer bestimmten Situation solche Motive bzw. fehlt die Motivation, handelt der Mensch nach seinem Willen, auch als Volition bezeichnet (Weibler 2012). So gelingt es Menschen über die Volition, auch dann zu handeln, wenn die Motivation gänzlich fehlt. Eine passende Äußerung hierzu wäre: „Ich empfinde diese Aufgabe als extrem langweilig und unterfordernd. Ich weiß aber, dass sie getan werden muss. Also erfülle ich sie." Diese Erkenntnis, dass das Handeln eines Menschen auf dessen Motivation oder Volition zurückzuführen ist, bedeutet gleichzeitig, dass jeder Mensch für sein Handeln oder Nicht-Handeln allein verantwortlich ist. Oder anders ausgedrückt, niemand handelt gegen seinen Willen – wer etwas tut, will es auch, sonst würde er es nicht tun! Der Preis, den wir für unsere eigene Selbstbestimmtheit zahlen müssen, ist, dass wir mit den Konsequenzen unserer Entscheidungen leben und demzufolge auch umgehen müssen. So halten wir auch bei Zeitdruck und Eile an einer roten

Ampel an, weil wir es wollen, und nicht, weil wir es müssen. Entscheiden wir uns dafür, die rote Ampel zu ignorieren und trotzdem zu fahren, so könnten die Konsequenzen von Bußgeld und Führerscheinentzug über einen Blechschaden bis zur Verletzung und auch zum Tod von uns und anderen reichen. Die Jurastudentin, die eigentlich Künstlerin werden wollte, konnte vielleicht den Streit oder sogar das Zerwürfnis mit ihren Eltern vermeiden. Dafür zahlt sie den Preis einer fortwährenden Sehnsucht nach einem Leben als Künstlerin, begleitet von dem Zwang, ihr Studium mit wenig Motivation und viel Willen zu absolvieren. Die Konstellationen sind vielfältig, aber eine Konsequenz ist immer gleich: Kenne ich die berufliche Aufgabe, die mich wirklich erfüllt, und entscheide ich mich bewusst dagegen, indem ich bleibe und mir nicht die gewünschte berufliche Aufgabe suche, so folgt daraus, dass sich ein Gefühl der Erfüllung sehr wahrscheinlich nicht einstellen wird.

So weit die idealtypische Beschreibung, unter welchen Voraussetzungen wir zu beruflicher Erfüllung und damit Wohlbefinden kommen können. Unser Verständnis ist, dass es sich dabei um einen ständigen Prozess handelt. Mit dem Begriff „Prozess" meinen wir, dass berufliche Erfüllung kein statischer Zustand ist, den der Mensch zu einem Zeitpunkt hoffentlich erreicht und dann beibehält. Berufliche Erfüllung wird über die Zeit immer wieder auf die Probe gestellt und muss immer wieder aufs Neue mit Leben erfüllt werden. Entscheidend ist, wir erinnern uns an das Kohärenzgefühl nach Antonovsky (1997), seinem beruflichen Tun Bedeutung und Sinn zu geben, was umso herausfordernder wird, je geringer der Grad der Selbstbestimmtheit in der Aufgabe für Arbeitnehmer ausgeprägt ist. Führungskräfte können im Beruf sicherlich selbstbestimmter handeln, dennoch ist der Grad der Fremdbestimmtheit oft größer, als gemeinhin geglaubt wird. So besitzt nahezu jede Führungskraft wiederum selbst eine Führungskraft. Trotzdem lohnt es sich, jeden Tag nach dem zu streben, was wir wirklich wollen und auch können. Diese Haltung hilft, Gelegenheiten, die sich uns bieten, zu erkennen und hoffentlich auch zu nutzen. Nur so entstehen Augenblicke oder auch längere Phasen, in denen wir die Chance erhalten, berufliche Erfüllung zu erfahren. Denn die Alternative ist mehr als unattraktiv – Ohnmacht, gepaart mit Unter- oder Überforderung, ohne Aussicht auf Linderung kann nur in die persönliche Krise führen.

Tim K., die Führungskraft, die wir bereits kennengelernt haben, erlebt offensichtlich berufliche Erfüllung. Wir haben erfahren, wie er sich als Führungskraft in Präsentatio-

Motivation und Volition

Berufliche Erfüllung und Wohlbefinden als ständiger Prozess

2

nen zeigt, Interviews gibt oder Gespräche mit seinen Mitarbeiterinnen und Mitarbeitern führt. Er steht als Leiter der Unternehmensstrategie dem Vorstand beratend zur Seite, was er sagt, hat Gewicht und bedeutet gleichzeitig eine große Verantwortung. Er hat keinen Nine-to-five-Job und nimmt jeden Tag seine aktuellen Themen, wenn nicht auf Papier, so doch gedanklich mit nach Hause. Dieses alles führt offenkundig zu Anspannungen und auch zu Stress. Die Anerkennung von außen und die eigene tiefe Befriedigung, etwas von Bedeutung zu tun, sind seine Belohnung. Das Ergebnis unter dem Strich ist für Tim K. deutlich positiv. Er fühlt sich genau richtig auf seiner beruflichen Position. Er erlebt ein starkes Kohärenzgefühl. Seine berufliche Karriere gibt Tim K. die Möglichkeit, neue Herausforderungen zu finden, diese zu meistern und darüber weitere Erfüllung zu erleben.

Aus unserer Erfahrung als Coaches: Manchmal streben Menschen auch aus anderen Motiven eine Karriere als Führungskraft an. Im Mittelpunkt stehen dann häufig monetäre Gründe oder das Erfüllen von Erwartungen, die von außen an sie gestellt werden. In solchen Fällen steigt die Wahrscheinlichkeit, dass die Menschen wenig oder keine Erfüllung in der beruflichen Aufgabe finden. Oder schlimmer noch, sie verzichten nicht nur auf das Erleben von Erfüllung, sie befinden sich in einem dauerhaften Zustand der Überforderung. Dieses hat nicht nur negative Auswirkungen auf sie selbst, sondern auch auf die Menschen in der Umgebung (z. B. ihre Mitarbeiterinnen und Mitarbeiter). Die hieraus resultierenden Auswüchse können wir im Rahmen unserer Arbeit beobachten. So ist eine mögliche Strategie solcher Führungskräfte an falscher Position, zum Eigenschutz ein übertrieben rigides Auftreten in der Zusammenarbeit mit Mitarbeiterinnen und Mitarbeitern sowie Kolleginnen und Kollegen zu zeigen. Sie versuchen über betont unnachgiebiges und bestimmtes Auftreten die eigene tiefe Unsicherheit zu verschleiern und Reaktionen zu vermeiden, die sie vor vielleicht nicht lösbare Anforderungen stellen. Eine solche Führungskraft ist quasi im falschen beruflichen Leben gefangen und läuft Gefahr, durch ihr Verhalten sich selbst und andere krank zu machen.

Tim K. ist genau richtig in seiner Rolle als Leiter der Unternehmensstrategie. Sein Karriereweg ist stimmig. Auf jeder seiner bisherigen Karrierestufen fühlte er sich herausgefordert, ohne dass sein Kohärenzgefühl beeinträchtigt wurde. Seine psychische Widerstandsfähigkeit blieb auch in stressbehafteten Arbeitsphasen hoch. Beste Voraussetzungen also für ein erfülltes berufliches Leben. Betrachten wir, wie sich sein beruflicher Weg weiterentwickelte:

Beispiel

Tim K. wollte eine solide Ausbildung. So hat er nach dem Abitur zunächst eine Lehre zum Industriekaufmann gemacht, die er als Jahrgangsbester abschloss. Die Ausbildung hatte ihm sehr viel Spaß gemacht, doch spürte er zu dem Zeitpunkt, dass er höhere Ziele erreichen konnte und auch wollte. Er entschloss sich zu studieren. Betriebswirtschaftslehre war genau das Richtige für ihn. Sein Bachelor- und anschließendes Master-Studium machten ihm große Freude, und er schloss es in der Regelstudienzeit ab. Jetzt konnte es also losgehen. Bereits während des Studiums hatte er Kontakte zu unterschiedlichen renommierten Unternehmen geknüpft. Seinen ersten Job musste er nicht suchen, er konnte ihn sich aussuchen. Er entschied sich für ein führendes Beratungsunternehmen. Als Berater konnte er in kurzer Zeit viele unterschiedliche Branchen und Unternehmen kennenlernen und so seinen Erfahrungsschatz vergleichsweise schnell auf- und ausbauen. Bereits nach etwas mehr als einem Jahr leitete er sein erstes kleines Projekt. Und das war erst der Anfang, seine Projekte wurden größer, und bereits nach 6 Jahren, als Senior Projektleiter, stand für Tim K. die Frage an, die sich wahrscheinlich jede Beraterin und jeder Berater irgendwann stellt: Bleibe ich in der Beratung, oder wechsle ich auf die Kundenseite? – Die Entscheidung fiel ihm leicht, der Personalchef eines ehemaligen Mandanten, ein international operierender Konzern, rief ihn eines Tages an. Er bot ihm die Position des Leiters der Unternehmensstrategie, eine Position direkt beim Vorstandsvorsitzenden angesiedelt, an. Nach kurzer Bedenkzeit ergriff Tim K. diese einmalige Chance.

Im Konzern arbeitete er drei Jahre lang eng und sehr erfolgreich mit dem Vorstandsvorsitzenden zusammen. Sein Job war anstrengend, Stress gehörte zum Alltag – dafür wurde er mit großen persönlichen Freiräumen und einem erfüllten beruflichen Leben belohnt. Tim K. wusste auch, das war noch nicht das Ende seiner Karriereleiter, er konnte und wollte noch mehr erreichen. Er lernte in den drei Jahren den Konzern aus der strategischen Perspektive der Zentrale sehr genau kennen. Er erkannte, dass es für höherwertige Aufgaben im Konzern notwendig war, nicht nur den strategischen, sondern auch den operativen Bereich zu kennen und zu verstehen. So wechselte Tim K. in seinem vierten Jahr im Konzern in die Geschäftsführung eines Tochterunternehmens. Seine weitere berufliche Perspektive sah hervorragend aus – zwei bis drei Jahre erfolgreiche Arbeit in dem Tochterunternehmen, danach zurück in die Konzernzentrale und dort vielleicht ganz an die Spitze oder zumindest in deren Nähe. – Noch Jahre später wird Tim K. auf seine damalige Entscheidung und den Wechsel in das Tochterunternehmen zurückblicken. Sein Karriereplan war richtig und

2

gut, aber hätte er gewusst, was bzw. wer ihn in dem Tochter-unternehmen erwartete, er hätte sich wahrscheinlich anders entschieden.

Schauen wir uns im nächsten Kapitel an, wie sich das beruf-liche Umfeld von Tim K. veränderte und schließlich in eine existenzbedrohende berufliche Krise mündete. Lassen Sie uns vorher kurz zusammenfassen: Wohlbefinden ist wahr-scheinlich das oberste Ziel im Leben und, als wichtige Teil-menge des Lebens, auch im beruflichen Leben. Berufliche Erfüllung ist damit ein zentraler Schlüssel zu Wohlbefinden. Der Abgleich unseres Selbst mit den möglichen beruflichen Aufgaben, bringt uns zwangsläufig beruflicher Erfüllung näher. In letzter Konsequenz hängt es von unserem Willen ab, ob wir jeden Tag versuchen, uns in diesem Sinne zu ent-wickeln. Berufliche Erfüllung und Wohlbefinden sind dabei dynamisch und nicht statisch zu verstehen, sodass unser Innehalten in unserem Streben danach zwangsläufig deren Verlust zur Folge hätte. Kurz gesagt, der Erhalt beruflicher Erfüllung erfordert fortwährende Aktivität.

2.2 Anstrengung ohne Erfüllung – Wenn der Job jeden Tag mühsamer wird

Beispiel

Tim K. übernahm als Mitglied der Geschäftsführung die Verantwortung für das Inlandsgeschäft des Tochterunter-nehmens. In den letzten Jahren ging der Umsatz im Inland stetig zurück, was u. a. an seinem Vorgänger lag, der sich zum Schluss scheinbar nur noch auf seinen Ruhestand vorbereitet hatte und die Zügel schleifen ließ. Seine Aufgabe war es also, das Inlandsgeschäft anzukurbeln und den Umsatz deut-lich zu steigern. Das Ganze sollte natürlich ohne signifikante Erhöhung der Kosten passieren – für einen ehemaligen Unternehmensberater wie Tim K. genau die richtige Aufgabe!

Fallbeispiel Tim K.   Mit der Sprecherin der Geschäftsführung des Tochterunter-nehmens, Svenja P., verstand er sich auf Anhieb. Eine sehr umgängliche Person, die von Beginn an wertschätzend und vertrauensvoll mit Tim K. zusammenarbeitete. Svenja P. hatte einen gewissen Hang zur Detailverliebtheit, der jedoch Tim K. niemals unangenehm war, da dieser aus Sicht von Tim K. ech-tem Interesse und nicht Misstrauen entsprang. Beide arbeite-ten sehr erfolgreich zusammen. Die Zahlen sprachen für sich. Der Inlandsumsatz wuchs, und auch das gute Betriebsklima förderte den Teamgeist und den Willen, gemeinsam etwas zu schaffen.

Die Geschäftsführung bestand insgesamt aus vier Mitgliedern. Neben Svenja P. und Tim K. gehörten Niko T. und Marie S. dazu.

Niko T. war für alle internen Aufgaben wie Personal, Finanzen, IT usw. verantwortlich. Schon viele Jahre im Unternehmen, war er ein richtiger „alter Hase". Als Mensch mit einer ausgeprägt narzisstischen Persönlichkeit war er zutiefst davon überzeugt, eigentlich zu Höherem berufen zu sein, aber immer verkannt zu werden. Seine letzten persönlichen Erfolge lagen bereits einige Jahre zurück. Dass die Erfolge aktuell ausblieben, lag nach seiner Auffassung selbstverständlich immer an anderen. Aktuell machte er einen mehr oder weniger durchschnittlichen Job. Sein augenscheinlich fehlendes Interesse an seinen Aufgaben führte bei Svenja P. zu einer eher kritischen Haltung ihm gegenüber. Für seine Misserfolge machte Niko T. grundsätzlich andere verantwortlich. Mit Menschen, die ihm auf Augenhöhe begegneten, konnte und wollte er nicht umgehen. Zugänglicher wurde er bei Menschen, die seine narzisstischen Grandiositätsfantasien bedienten. In dieser Hinsicht war er sehr berechenbar. Tim K. hatte ihn schnell durchschaut und wusste mit ihm umzugehen, indem er dosiert sein großes Ego streichelte.

Das vierte Mitglied der Geschäftsführung, Marie S., kam einige Monate nach Tim K. und übernahm die Verantwortung für das Auslandsgeschäft. Mit dem Vorgänger von Marie S. verstand sich Tim K. sehr gut. Die Zusammenarbeit war sehr partnerschaftlich, und beide nutzten Synergien zwischen dem In- und Auslandsgeschäft. Die Beziehung zu Marie S. war von Beginn an anders, ohne dass Tim K. genau sagen konnte, woran das lag. Tim K. hatte mit der ersten Begegnung ein mulmiges Gefühl, wusste dieses jedoch nicht zu deuten. Waren es die Geschichten, die sich um Marie S. rankten? Sie kam aus einem anderen Tochterunternehmen, wo sie für interne Aufgaben verantwortlich war. Das Auslandsgeschäft war für sie neu, und sie machte auch keinen Hehl daraus, dass sie andere Aufgaben bevorzugen würde. In ihrem alten Job soll sie regelrecht gewütet haben. Gestandene Mitarbeiter soll sie an den Rand des Nervenzusammenbruchs gebracht haben. Sie wurde hinter vorgehaltener Hand als skrupellos, gnadenlos und gefühllos beschrieben.

Anderen Menschen wertschätzend und vertrauensvoll zu begegnen war stets ein, wenn nicht sogar der Erfolgsfaktor für Tim K. gewesen. Einer seiner Glaubenssätze lautete „Vertrauen zahlt sich aus", ein zweiter „Ein Team ist immer mehr

2

als die Summe seiner Teile". Genau so ging er auf seine Mitarbeiterinnen und Mitarbeiter, auf seinen Kollegenkreis und auch seine Vorgesetzten zu. Doch im Fall von Marie S. war etwas anders. Sein entgegengebrachtes Vertrauen wurde nicht oder nur zum Schein erwidert. Seine Wertschätzung schien gar als persönliche Schwäche interpretiert zu werden. Tim K. wurde immer irritierter. Es waren häufig scheinbar nur Kleinigkeiten. So war das Verhalten von Marie S. oft widersprüchlich. Sie wirkte einerseits tatendurstig, und andererseits trat das von ihr verantwortete Auslandsgeschäft auf der Stelle. Eine Zusammenarbeit mit ihr war kaum möglich, da Marie S. ihren Bereich regelrecht abschottete. Auch übte sie an beinahe allem und jedem Kritik, ohne konstruktive Vorschläge zu unterbreiten. Dabei wurde sie zusehends destruktiver. Immer wenn Svenja P. versuchte, eine konstruktive Diskussion in Gang zu bekommen, wurde sie abgeblockt. Marie S. begann sogar zunächst unterschwellig und dann immer unverhohlener gegen Svenja P. zu opponieren. Und sie blieb nicht allein: Niko T. sah scheinbar seine Chance gekommen und unterstützte Marie S. immer offenkundiger. Svenja P. wurde zusehends unsicherer. Sie fand einfach kein Mittel, um gegenüber den beiden zu bestehen.

Tim K. versuchte zunächst an der Sache orientiert zu handeln und sich aus dem offensichtlich eskalierenden Konflikt herauszuhalten. Die Strategie des Heraushaltens hielt Tim K. jedoch nur für kurze Zeit durch, er empfand es nämlich als zutiefst illoyal, Svenja P. im Umgang mit den beiden nicht zu unterstützen! Tim K. wurde innerlich immer zerrissener. Seine Gedanken kreisten ständig um das Verhalten und die Motive von Marie S. und darum, wie Svenja P. mit der Situation umging. Tim K. war so beschäftigt mit Marie S. und auch Niko T., dass er seine eigentlichen Aufgaben immer häufiger vernachlässigte. Erfüllung im Beruf zu finden war schon länger kein Thema mehr. Er suchte seine vergangene Ausgeglichenheit und wurde immer wieder auf die konfliktbehaftete Situation in der Geschäftsführung zurückgeworfen. – Wo sollte das nur hinführen?

Wir haben am Beispiel von Tim K. gesehen, dass eine herausfordernde berufliche Aufgabe, zu der auch zeitweise Anspannung und Stress gehören, Voraussetzung für Zufriedenheit und Erfüllung im Beruf ist. Die Frage, was einen Menschen beruflich herausfordert, ohne dauerhaft zu überfordern, ist jeweils individuell zu hinterfragen und zu beantworten. Wie wir an der Entwicklung von Tim K. sehen, hängt Zufriedenheit von mehr als nur einer erfüllenden

beruflichen Aufgabe ab. So ist seine Aufgabe als Führungskraft offensichtlich gleich geblieben, genauso wie seine
Haltung zu der Aufgabe. Was sich grundlegend verändert
hat, ist die Situation am Arbeitsplatz, die, anders als früher,
nun geprägt ist von der täglichen Konfrontation mit dem
belastenden Verhalten seiner Kolleginnen und Kollegen.

Die Konzepte zur arbeitspsychologischen Betrachtung
von Stress liefern uns Anhaltspunkte, die diese Entwicklungen im Umfeld von Tim K. näher erklären. So
werden in der Arbeitspsychologie personenbezogene und
bedingungsbezogene Faktoren unterschieden. Die personen-
bezogenen Faktoren beziehen sich auf Merkmale, die an die
Person gebunden sind. Die bedingungsbezogenen Faktoren beziehen sich auf die Arbeitssituation, die Arbeitsaufgabe sowie die Arbeitsorganisation (Bamberg et al. 2006)
(◘ Abb. 2.1).

Die Situation bei der Arbeit ist geprägt durch alles, was
an Einflüssen und Eindrücken mit der Arbeit zusammen-
hängt. Besonders wichtig sind dabei die sozialen
Beziehungen zu den Menschen am Arbeitsplatz, also Kol-

Personen- und
bedingungsbezogene
Faktoren von Stress am
Arbeitsplatz

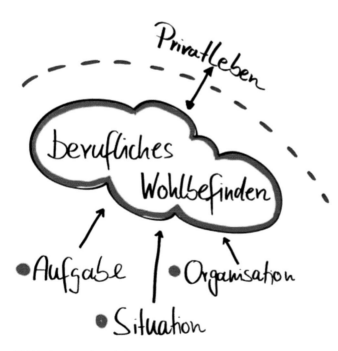

◘ Abb. 2.1   Das berufliche Wohlbefinden beeinflussende Faktoren

2

Arbeitssituation,
Arbeitsorganisation
und Arbeitsaufgabe

leginnen und Kollegen, Vorgesetzte sowie Mitarbeiterinnen und Mitarbeiter oder auch Externe wie Kundinnen und Kunden oder Lieferantinnen und Lieferanten. Auch gehören der persönliche Arbeitsplatz, beispielsweise das Büro oder der Schreibtisch, sowie das erweiterte berufliche Umfeld, u. a. der Arbeitsweg oder auch weitere im Unternehmen vorhandene Einrichtungen, wie beispielsweise die Kantine, dazu. Private Einflüsse, die sich im Beruf auswirken, haben ebenfalls einen Anteil an der Arbeitssituation. Zum Beispiel Hobbys, die bis in die Nachtstunden wach halten, wirken sich auf die Arbeit aus. Solche privaten Einflüsse sind natürlich sehr individuell ausgeprägt, sodass wir diese nicht umfänglich betrachten können – wohl wissend, dass diese häufig einen großen Einfluss auf die berufliche Zufriedenheit und das persönliche Stresserleben besitzen. Die Arbeitsorganisation beschreibt, wie die berufliche Aufgabe aufbau- und ablauforganisatorisch eingebettet ist. Hierbei geht es beispielsweise um Entscheidungs- und Berichtswege oder auch organisatorisch bedingte zeitliche Restriktionen, wie beispielsweise in einem getakteten Produktionsprozess.

Der Einfluss der beruflichen Aufgabe auf das Wohlbefinden ist so groß, dass in gewissen Grenzen Abweichungen in der Arbeitssituation und -organisation kompensiert werden können. So können ein unzureichend ausgestatteter Arbeitsplatz oder Kolleginnen und Kollegen, die ihr anderes Empfinden für Wärme oder Kälte im Büro durch das wiederholte Aufreißen des Fensters auch bei Eiseskälte ausdrücken, ohne entscheidende Beeinträchtigung des eigenen Wohlbefindens existieren, wenn die eigene berufliche Aufgabe einen aus- und erfüllt. Es kann ohne tief greifende Beeinträchtigung des Wohlbefindens abends später werden, sogar das Wochenende muss nicht immer heilig sein, wenn wir nur in der Aufgabe aufgehen und Erfüllung finden. Wohlgemerkt, das alles immer in der richtigen Dosierung.

Arbeitssituation und -organisation entfalten eine zur Arbeitsaufgabe vergleichbare kompensatorische Wirkung, wenn überhaupt, nur sehr eingeschränkt. Eine langweilige Aufgabe in einem sympathischen Team zu erfüllen funktioniert in der Regel nur zeitlich beschränkt. Auf Dauer wird sich die Unterforderung auf das persönliche Wohlbefinden aller auswirken und in letzter Konsequenz auch das Betriebsklima belasten. Ähnlich verhält es sich mit einem wunderschönen, hellen, modernen Arbeitsplatz, der hinter einer Mauer aus Überforderung, Anspannung und Stress verblasst.

Der im Hinblick auf Wohlbefinden herausgehobenen kompensatorischen Bedeutung der beruflichen Aufgaben sind jedoch, wie im Fall von Tim K. zu sehen, Grenzen gesetzt. Jeder noch so aus- und erfüllende Job, wird zur Belastung, wenn die störenden Einflüsse beispielsweise durch Konflikte mit Kolleginnen und Kollegen oder durch andauernden zeitlichen Druck zu groß werden. Pflegekräfte geben häufig an, dass ihr persönlicher Stress weniger in der psychisch und physisch besonders herausfordernden Aufgabe, mit hilfsbedürftigen und kranken Menschen umzugehen, liegt, sondern darin, dass sie aufgrund des laufend vorhandenen zeitlichen Drucks ihren eigenen Ansprüchen an ihre Aufgabe nicht gerecht werden können. Ihre Zeit reicht einfach nicht aus, um sich den ihnen anvertrauten Menschen so zuzuwenden, wie es nach ihrem Verständnis eigentlich sein sollte. Wenden wir das Konzept von Antonovsky an, so stellen wir fest, dass das Kohärenzgefühl der befragten Pflegekräfte und damit ihre psychische Widerstandsfähigkeit erheblich verletzt wurden. So haben die mit der Pflege befassten Personen den Anspruch und das Bedürfnis, Menschen menschenwürdig zu pflegen; sie bekommen nach ihrem Empfinden jedoch von ihrem Arbeitgeber nicht die dafür notwendige Zeit zur Verfügung gestellt. Das Wohlbefinden wird beeinträchtigt, die eigenen Handlungsmöglichkeiten fehlen, was zu Anspannung und Stress führt sowie dazu, dass Pflegekräfte häufig psychische und auch physische Krankheitsbilder entwickeln (vgl. Oppermann 2000, S. 83, 84).

Unter Faktoren, die das Wohlbefinden am Arbeitsplatz nachhaltig beeinträchtigen, kommt den Kolleginnen und Kollegen, den Mitarbeiterinnen und Mitarbeitern oder den Vorgesetzten eine besondere Bedeutung zu. Genauer gesagt, ungelöste und destruktive Konflikte am Arbeitsplatz lösen beim Menschen negative Gefühle wie Wut oder Angst aus. Der Mensch als soziales Wesen mit dem Bedürfnis nach Zugehörigkeit und Sicherheit in der Gruppe reagiert besonders empfindlich auf Störungen im zwischenmenschlichen Bereich. So definiert das Gabler-Wirtschaftslexikon den Begriff „Betriebsklima" als „Sammelbegriff für das subjektive Erleben eines Betriebes durch seine Mitarbeiter mit Vorgängen der zwischenmenschlichen Interaktion und Kommunikation als Schwerpunkt" (► http://wirtschaftslexikon.gabler.de/Archiv/57375/betriebsklima-v8.html). Konflikte, als spannungsbehaftete zwischenmenschliche Interaktionen und eine damit einhergehende Verschlechterung der Kommunikation beeinflussen das

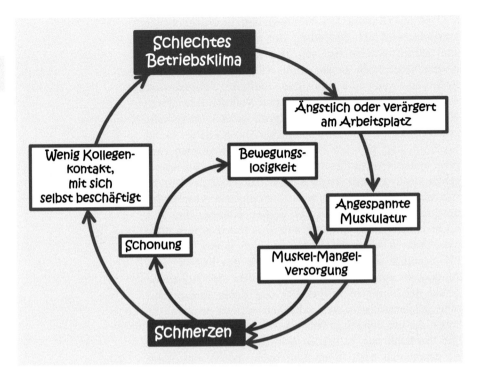

☐ **Abb. 2.2** Zusammenhang zwischen schlechtem Betriebsklima und Muskel-Skelett-Erkrankungen. (Nach Matyssek 2012, S. 29, mit freundlicher Genehmigung)

Betriebsklima

subjektive Erleben der Arbeit und damit das Betriebsklima entscheidend negativ. Dabei entstehen Wechselwirkungen, die neben psychosozialen Belastungen auch physische Auswirkungen nach sich ziehen können. So verstärken sich nachgewiesenermaßen ein schlechtes Betriebsklima und körperliche Schmerzzustände gegenseitig. Matyssek (2012) verdeutlicht den Zusammenhang in einem „Teufelskreis", in dem ein schlechtes Betriebsklima zu Ärger und Angst und damit zu Verspannung führt. Die Verspannung führt zu Schmerzen, die zur Schonung und zum Rückzug der Person führen. Hierdurch verringert sich der Kontakt zu Kollegen, wodurch das Betriebsklima weiter leidet und so weiter (☐ Abb. 2.2).

Im Rahmen unserer Arbeit haben wir uns intensiver mit schwierigen Menschen am Arbeitsplatz befasst. Insbesondere die von uns näher untersuchten „Toxiker" sind in besonderem Maße für andauernde Konflikte sowie psychosozialen Stress verantwortlich.

Toxiker

Unsere Definition von Toxikern, die gleichermaßen weiblich oder männlich sein können, ist wie folgt:

> Toxiker sind Menschen, die nach persönlicher Macht streben, um ihre zutiefst egoistischen Motive um jeden Preis zu verwirklichen.

Toxiker sind skrupellos, drangsalieren und manipulieren die Menschen in ihrer Umgebung, seien es ihre Kolleginnen und Kollegen, ihre Mitarbeiterinnen und Mitarbeiter oder ihre Vorgesetzten. Sie nehmen für ihren persönlichen Vorteil in Kauf, dass Menschen in ihrem Umfeld krank werden und ihr Unternehmen substanziell geschädigt wird, mehr noch, sie schädigen sogar vorsätzlich, wenn es ihnen einen Vorteil bringt (Schüler-Lubienetzki und Lubienetzki 2016). Toxiker besitzen eine Persönlichkeitsstruktur, die zur „Dunklen Triade der Persönlichkeit" zählt (Paulhus und Williams 2002). Unter diesem Begriff werden die machiavellistische sowie die subklinischen Varianten der narzisstischen und psychopathischen Persönlichkeit verstanden. Es sind also Menschen mit Persönlichkeiten, die sich im normalen Spektrum bewegen und nicht als psychisch krank zu bezeichnen sind. Das unbedingte Streben des Toxikers nach persönlicher Macht resultiert je nach Persönlichkeitsstruktur aus unterschiedlichen Motiven. Eher machiavellistische Persönlichkeiten streben aus durchaus rationalen Beweggründen nach Macht. So werden politische Karrieren häufig von Machiavellistinnen und Machiavellisten angestrebt. Sie verhalten sich beispielsweise betont opportunistisch, um Unterstützer zu gewinnen und so die eigene politische Karriere zu fördern, oder nutzen jede sich bietende Chance, um politische Konkurrentinnen und Konkurrenten zu diskreditieren. Außerhalb der Politik könnte ein machiavellistisches Motiv sein, die eigene berufliche Karriere und damit das persönliche Einkommen um jeden Preis zu fördern, um zu persönlichem Wohlstand zu gelangen. Narzisstische Persönlichkeiten möchten über Macht eher zu Status und Anerkennung gelangen, um ihre Fantasien der eigenen Grandiosität ausleben zu können. Dieses ist auch häufig mit beruflichem Karrierestreben verbunden. Ihr Streben nach Geltung ist meistens grenzenlos, sodass ihnen jedes Mittel recht ist, dieses zu befriedigen. Psychopathischen Persönlichkeiten geht es meistens um das Ausüben von Macht an sich. Sie selbst möchten ihre Macht spüren, und sie möchten andere ihre Macht spüren lassen. So könnte ihr Motiv durchaus darin liegen, einen oder mehrere Menschen, mit denen beispielsweise Konflikte bestehen, beruflich zu vernichten – einfach nur deshalb, weil sie es können (Schüler-Lubienetzki und Lubienetzki 2016).

2

Die Arbeitssituation von Tim K. hatte sich in kurzer Zeit in extremer Art und Weise zum Negativen entwickelt. So war er nicht nur mit einem, sondern gleich mit zwei Toxikern konfrontiert. In der Nachschau hatte Niko T. sehr wahrscheinlich eine ausgeprägt narzisstische und Marie S. eine psychopathische Persönlichkeit. In der damaligen Situation entwickelte sich alles sehr schnell zum Negativen. Tim K. war völlig überfordert mit den in der Situation an ihn gestellten Anforderungen. Schauen wir uns an, was weiter passierte.

Beispiel

Was war nur mit ihm geschehen? Vor gar nicht so langer Zeit konnte er sich keinen schöneren Job vorstellen und jetzt fiel es ihm immer öfter morgens schwer, sich überhaupt zum Aufstehen, geschweige denn für seine Arbeit zu motivieren. Stress war doch nichts Neues für ihn! Er konnte sich an Zeiten erinnern, da hatte er mit seinem Team wochenlang durchgearbeitet, um ein Projekt zum erfolgreichen Ergebnis zu führen. Damals hatten alle an einem Strang gezogen. Natürlich hatte er den Stress gespürt. Er hatte aber auch Strategien entwickelt, um mit ihm umzugehen. So konnte er beim Sport runterkommen und etwas gegen seine Anspannung tun. Auch half ihm, Pausen und Freizeit in seinen Projektplänen bewusst einzuplanen. Er plante freie Wochenenden ein und schaffte es auch meistens, seine Pläne einzuhalten oder, wenn das nicht gelang, für Kompensation zu sorgen. Aber das Wichtigste war, dass er erlebte, dass seine Arbeit sinnvoll und ergebnisorientiert war. Es erfüllte ihn mit tiefer Befriedigung, gemeinsam mit seinem Team für die Kundinnen und Kunden und für sein Unternehmen das jeweils bestmögliche Ergebnis zu produzieren.

Fallbeispiel Tim K.

In der aktuellen Situation musste er sich neue Strategien überlegen, um mit der vergifteten Arbeitsatmosphäre umzugehen. Wenn es positiven und negativen Stress gab, dann war dieser eindeutig negativ! Dabei waren seine Aufgaben unverändert geblieben. Nur konnte er diese nicht mehr so ausfüllen, wie er es für notwendig und angemessen hielt. Er war einfach zu sehr von den Querelen in der Geschäftsführung betroffen. Die Konflikte wurden immer größer. Es hatten sich zwei Lager gebildet: er und Svenja P. auf der einen Seite, Niko T. und Marie S. auf der anderen. Eine konstruktive Zusammenarbeit war nicht mehr möglich. Niko T. und Marie S. unterliefen jede sachliche Befassung mit geschäftlichen Themen. Ihr Widerstand äußerte sich in Debatten über das große Ganze, die ganz große Strategie, wie sie es nannten, ohne jede Idee, das große Ganze in konkrete Handlungen herunterzubrechen. Wurde diese Strategie des Vernebelns zu offenkundig, änderten sie diese, jetzt ging es plötzlich um die Details, was bedeutete, dass endlose Debatten über Formulierungen bis hin zur Punkt- und Kommasetzung angestoßen wurden. Auch wirkte sich die Uneinigkeit in der Geschäftsführung auf die Beschäftigten aus. Viele zogen sich zurück, machten Dienst nach Vorschrift, andere folgten ihren opportunistischen Trieben und unterstützten die eine oder andere Seite, und einige, natürlich die Besten, gingen. Das Unternehmen war offenkundig in einer Abwärtsspirale gefangen.

Tim K. entfernte sich, ohne es zu merken, immer weiter von seinen eigentlichen Aufgaben. Er investierte seine Kraft in den Konflikt innerhalb der Geschäftsführung und nicht mehr darin, sein Team zu führen und seinen geschäftlichen Aufgaben nachzugehen. Sein Stressniveau stieg dadurch stetig weiter an. Was ihm jedoch noch mehr zu schaffen machte war, dass er seine beruflichen Aufgaben nicht mehr in dem Maße und in der Qualität ausfüllen konnte, wie es seinem eigenen Anspruch entsprach. Auch blieben die erfüllenden Erlebnisse im Job aus, sodass sein stetig steigender Stresspegel nicht mehr mit Erfolgen belohnt wurde. – Er war in einem Teufelskreis gefangen!

Er begann die Erfüllung, die ihm im Job versagt blieb, im Privaten zu suchen. Früher waren 10- bis 12-Stunden-Arbeitstage keine Seltenheit. Das änderte sich nun, eigentlich wollte Tim K. die Zeit, die er am Arbeitsplatz verbrachte, nur noch so kurz wie möglich halten. Sein Arbeitsvertrag lief über 40 Stunden pro Woche, und die hielt er ein – mehr aber auch nicht. Er hatte das Bedürfnis, die dadurch gewonnene private Zeit sinnvoll zu nutzen, so verbrachte er deutlich mehr Zeit mit seiner Lebensgefährtin und mit Freunden oder investierte diese in sein Sportprogramm. Das half auch vorübergehend. Er wurde fitter und seine privaten Beziehungen intensivierten und verbesserten sich zunächst. Doch fiel es ihm immer schwerer, die Gedanken an die unsäglichen Zustände und unbewältigten Konflikte am Arbeitsplatz abzustellen. Diese drehten sich im Laufe der Zeit immer häufiger darum, dass er seinen eigentlichen Job vernachlässigte und damit nicht mehr seinen eigenen Ansprüchen genügte.

Um sich weiter abzulenken, begann er, sich zunächst etwas und dann immer mehr „zu gönnen". Wenn sein Gehalt immer mehr zum „Schmerzensgeld" wurde, wollte er dieses auch einsetzen, um seine Schmerzen zu lindern und die negativen

2

Gedanken zu betäuben. Nicht von ungefähr steht der Begriff „compensation" im Englischen auch für die Vergütung! Wo früher eine repräsentative Uhr gereicht hatte, mussten es nun zwei oder auch drei sein. Jeder Urlaubstag wurde mit immer exotischeren Reisen verplant. Auch musste ein Sportwagen her. Und so weiter … Unter dem Strich bedeutete sein Konsum zunächst Ablenkung für ihn, aber die Realität im Job holte ihn im Anschluss an den Kauf immer wieder ein. Je größer zunächst die Freude über ein neues „Spielzeug" war, desto ernüchternder war die Rückkehr in den Arbeitsalltag.

Aber Tim K. hielt durch. Er wusste nicht, wie lange es dauern würde, und er wusste nicht, wie er sich befreien sollte, aber sein Wille, das alles durchzustehen, war ungebrochen. Er hatte doch schon ganz andere herausfordernde Situationen in seinem Leben gemeistert! – Also galt für ihn der Spruch: „Was mich nicht umbringt, macht mich härter." Um Leben und Tod ging es sicherlich nicht, aber um die berufliche Existenz schon – nur war sich Tim K. zu diesem Zeitpunkt noch nicht darüber im Klaren. Er unterschätzte die sich anbahnende Krise in fataler Art und Weise.

Zusammenfassung

Stress ist alltäglich, er gehört scheinbar zum modernen Menschen, sodass jede und jeder ihn nicht nur kennt, sondern selbst erlebt. Dessen jeweilige Wahrnehmung kann durchaus unterschiedlich sein, so finden manche ihn anregend, und andere möchten ihn am liebsten gänzlich vermeiden. Berufliche Phasen der Anspannung, gefolgt von ruhigeren Phasen der Regeneration können dazu führen, dass wir uns lebendig und wohlfühlen. Bei genauerer Betrachtung ist Stress ein Zustand der körperlich erlebten Anspannung, der dann auftritt, wenn der Mensch mit Anforderungen konfrontiert wird, deren Bewältigung nicht offensichtlich ist oder nicht auf Anhieb gelingt. So wie jeder Mensch ein Individuum ist, so erlebt jeder Mensch an ihn gerichtete Anforderungen unterschiedlich. Gleiches gilt für das persönliche Wohlbefinden, dessen Eintritt ebenso individuell ausgeprägt ist. Das Ziel, Wohlbefinden zu erleben, ist gleich, der Weg dorthin individuell unterschiedlich. Im täglichen Leben ist Wohlbefinden eng verknüpft mit dem Finden von beruflicher Erfüllung, verknüpft mit der Möglichkeit, berufliches und privates Leben in Einklang zu bringen. Ein Konfuzius zugeschriebener Spruch fasst diesen Gedanken treffend zusammen: „Wähle einen Beruf, den du liebst, und du brauchst keinen Tag in deinem Leben mehr zu arbeiten." Wohlbefinden kann als oberstes Lebensziel eines jeden begriffen werden. Metaphorisch veranschaulicht Antonovsky (1997) Wohlbefinden sehr treffend durch das Bild eines balancierenden Seiltänzers, der zu jedem Zeitpunkt aufs Neue die Balance zwischen Stress und Entspannung finden muss. Wohlbefinden kann in dem Bild von Antonovsky weniger als Zustand denn als Prozess aufgefasst werden. Wohlbefinden kann als Bewegung in einem Kontinuum zwischen zwei Polen aufgefasst werden, das sich einstellt, wenn der Mensch sich in Richtung des positiven Pols bewegt. So spricht Antonovsky von einem Kontinuum von Gesundheit und Krankheit in dem sich jeder Mensch bewegt. Demnach ist jeder Mensch weder ganz gesund noch ganz krank. Es geht vielmehr darum, ob sich der Mensch in Richtung des Gesundheitspols bewegt oder eher stillsteht bzw. sich in Richtung Krankheit bewegt. Wohlbefinden stellt sich auf dem Weg zum Gesundheitspol ein.

Im größeren psychologischen Zusammenhang liegt es in der Natur des Menschen, nach persönlicher Entwicklung zu streben. Rogers und Maslow, auf die die psychologische Schule der humanistischen Psychologie zurückgeht, fassen dieses in dem „Streben nach Selbstaktualisierung bzw. Selbstverwirklichung" zusammenfassen. Der Mensch ist quasi nicht nur dafür gemacht, mit immer neuen Anforderungen umzugehen und sich dadurch weiterzuentwickeln, er strebt sogar Anforderungen an, um mit deren Bewältigung Wohlbefinden zu erleben. Dieses Streben nach dem Bewältigen immer neuer Anforderungen ist zwangsläufig mit Stress verbunden und damit nicht grenzenlos. Untersuchungen zeigen auf, dass dauerhafter Stress zu körperlichen Beschwerden führt und schließlich krank macht.

In der beruflichen Praxis spielen verschiedene Faktoren für unser Wohlbefinden eine Rolle. Diese Faktoren lassen sich in personenbezogene und bedingungsbezogene Faktoren unterscheiden. Zu den bedingungsbezogenen Faktoren zählen die Arbeitssituation, -aufgabe und -organisation. In gewissen Grenzen können unterschiedliche positive und negative Ausprägungen dieser Faktoren sich gegenseitig kompensieren, sodass beispielsweise der Mensch sich trotz einer als langweilig wahrgenommenen Arbeitsaufgabe aufgrund eines guten Team- und Betriebsklimas wohlfühlt. Eine Bedrohung für unser Wohlbefinden im Beruf, aber auch in anderen Lebenssituationen stellen Toxiker dar. Toxiker streben nach Macht, um ihre zutiefst egoistischen Bedürfnisse zu befriedigen, und nehmen dafür die Schädigung von Menschen aus ihrem Umfeld in Kauf bzw. schädigen diese sogar vorsätzlich.

2

Neben solchen bedingungsbezogenen Faktoren, die unser Erleben im Berufsalltag prägen, und dem mehr oder weniger ausgeprägten Streben, sich mittels neuer Herausforderungen weiterzuentwickeln, spielt für das Wohlbefinden die grundlegende Lebenshaltung eines Menschen eine entscheidende Rolle. Diese Haltung fasst Antonovsky mit dem Begriff „Kohärenzgefühl" (1997) zusammen. Das Gefühl der Kohärenz entsteht beim Menschen, wenn er seine Lebens- und Berufssituation in den drei Komponenten Verstehbarkeit, Handhabbarkeit und Bedeutsamkeit als stimmig wahrnimmt. Verstehbarkeit meint, inwieweit wir unsere Lebensumwelt als logisch und konsistent wahrnehmen. Handhabbarkeit bewertet unsere Ressourcen, inwieweit diese zu den an uns gestellten Anforderungen passen. Bedeutsamkeit schließlich gibt unsere Haltung wieder, inwieweit unsere Situation für uns Sinn ergibt und eine innere Bedeutung besitzt. Ein weiterer wichtiger personenbezogener Faktor ist unsere Identität, der wiedergibt, inwieweit wir in unserer Lebenssituation wahrnehmen, dass unser Selbstkonzept unserer Realität entspricht oder unser Selbstwertgefühl positiv ist.

Literatur

Antonovsky, A. (1997). *Salutogenese – Zur Entmystifizierung der Gesundheit.* Tübingen: dgtv.

Bamberg, E., Keller, M., Wohlert, C., & Zeh, A. (2006). BGW-Stresskonzept – Das arbeitspsychologische Stressmodell. Berufsgenossenschaft für Gesundheitsdienst und Wohlfahrtspflege [BGW], Hamburg.

Cannon, W. B. (1975). Wut, Hunger, Angst und Schmerz: eine Physiologie der Emotionen. (Aus d. Engl. übersetzt von H. Junker, hrsg. von T. Von Uexküll., 1. Ausgabe 1915) München: Schwarzenberg.

Greif, S., Bamberg, E., & Semmer, S. (Hrsg.). (1991). *Psychischer Streß am Arbeitsplatz.* Göttingen: Hogrefe.

Maslow, A. H. (1987). Motivation and Personality. (3. Auflage, überarbeitet von R. Fraer, J. Fadiman, C. McReynolds & R. Cox). New York: Harper & Row.

Matyssek, A. K. (2012). *Führung und Gesundheit – Ein praktischer Ratgeber zur Förderung der psychosozialen Gesundheit im Betrieb* (3. Aufl.). Norderstedt: Books on Demand.

Mummendey, H. D. (2006). Psychologie des "Selbst". Theorien, Methoden und Ergebnisse der Selbstkonzeptforschung. Göttingen: Hogrefe.

Oppermann, R. F. (2000). *Organisationsklima und Streß: Ergebnisse einer quantitativen Studie im Krankenhaus-Pflegedienst.* Frankfurt a. M.: Peter Lang GmbH.

Paulhus, D. L., & Williams, K. M. (2002). The Dark Triad of personality: Narcissm, Machiavellianism, and psychopathy. *Journal of Research in Personality, 36,* 556–563.

Rogers, C. R. (2009). *Eine Theorie der Psychotherapie*. München: Ernst Reinhardt Verlag.

Schüler-Lubienetzki, H., & Lubienetzki, U. (2016). *Schwierige Menschen am Arbeitsplatz: Handlungsstrategien für den Umgang mit herausfordernden Persönlichkeiten* (2. Aufl.). Berlin: Springer.

Selye, H. (1936). A syndrome produced by diverse nocuous agents. *Nature, 138,* 32.

Weibler, J. (2012). *Personalführung* (2. Aufl.). München: Vahlen.

Die Krise – finale Zuspitzung einer Entwicklung

3.1   Der Absturz in die Krise – Das plötzliche Ende einer „Bilderbuchkarriere" – 42

3.2   Keiner wartet auf einen – Der erneute Aufstieg ist meistens länger als gedacht – 55

        Literatur – 61

© Springer-Verlag GmbH Deutschland, ein Teil von Springer Nature 2020
H. Schüler-Lubienetzki, U. Lubienetzki, *Durch die berufliche Krise und dann vorwärts –*,
https://doi.org/10.1007/978-3-662-60536-3_3

3

Eine interessante Frage wäre aus unserer Sicht, wie groß der Anteil der Krisen ist, deren Eintritt für die Betroffenen wirklich unvorhersehbar war. Unsere These ist, dass gerade in persönlichen und beruflichen Zusammenhängen, der überwiegende Anteil zwar nicht zwangsläufig vollumfänglich vorhersehbar war, dass jedoch Vorboten und Zeichen da waren, die in Richtung Krise deuteten. Diese Indizien hätten darauf hinweisen können, wo es sich gelohnt hätte, genauer hinzusehen und je nach Bewertung bewusst einzugreifen. Ist die Krise erst präsent, wünscht sich wahrscheinlich jede und jeder Betroffene, sie oder er könnte die Zeit bis zu dem Punkt zurückdrehen, an dem die krisenhafte Entwicklung begonnen hatte. Solche rückwärtsgewandten Sichtweisen, die meistens von einem Gefühl der Trauer begleitet werden, ermöglichen uns, nach Überwinden einer Krise für die Zukunft zu lernen. Ist die Krise ausgebrochen, geht es um das Hier und Jetzt, in dem so gehandelt werden muss, dass die Krise bewältigt wird. Es geht darum, unsere Ressourcen zu aktivieren, um mit den vielfältigen Anforderungen, die an uns gestellt werden, umzugehen. Die Überwindung einer beruflichen Krise ist dabei eher mit einem Langstreckenlauf als mit einem kurzen oder mittellangen Sprint vergleichbar.

Vorhersehbarkeit und Unvorhersehbarkeit von Krisen

In unserem Fallbeispiel besitzt Tim K. als erfahrener und erfolgreicher Manager sicherlich viele Ressourcen, um mit den an ihn gestellten Anforderungen umzugehen. Doch wie wir auch gesehen haben, blieb der Erfolg aus – im Gegenteil, die Situation verschlimmerte sich zusehends. Lassen Sie uns anschauen, was weiter passiert, wie die Situation eskaliert und schließlich in die persönliche Krise mündet.

3.1 Der Absturz in die Krise – Das plötzliche Ende einer „Bilderbuchkarriere"

Beispiel

Es wurde für Tim K. immer schlimmer. Egal, was er probierte, um die verfahrene Situation und den damit verbundenen Stress zu lösen, nichts funktionierte. Tim K. fand einfach kein Mittel, die ständigen Konflikte mit seiner Kollegin und seinem Kollegen zu lösen – scheinbar suchten beide regelrecht den Konflikt. Die Konflikte waren das eine, was ihm noch mehr zu schaffen machte, war, dass er mit sich selbst und wie er seine eigentlichen Aufgaben erfüllte nicht zufrieden war. Er fühlte sich zunehmend ausgebrannt und konnte sich für einfachste Dinge nicht mehr motivieren. Was ihn früher mit

Freude erfüllte, war ihm jetzt bereits im Ansatz zu viel. Und auch Svenja P., die als Sprecherin der Geschäftsführung eigentlich das Zepter in der Hand halten müsste, resignierte offensichtlich. Die Unruhe in der Geschäftsführung führte zu ausufernden Diskussionen, die Uneinigkeit machte eine zielführende Planung unmöglich. Tim K. fiel einfach nichts mehr ein.

Mittlerweile war an ein Abschalten nach der Arbeit nicht mehr zu denken. Beim Sport konnte er sich noch so sehr anstrengen, die fortwährenden Konflikte im Unternehmen gingen ihm nicht aus dem Kopf. Er lag nachts stundenlang wach und ging immer wieder die gleichen Situationen und Fragen durch: Was kann ich anders machen, um die Situation zu verändern? Was wollen die beiden eigentlich? Wo soll das Ganze hinführen? Auch gab er immer mehr Geld für immer unnötigere Dinge aus, ohne dass es ihm wirklich Ablenkung verschaffte. Was er nicht wusste war, dass das toxische Spiel von Niko T. und Marie S. genau dieses Ziel verfolgte; er sollte verzweifeln. Ihnen war sehr bewusst, was die ständigen Konflikte und das verwirrende Verhalten der beiden mit Svenja P. und Tim K. anstellten. Niko T. und Marie S. wollten die Macht im Unternehmen an sich reißen, koste es, was es wolle!

Seine eigentlichen Aufgaben traten für Tim K. immer weiter in den Hintergrund. Gerade die bisherige Quelle seiner persönlichen Zufriedenheit, seine beruflichen Aufgaben, war versiegt. Schlimmer noch, auch sein Team blieb nicht unberührt. Dort häuften sich ebenfalls Konflikte. Die ständige Ablenkung machte ihn zusehends unaufmerksamer. Um ihn herum zog ein Sturm auf. Aber er bemerkte die aufziehende Krise nicht einmal zu dem Zeitpunkt, als die ersten Nachfragen aus der Zentrale kamen. Es ging zunächst allgemein um Absprachen mit Wettbewerbern. Tim K. wollte sich nicht damit beschäftigen und versuchte diese Entwicklungen zu ignorieren. Was hatte das mit ihm zu tun? Er wusste doch, dass es niemals solche Absprachen gab. Unbedingte Loyalität war schließlich sein wichtigstes Prinzip. Zu seinem eigenen Vorteil und gegen die Interessen seines Unternehmens zu handeln war für ihn undenkbar. Was hatte das alles also mit ihm zu tun? Für ihn lautete die Antwort zu dem Zeitpunkt: Nichts! – Doch er steckte, ohne es zu wissen, bereits mittendrin!

In der Zentrale waren zunächst Gerüchte und dann fingierte Beweise aufgetaucht, die Tim K. und auch Svenja P. der Absprache mit Wettbewerbern bezichtigten. Das Unternehmen hatte innerhalb des letzten Jahres mehrere lukrative Aufträge verloren. Die Aufträge gingen an Wettbewerber,

Fallbeispiel Tim K.

3

und die Hinweise deuteten vorgeblich darauf hin, dass Tim K. und Svenja P. Informationen zur internen Preisgestaltung weitergegeben hätten. Eine interne Untersuchung wurde angesetzt. Alles sollte geklärt werden, bevor das Ganze öffentlich wurde. Man wollte bloß keinen Skandal und eine damit einhergehende öffentliche Diskussion. Das würde alles nur noch schlimmer machen.

Wie die Informationen über den Verdacht und die Untersuchungen an die Presse gelangten, wurde niemals aufgeklärt. Mehrere Zeitungen berichteten über die Untersuchung und den Verdacht gegen Tim K. und Svenja P. Auch wurden Fragen gestellt, warum die Untersuchungen so lange dauerten und warum das Unternehmen nicht handelte. Offensichtlich wollte die Presse „Blut sehen", bevor sie sich wieder anderen Themen zuwandte. Nach den ersten Presseartikeln ging alles ganz schnell. Das Unternehmen wollte und sollte unbedingt aus den Schlagzeilen raus. Der einfachste Weg bestand darin, Tim K. und Svenja P. öffentlichkeitswirksam zu opfern. Die Presse erhielt hierdurch eine weitere große Schlagzeile, und danach war das Thema üblicherweise beendet.

Und so geschah es, Tim K. und Svenja P. wurden umgehend von ihrer Arbeit freigestellt. Da die komplexen Anschuldigungen nicht kurzfristig auszuräumen waren, erhielten beide wenige Wochen später ihre Kündigung aufgrund des Verdachts der Absprachen mit Wettbewerbern. Damit war das Unternehmen aus den Schlagzeilen, zeigte Handlungsfähigkeit, und die Abwicklung der Verträge von Tim K. und Svenja P. war nur noch ein arbeitsrechtliches Thema oder kurz gesagt, eine Frage der Höhe von Abfindungen.

Die Folgen für Tim K. waren dramatisch. Er hatte genau die berufliche Aufgabe verloren, die ihm Erfüllung brachte. Außerdem waren mit Freistellung und Kündigung sämtliche beruflichen und geschäftlichen Kontakte von heute auf morgen gekappt. Tim K. war zwar finanziell abgesichert, stand aber plötzlich vor dem beruflichen Nichts. Tim K. war im ersten Moment geschockt, fühlte sich leer und ausgebrannt.

Wir möchten kurz wiederholen, was wir bereits zu Beginn des Buches angesprochen hatten: Der Grund, warum wir uns in unseren Ausführungen vorrangig mit Führungskräften sowie Managerinnen und Managern befassen ist, dass diese es gewohnt sein sollten, mit herausfordernden Situationen umzugehen. Es ist gerade ihre zentrale Aufgabe, sich der Bewältigung von herausfordernden Situationen zu widmen. Der schlichte Begriff „Umgang" meint, die Herausforderungen entweder schnellstmöglich zu lösen oder mindestens einen Plan zu entwickeln, wie auf der Zeitachse verfahren werden soll, um zu einer Lösung zu gelangen.

Die Herausforderungen, mit denen Managerinnen und Manager konfrontiert werden, sind vielfältig. Meistens geht es um Themenstellungen, die das Geschäft betreffen. So kann es beispielsweise um die Entscheidung gehen, in Produkt A oder Produkt B zu investieren, um dieses dann zu produzieren und auf den Markt zu bringen, oder die Frage, mit welcher Software-Lösung zukünftig die Warenwirtschaft gesteuert werden soll, bis hin zu Personalentscheidungen, beispielsweise, welche Bewerberin oder welcher Bewerber am besten für eine vakante Position geeignet ist oder wer welche Aufgabe im neuen Projekt übernimmt. Die Anforderungen in den genannten Beispielen bestehen darin, jeweils die nach möglichst objektiven und sachlichen Erwägungen erfolgversprechendste Entscheidung zu treffen, deren Umsetzung zu planen und schließlich das Ergebnis zu kontrollieren. Der Komplexitätsgrad solcher Entscheidungen bis hin zu deren Umsetzung kann sehr hoch sein. Je komplexer, desto höher meistens auch die Einsätze. So geht es manchmal um Investitionen in Millionenhöhe, die bei Fehlentscheidungen verloren sein könnten. Dieses führt zwangsläufig zu Spannungszuständen bei den Entscheiderinnen und Entscheidern. Die Anspannung baut sich im Rahmen der Entscheidungsfindung kontinuierlich auf. Einen ersten Höhepunkt erreicht diese in dem Moment, in dem die Entscheidung gefällt **und** anschließend verkündet wird. Damit wird die Entscheidung öffentlich, beobachtbar und natürlich auch bewertbar. Mit der Veröffentlichung der Entscheidung fällt die Anspannung etwas ab, bleibt jedoch auf diesem Niveau so lange bestehen, bis absehbar ist, dass die Entscheidung zu der beabsichtigten Entwicklung oder dem beabsichtigten Ergebnis führt. Der Zeitraum zwischen der Verkündung der Entscheidung und dem Sichtbarwerden von deren Auswirkungen kann unterschiedlich lang sein. Je höher die Managementposition ist, desto umfassender und desto langfristiger sind in aller Regel auch die Auswirkungen dieser Entscheidungen. Entscheidungen, die der Einzelne nur für sich fällt und die sich später vielleicht als Irrtum herausstellen, muss dieser auch nur vor sich selbst verantworten. An der Spitze eines Unternehmens bedeutet eine Entscheidung in aller Regel, dass Maßnahmen ausgelöst werden, die Auswirkungen auf viele Beteiligte haben. Auch sind die Maßnahmen und Auswirkungen im Falle eines

Managerinnen und Manager in herausfordernden Situationen

3

Irrtums meistens nicht einfach zu stoppen, zurückzunehmen oder rückgängig zu machen. Zusätzlich werden im Verlauf der Umsetzung der Entscheidung oft Fakten geschaffen, die später nicht mehr umkehrbar sind. Verläuft alles nach Plan und tritt das beabsichtigte Ergebnis dann ein, war die Entscheidung also richtig und keine Fehlentscheidung, löst sich die Anspannung bei der oder dem Verantwortlichen, und es stellt sich das ersehnte Gefühl der Erfüllung ein. Der Zeitraum zwischen der Entscheidung und dem Eintritt des gewünschten Ergebnisses kann lang sein. Als Daumenregel gilt, je höher die Managementposition und je strategischer die Entscheidungen, desto länger muss die Entscheiderin oder der Entscheider auf das Ergebnis und damit den Moment der Erfüllung warten.

Nun läge der Schluss nahe, dass Menschen, die solche strategischen Entscheidungen treffen und mit solchen Spannungen und Druck täglich umgehen, auch Expertinnen und Experten im Umgang mit Krisen sind. Dieser Zusammenhang kann gegeben sein, muss aber nicht. Zutreffend ist nur, dass Menschen in solchen herausgehobenen Positionen für ihr Unternehmen Verantwortung tragen und daher dann besonders gefordert sind, wenn sich eine Krise anbahnt bzw. ihr Unternehmen in eine Krise gerät. Über deren Fähigkeiten zur Bewältigung von Krisen sagt dieses zunächst nichts aus.

Schauen wir uns genauer an, was der Begriff Krise meint. Der Duden definiert eine Krise als „Schwierige Lage, Situation, Zeit", „die den Höhe- und Wendepunkt einer gefährlichen Entwicklung darstellt" sowie als „Zeit der Gefährdung, des Gefährdetseins" (▶ http://www.duden.de/node/696168/revisions/1370043/view).

Krisen im Allgemeinen   Auch das Dorsch Lexikon der Psychologie definiert eine Krise ähnlich. Dort ist zu lesen, eine Krise sei „der entscheidende bzw. problematische Punkt oder auch Abschnitt im Verlauf einer Entwicklung" (▶ https://portal.hogrefe.com/dorsch/krise/).

Aus Sicht der Betroffenen ist die Krise also eine bedrohliche Entwicklung, die sich so weit zugespitzt hat, dass Maßnahmen ergriffen werden müssen, um eine unumkehrbare negative Entwicklung bis hin zur Katastrophe zu verhindern. Soweit die allgemeine, unspezifische Definition. Im Zusammenhang mit Unternehmen und Behörden sind Krisen „alle internen oder externen Ereignisse […], durch die akute Gefahren für Menschen oder Tiere, für die Umwelt, für Vermögenswerte oder für die Reputation der Institution oder des Unternehmens als Ganzes drohen" (Roslieb und Dreher 2008, S. 6). Das entscheidende Wort in der Definition ist „akut", d. h. die Bedrohung ist im Hier und Jetzt wichtig, sie ist dringend, und ihr muss begegnet werden, um Schäden und damit Kosten in den genannten Bereichen abzuwenden. Zum Krisenmanagement zählen die Krisenprävention, die Krisenfrüherkennung, die Krisenbewältigung bzw. -eindämmung sowie die Krisennachbereitung (Roslieb und Dreher 2008; Pearson und Mitroff 1993). Auf dieser „Klaviatur" spielen die verantwortlichen Managerinnen und Manager und versuchen ihre Unternehmenskrise mit mehr oder weniger Erfolg zu bewältigen. So viel zu Krisen allgemein und im Kontext von Unternehmen. Wir möchten Unternehmenskrisen und die Gefahren, die Unternehmen in diesem Zusammenhang drohen, nicht weiter detaillieren, sondern es auf dem bisher genannten Abstraktionsniveau belassen. Schauen wir stattdessen auf die Menschen, die mit Krisen umgehen müssen.

Im Idealfall ist die Krisenmanagerin oder der Krisenmanager eines Unternehmens nicht persönlich von der Unternehmenskrise betroffen oder hat diese sogar mit verursacht. „Im Idealfall" deshalb, weil somit einerseits die Chance bestünde, unvoreingenommen in der Krise entscheiden zu können, und andererseits, weil sie oder er nicht von der persönlichen Krise (z. B. wegen eigener Verantwortung für die krisenhafte Entwicklung im Unternehmen) abgelenkt wäre. In der Realität ist nach unserer Wahrnehmung diese zweite, persönliche Krise nahezu immer gegeben. Diese bleibt jedoch in der Öffentlichkeit regelmäßig unbeachtet oder wird beiläufig in den Medien mit „Managerin/Manager XY unter Druck" betitelt. Der unter diesem Titel folgende Artikel handelt dann meistens von Fehlentscheidungen oder Verfehlungen der Managerin/ des Managers XY. Er handelt in der Regel nicht davon, was der in der Artikelüberschrift genannte Druck als eigentliche Umschreibung der persönlichen Krise für die Managerin bzw. den Manager bedeutet. Die Verfasserin bzw. der Verfasser postuliert scheinbar stillschweigend, dass das Management schließlich an deren Entscheidungen zur Bewältigung der Unternehmenskrise gemessen wird, und nicht daran, wie dieses eine persönliche Krise bewältigt – das ist immerhin deren Job! Fakt ist, in der Wirklichkeit der bzw. des Betroffenen ist die persönliche Krise existent und muss genauso wie die Unternehmenskrise bewältigt werden.

Richten wir unseren Blick also auf die persönliche Krise. In der Literatur wird häufig das Konzept der Lebensveränderungskrise nach Caplan (1964) zitiert (vgl. Stein 2009, S. 60). „Lebensveränderungen sind Situationen, die allgemein zum Leben gehören und von vielen Menschen auch als etwas Positives erlebt werden." (Sonneck et al. 2012, S. 36) In dieser Definition steckt die bereits erwähnte Sichtweise, die in manchen Fällen auch als euphemistisch in dem Sinne verstanden werden könnte, dass eine Krise auch eine Chance bedeute. Der Verweis auf die Erlebnis- und Gefühlswelt der bzw. des Betroffenen zielt darauf, dass die persönliche Bedeutung der lebensverändernden Krise mehr oder weniger von der eigenen subjektiven Wahrnehmung abhängt. Die als Beispiele angeführten Lebensveränderungskrisen wie der Auszug aus dem Elternhaus, Umzüge, Heirat oder berufliche Beförderungen verdeutlichen, dass eine solche Sichtweise vertretbar sein kann. Doch handelt es sich dabei um eher vorhersehbare oder „alltägliche" Herausforderungen, mit denen jeder Mensch im Laufe seines Lebens konfrontiert wird, der eine früher und der andere später.

Persönliche Krise

Uns geht es um persönliche Krisen, die nicht unbedingt zum Leben dazugehören, weniger oder auch gar nicht vorhersehbar sind und einen traumatischen Aspekt beinhalten. Auch solche traumatischen Krisen können das eigene Leben grundlegend verändern. Cullberg (1978) zufolge handelt es sich bei einer traumatischen Krise um „eine durch einen Krisenanlass mit subjektiver Wertigkeit plötzlich aufkommende Situation von allgemein schmerzlicher Natur, die auf einmal die psychische Existenz, die soziale Identität und Sicherheit bedroht" (zitiert nach Stein 2009, S. 57). Wenn wir im weiteren Verlauf von einer „persönlichen Krise" sprechen, beziehen wir uns auf Cullbergs Krisenverständnis. Er beschreibt in seiner Definition verschiedene Bedrohungen, die eine adäquate Reaktion erfordern. In einer erweiterten Betrachtung der persönlichen Krise richten sich die bedrohlichen Anforderungen an die eigene Existenz insgesamt (einschließlich körperlicher Unversehrtheit) und/oder an den Selbstwert. Jerusalem verwendet in diesem Zusammenhang die Begriffe „Existenzialangst" und „Soziale Angst" (1990, S. 41). Sehen wir uns die genannten Bedrohungs- oder, allgemeiner ausgedrückt, Anforderungskategorien einmal genauer an:

An die Existenz gerichtete Anforderungen – Hierunter sind alle Anforderungen zu verstehen, die sich mittel- oder unmittelbar gegen die persönliche Sicherheit sowie körperliche Unversehrtheit richten. Unmittelbare Anforderungen sind körperliche Gewalt bzw. die Androhung derselben oder Situationen, die Verletzungsgefahren beinhalten. Mittelbare an die Existenz gerichtete Anforderungen sind die Gefahr des Verlusts von Geld oder anderen materiellen Ressourcen. Diese zweite Kategorie richtet sich gleichzeitig an den Selbstwert, wenn z. B. der soziale Status durch den Verlust materieller Ressourcen gefährdet wird.

An den Selbstwert gerichtete Anforderungen – Anforderungen, die sich an den Selbstwert richten, finden meistens in sozialen Zusammenhängen statt. Sie richten sich in der jeweiligen Situation gegen unser Ich. So richtet sich Mobbing gegen unsere soziale Identität als Angehöriger des Teams, der Abteilung oder des Unternehmens. Eine Präsentation oder ein Vortrag vor einer Gruppe beinhaltet die Anforderung, dass wir uns, d. h. unsere Identität, dem Werturteil der Gruppe stellen, was u. a. zu „Lampenfieber", also zu Angst vor dem Versagen unter sozialer Beobachtung, führen kann. Wie zuvor bereits angesprochen, kann ein potenzieller Statusverlust eine weitere an den Selbstwert gerichtete Anforderung sein. Was genau der Selbstwert einer Person bedeutet, behandeln wir eingehender in ▶ Abschn. 5.1.

An die Existenz gerichtete Anforderungen

Ein Hauptmerkmal der persönlichen Krisensituation sind die multiplen Anforderungen, die gleichzeitig auftreten, teilweise miteinander zusammenhängen und oft schwierig gegeneinander abgrenzbar sind. Schauen wir uns die Krise von Tim K. einmal genauer an und nutzen den Vorteil, dass wir, ohne zeitlichen Druck und ohne von der Krise selbst betroffen zu sein, die Anforderungen, denen er ausgesetzt ist, analysieren können. Hier eine Auswahl der Anforderungen, denen Tim K. im Verlauf der Krise ausgesetzt ist:

An den Selbstwert gerichtete Anforderungen

Beispiel

– Täglich treten Konflikte mit den Kollegen in der Geschäftsführung auf. Eine Basis für eine vertrauensvolle Zusammenarbeit existiert nicht. Es besteht die Gefahr, dass die toxischen Kollegen mögliche Schwächen oder Fehler ausnutzen und gegen Tim K. verwenden.
  – Zumindest mittelbar bedrohen diese Anforderungen seine Existenz. Tim K. wird von seinen eigentlichen Aufgaben abgelenkt, sodass sich seine Arbeitsleistung verschlechtert. Sein Selbstwert wird bedroht, da er seinen eigenen Ansprüchen an seine Aufgabenwahrnehmung nicht mehr genügt.
– Seine Vorgesetzte Svenja P. versagt im Umgang mit den toxischen Kollegen. Tim K. verhält sich dennoch loyal, obwohl er die Gefahr des gemeinsamen Unterganges, zumindest unterschwellig, wahrnimmt.
  – Sein Selbstwert wird bedroht, da ihm Loyalität ein wichtiger Wert ist. Er fühlt sich in seiner Loyalität

3

machtlos, da Svenja P. nicht in der Lage ist, dem toxischen Duo etwas entgegenzusetzen.

- Das öffentliche Ansehen von Tim K. wird durch die Verdächtigungen und negativen Presseartikel stark beeinträchtigt.
  - Mit Veröffentlichung der Anschuldigungen wird seine berufliche Existenz nicht nur in seinem derzeitigen Unternehmen, sondern auch bei möglichen weiteren Arbeitgebern gefährdet. Auch wird sein Selbstwert bedroht, da seine Eigenwahrnehmung deutlich von der Fremdwahrnehmung durch die Öffentlichkeit abweicht.
- Tim K. wird beruflich freigestellt und schließlich gekündigt.
  - Mit der Kündigung endet auch die Gehaltszahlung, sodass je nach vorhandenen Reserven die Existenz auf der Zeitachse bedroht ist. Auch sein Selbstwert wird angegriffen, da Freistellung und Kündigung entgegengesetzt zu seiner Eigenwahrnehmung als erfolgreicher Manager passen.

Fast wie ein „Wollknäuel" hängen die unterschiedlichen Anforderungen, denen sich Tim K. ausgesetzt sieht und fühlt, zusammen. Einige liegen weiter außen und sind damit deutlicher wahrnehmbar, andere sind nur teilweise oder gar nicht sichtbar, da sie, bildlich gesprochen, innerhalb des Knäuels liegen. Die an seinen Selbstwert gerichteten Anforderungen spürt Tim K. unmittelbar. Andere Anforderungen sind eher diffus und unklar, wie die Wirkung der negativen Presseartikel auf seine zukünftige Karriere. Wir konnten als Außenstehende die Anforderungen etwas entwirren und sichtbar machen, nun stellt sich die Frage: Was kann den Anforderungen entgegengesetzt werden?

Anforderungen in der Krise

Die Antwort auf diese Frage lautet: Unsere Ressourcen! Ressourcen sind jene Hilfsmittel, über die der Mensch selbst Kontrolle besitzt, sowie solche, über die andere, denen er vertraut, Kontrolle haben. Kontrolle bedeutet in diesem Zusammenhang einerseits, dass der Mensch sich der Ressource bewusst ist und dass er sich ihrer auch bedienen kann, wenn er das möchte. Ressourcen sind u. a. persönliche Eigenschaften, Wissen und Fähigkeiten, materielles und finanzielles Vermögen, soziale Kontakte und Netzwerke sowie gesellschaftliche und auch spirituelle Instanzen (Bamberg et al. 2003). Wir werden uns später (▶ Abschn. 5.3) noch ausführlicher mit Ressourcen beschäftigen, an dieser Stelle soll zunächst der Überblick genügen.

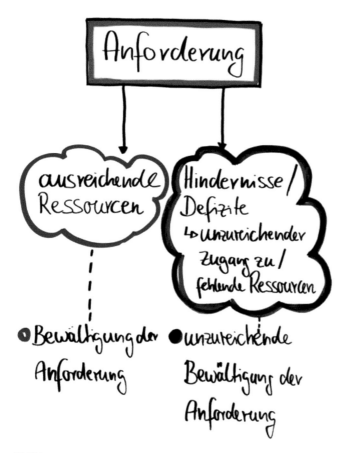

◘ Abb. 3.1 Bewältigung von Anforderungen – Ressourcen, Defizite und Hindernisse

Um den an uns gerichteten Anforderungen zu begegnen, besitzen wir also Ressourcen. Fehlen diese, entstehen Defizite. Auch kann der Einsatz von Ressourcen aus unterschiedlichen Gründen behindert oder erschwert sein, sodass diese erst nach Überwindung des Hindernisses zugänglich sind. Hieraus ergibt sich folgendes grundlegendes Bild, das uns helfen kann, Handlungsmöglichkeiten im Zusammenhang mit der Bewältigung von Anforderungen abzuleiten (◘ Abb. 3.1).

Aus dem Bild lässt sich folgern, dass Defizite, d. h. fehlende Ressourcen, um Anforderungen zu begegnen, unsere persönliche Widerstandsfähigkeit schwächen. Defizite verringern die Wahrscheinlichkeit, dass für eine auftretende Anforderung eine passende Ressource gefunden wird. Wird ein Defizit beim Auftreten einer Anforderung erlebt, kann

Ressourcen, Defizite und Hindernisse

3

die Ressource objektiv fehlen, oder der Mensch ist sich in der Anforderungssituation nicht bewusst, dass er über die benötigte Ressource eigentlich verfügt. Hindernisse haben denselben Effekt wie Defizite, sie verhindern den Einsatz von Ressourcen und schwächen damit die persönliche Widerstandsfähigkeit und die Wahrscheinlichkeit, dass für eine auftretende Anforderung eine passende Ressource zur Verfügung steht.

Auf unser Beispiel bezogen, fand Svenja P. kein Mittel, um mit den toxischen Angriffen und Konflikten umzugehen. Als verantwortliche Führungskraft besaß sie verschiedene Ressourcen wie definierte Weisungsbefugnisse und das Vertrauen der vorgesetzten Konzernleitung, um Maßnahmen gegen das Verhalten von Nico T. und Marie S. frühzeitig zu ergreifen. In ihren Fähigkeiten als Führungskraft, z. B. in ihrer Fähigkeit der konsequenten Durchsetzung grundlegender Formen des menschlichen Miteinanders, bestanden Defizite, die rechtzeitige Maßnahmen verhinderten. Mit Veröffentlichung der Anschuldigungen und der weiteren Eskalation bauten sich Hindernisse auf. So verlor Svenja P. das Vertrauen der Konzernleitung und damit die Möglichkeit, mit der notwendigen Rückendeckung notwendige Personalmaßnahmen gegen Nico T. und Marie S. zu ergreifen.

Mit Anforderungen auf der einen Seite sowie Ressourcen, Defiziten und Hindernissen auf der anderen besitzen wir ein Modell, um systematisch unsere persönliche Situation zu analysieren und Handlungsbedarf und -möglichkeiten abzuleiten. Gerade in Zeiten, in denen es uns gut geht und in denen es läuft, lohnt es sich nach unserer Erfahrung, diese Bereiche systematisch zu untersuchen:

> **Tipp**
>
> Stellen Sie sich in ruhigen und zufriedenen Zeiten regelmäßig folgende Fragen, dokumentieren Sie Ihre Antworten und komplettieren Sie diese fortlaufend:
> Auf welche Ressourcen kann ich hier und heute zurückgreifen?
> Mit welchen Anforderungen gehe ich heute um? Welche neuen Anforderungen könnten sich in Zukunft ergeben?
> Wie passen meine Ressourcen zu den Anforderungen, und wo liegen Defizite? Wie könnte ich die Defizite verringern?
> Welche Ressourcen stehen mir unbedingt und welche nur bedingt zur Verfügung? Welche Hindernisse könnten mir

den Zugang zu den bedingten Ressourcen verwehren?
Wie könnte ich mit möglichen Hindernissen umgehen?
Welche alternativen Ressourcen könnte ich nutzen?
Welche Ressourcen bewundere ich bei anderen
Menschen? Wie könnten mir diese Ressourcen helfen?

Das Thema Ressourcen ist häufiger Gegenstand des Coa-
chings. Wir werden dieses Themenfeld später noch einmal tiefer beleuchten und Ihnen weitere Möglichkeiten
aufzeigen, sich Ihre Ressourcen systematisch zu erschließen
(▶ Kap. 9 und 10).

Die Aufrechnung von Anforderungen und Ressourcen
ergänzt mit der Verrechnung von Defiziten und Hindernissen gibt uns ein Werkzeug an die Hand, mit dem wir uns
außerhalb einer Krisensituation systematisch einen Überblick verschaffen können. Innerhalb einer Krise ist es deutlich schwieriger oder sogar aufgrund unserer emotionalen
Betroffenheit zunächst unmöglich, eine solche Betrachtung
durchzuführen. Hier kommt unsere psychische Widerstandsfähigkeit ins Spiel, unter der wir ein Bündel von
personalen Ressourcen verstehen, die dem Menschen die
Chance eröffnen, psychisch und emotional belastende Situationen durchzustehen und dabei handlungsfähig zu bleiben.
Anforderungen, denen wir mit einem hohen Kohärenzgefühl
(Antonovsky 1997) begegnen,

- die wir erstens verstehen und einordnen können,
- zu denen uns zweitens die benötigten Ressourcen zur Verfügung stehen und derer wir uns auch bewusst sind und
- zu denen drittens unsere Einstellung so ist, dass sie uns
  wichtig sind und wir diese bewältigen wollen,

betrachten wir eher als zu bewältigende Herausforderung,
denn als Belastung.

Unsere psychische Widerstandsfähigkeit bewirkt, dass
wir auch bei großen Herausforderungen unser Wohlbefinden erhalten und die Wahrscheinlichkeit erhöhen,
positive Ergebnisse zu erzielen und positive Entwicklungen
auszulösen. In ▶ Kap. 7 vertiefen wir das Thema psychische Widerstandsfähigkeit und was diese positiv beeinflusst. An dieser Stelle möchten wir nur einige grundlegende
Zusammenhänge nennen. So ist die Krise sicherlich
eine Ausnahmesituation. In der Krise sind wir mit multiplen, komplexen Anforderungen konfrontiert. Diese
Anforderungen können sich gleichzeitig negativ auf unsere
psychische Widerstandsfähigkeit auswirken. So kann uns
allein aufgrund der Komplexität der Krise der Blick auf

3

objektiv vorhandene Ressourcen verwehrt werden – „Wir sehen den Wald vor lauter Bäumen nicht." Auch kann uns durch Konflikte der Zugang zu sozialen Ressourcen, z. B. fehlende Unterstützung von Vorgesetzten oder Kolleginnen und Kollegen, verwehrt sein. Weiterhin können wir in einem solchen Maße abgelenkt werden, dass wir quasi vergessen, uns auf unsere eigenen Fähigkeiten zu besinnen. Schließlich erzeugt die Krise, die oft auch existenzielle Bedeutung hat, einen hohen Druck. Unser Selbstwertgefühl leidet häufig, und so können Gedanken wie „Macht es eigentlich noch Sinn, sich der Krise entgegenzustellen?" bzw. „Ist es das alles wert?" entstehen, was letztendlich dazu führt, dass der Glaube an den Wert eigener Taten und unsere positive Grundhaltung leiden. Mit steigender Beeinträchtigung sinkt auch gleichzeitig unser Wohlbefinden.

Psychische Widerstandsfähigkeit

Gut gemeinte Aussagen wie „In der Krise muss man einen kühlen Kopf bewahren" oder „In der Ruhe liegt die Kraft" zielen im Kern in diese Richtung. Gelingt es uns, in der Krise unsere psychische Widerstandsfähigkeit zu erhalten, so erhöhen wir auch die Wahrscheinlichkeit, dass wir die Krise bewältigen und uns wieder in Richtung unseres Wohlbefindens bewegen.

Wichtig ist das Verständnis, dass unsere psychische Widerstandsfähigkeit nicht aus Bedrohungen, also negativen Anforderungen, auf wundersamem Weg positive Anforderungen macht bzw. machen kann. Der Tod einer uns nahestehenden Person und das in uns entstehende Gefühl der Trauer und die Anforderung, die Trauer zu verarbeiten, verändern sich durch eine hohe psychische Widerstandsfähigkeit nicht. Die Art und Weise, wie wir mit der Trauer umgehen, wird jedoch sehr wohl von unserer psychischen Widerstandsfähigkeit beeinflusst. Beispielsweise können die Haltung, dass der Tod zum Leben gehört, sowie die Möglichkeit, mit anderen Menschen die Trauer zu teilen, und das Gefühl, dass das Leben weitergehen muss und auch wird, über die Zeit lindernd auf unser Gefühl der Trauer wirken. Fehlende Akzeptanz des Unvermeidlichen, das Sich-Verkriechen und das Hadern mit dem eigenen Schicksal dagegen verlängern die Trauer oder können sogar in eine emotionale Abwärtsspirale und schließlich zur Depression führen.

Uns ging es an dieser Stelle zunächst darum, grundlegende Zusammenhänge aufzuzeigen. Über den Erfolg oder Misserfolg der Bewältigung einer Krise können wir an dieser Stelle noch keine Aussage treffen. Glücklicherweise hat jeder Mensch selbst den Maßstab in der Hand, was für ihn Erfolg und Misserfolg in der Krisenbewältigung bedeuten:

Beispiel

Ein fristlos entlassener CEO eines weltumspannenden Konzerns, der nach Bewältigung seiner beruflichen Krise ein Tabakwarengeschäft eröffnet und nun Zigarren an seine ehemaligen Kolleginnen und Kollegen verkauft, könnte sich gleichermaßen als Gewinner oder als Verlierer fühlen. Gewinner ist derjenige, der nach eigener Bewertung den mikropolitischen Fesseln einer Konzernstruktur entkommen ist und nun als sein eigener Herr im eigenen Geschäft arbeiten darf und seine gewonnene Freiheit auch noch seinen ehemaligen Kolleginnen und Kollegen vorführen darf. Verlierer ist eher derjenige, der nach eigener Ansicht aufgrund widriger Umstände seine Macht als Manager verloren hat und nun als kleiner Einzelhändler sein Dasein fristen und darüber hinaus auch noch ehemalige Kolleginnen und Kollegen bedienen muss.

In dem Beispiel ist zu erkennen, die Situation ist identisch, die jeweilige Haltung jedoch diametral unterschiedlich. Die Lebenserfahrung zeigt, dass die Meinung der Umwelt nur dann Bedeutung für uns gewinnt, wenn wir ihr eine beimessen. Wie Krankheit und Gesundheit (Antonovsky 1997) sind wohl auch Erfolg und Misserfolg ein Kontinuum, sodass sich das persönliche Wohlbefinden daraus ergibt, in welche Richtung wir unsere persönliche Entwicklung wahrnehmen – auf den Erfolg und damit auf das persönliche Wohlbefinden zu oder von ihm weg.

Der Weg aus einer beruflichen Krise kann lang und steinig sein. Interessanterweise wollen die Betroffenen daran zunächst nicht glauben. Schauen wir uns dieses Phänomen im folgenden Abschnitt genauer an.

3.2 Keiner wartet auf einen – Der erneute Aufstieg ist meistens länger als gedacht

Beispiel

Tim K. war vollständig raus. Raus aus seinem Job und raus aus sämtlichen beruflichen Netzwerken. Tim K. fühlte sich sehr wütend. Er wusste nicht so genau, auf wen oder auf was, aber seine persönliche Situation fand er zutiefst ärgerlich. Aus seiner Sicht war Ärger ein eines Managers angemessenes Gefühl. Was sollte er auch sonst empfinden? Trauer oder Bedauern? Was sollte er schon bedauern? Sein Job war in den letzten Wochen und Monaten unerträglich geworden.

3

Fallbeispiel Tim K.

Eigentlich war er froh, dass dieser Druck schlagartig beseitigt war. Andererseits hatten ihn seine beruflichen Aufgaben immer mit Freude erfüllt. Etwas Trauer war wohl doch angebracht. Und wie war es mit Angst? Das würde schon eher passen. Wie ging es denn nun weiter? Was wird die Zukunft bringen? Wird sich alles aufklären? … So viele Fragen, auf die er keine Antwort wusste. – Ein Plan musste her. Er war schließlich Manager, ein sehr erfolgreicher sogar – bisher zumindest.

Auch wenn sich alles klären sollte, ein Zurück gab es wohl nicht mehr. Die Untersuchungen liefen zwar weiter, aber sein Unternehmen hatte sich gegen ihn entschieden und ging zur Tagesordnung über. Sein Posten war bereits nachbesetzt, und es gab niemanden, der noch mit ihm sprechen wollte. Also ging es, sobald sich die Vorwürfe als unbegründet herausgestellt hätten, realistischerweise nur noch um die Höhe einer Abfindung. – Mit anderen Worten, er musste sich beruflich neu orientieren. Er sagte sich, dass jedes Unternehmen sich freuen müsste, ihn als Mitarbeiter zu gewinnen. Natürlich müsste die Position vergleichbar mit seiner bisherigen sein. In die Geschäftsführung oder den Vorstand gehörte er. So begann er Unternehmen seines bisherigen Netzwerkes und auch ihm bisher weniger bekannte Unternehmen zu kontaktieren. Er war optimistisch, dass alles sehr schnell gehen müsste. – Ziemlich viele Verben im Konjunktiv! – Ihm wurde relativ schnell klar, dass es ein Trugschluss war, dass alles sehr schnell gehen würde. Scheinbar hatte niemand auf ihn gewartet, und die von ihm angestrebten Positionen waren rar und natürlich bereits besetzt. Auch gab es immer noch die Anschuldigungen um seine Verwicklung in unlautere Machenschaften – eigentlich gilt die Unschuldsvermutung, doch in der Wahrnehmung von außen dominierte die Ansicht, wo Rauch ist, ist auch Feuer. Tim K. erkannte immer deutlicher, dass die Krise und damit die Veränderung in seinem beruflichen Leben deutlich größer waren, als anfänglich erwartet. Vielleicht waren auch Abstriche in seinen Ansprüchen notwendig. In jedem Fall musste er seine Suche auf Bereiche ausdehnen, an die er bisher noch nicht gedacht hatte. Immer häufiger machte er sich Gedanken über seine Zukunft – Hoffentlich geht das alles gut! Seine Unruhe wuchs in dem Maße, wie seine Anläufe regelmäßig scheiterten. Seine persönliche Anspannung wurde immer größer, sodass er nachts schweißgebadet aufwachte. Was war nur mit ihm geschehen?

Wir hatten uns im vorhergehenden Abschnitt mit dem Kohärenzgefühl und psychischer Widerstandsfähigkeit beschäftigt. Für Managerinnen und Manager wie Tim K. ist ein hohes Maß davon von deutlichem Vorteil. Die eigene Überzeugung, dass berufliche Anforderungen eigentlich nur lösbare und zu lösende Herausforderungen sind, und der eigene Wille oder eher die eigene Haltung, die gestellten Herausforderungen meistern zu können und zu wollen, sind wichtige Voraussetzungen, um als Managerin, Manager und Führungskraft erfolgreich zu bestehen. Etwas griffiger ausgedrückt: Eine Managerin bzw. ein Manager sollte ihre bzw. seine Aufgaben kennen, können und diese auch bewältigen wollen. So, wie wir Tim K. bisher kennengelernt haben, verfügt er über das erforderliche Wissen und Können, und seine Motivation ging so weit, dass er in seinem Job echte Freude und Erfüllung empfand. Und was ist jetzt? Scheinbar ist etwas anders als früher. Tim K. ist eigentlich genauso motiviert wie früher, plant wie früher, handelt wie früher und … scheitert dennoch. Hat sich vielleicht doch etwas verändert an seinen Fähigkeiten und seiner Motivation, sodass der bekannte Erfolg ausbleibt? – Wir erkennen, auch an Menschen mit einem sehr hohen Kohärenzgefühl und großer psychischer Widerstandsfähigkeit gehen solche extremen und kritischen Entwicklungen nicht spurlos vorbei. Es ist schon ein hohes Maß an Glauben an die eigene Grandiosität gepaart mit der Fähigkeit zur Verdrängung notwendig, um solche Krisen nicht an sich herankommen zu lassen. Die Folge ist, dass Kohärenzgefühl und psychische Widerstandsfähigkeit sinken. Inwieweit dieses den Ausschlag für Misserfolge gibt, ist unterschiedlich zu bewerten. Zweifeln wir etwa das eigene Können im Zuge der Krise fundamental an und nehmen wir vielleicht sogar eine Opferhaltung ein, stellen sich darüber hinaus Pessimismus oder eine depressive Stimmung ein, so werden wir zwangsläufig über kurz oder lang immer stärker in unserer Handlungsfähigkeit eingeschränkt. Es ist also zielführend, genauer hinzuschauen, um die Ursache für die Misserfolge zu bestimmen.

Wenden wir diese Sicht bei Tim K. an und fragen, wie sollte seine persönliche Krise sein Wissen und Können negativ beeinflussen? Die Antwort ist eigentlich ganz einfach: Die Krise beeinflusst sein Wissen und Können sehr wahrscheinlich überhaupt nicht. Seine persönlichen Ressourcen sind nach wie vor da. Sie sind ihm nur gerade nicht präsent und können folglich nicht abgerufen werden. Sie werden von den vielen Anforderungen, insbesondere emotionalen, die im Rahmen der Krise auftreten, überlagert. Die

Erschütterung der psychischen Widerstandskraft in der Krise

3

Krise selbst wird zum Hindernis. Auch kann der Zugang zu Ressourcen be- und verhindert werden. Als Managerin oder Manager in einem definierten geschäftlichen Zusammenhang sind bestimmte Ressourcen wie Direktionsbefugnisse an die Position geknüpft. Über zur Verfügung gestellte Budgets bestehen darüber hinaus Möglichkeiten, sich notwendige Ressourcen zu beschaffen. Auch erhält eine Managerin bzw. ein Manager Zugang zu anderen Personen, die deren Status anerkennen und sich aufgrund dessen unterstützend verhalten. Mit Verlust der Managementposition wird Tim K. zur Privatperson, wodurch er den Zugang zu diesen Ressourcen unmittelbar verliert. Darüber hinaus führen die gegen ihn erhobenen und öffentlich gemachten Verdächtigungen dazu, dass ihm nicht nur der formale, sondern auch der informelle Zugang zu seinen bisherigen beruflichen Kontakten verwehrt wird. Mit anderen Worten, es fehlen ihm wichtige soziale Ressourcen, auf die er bisher zurückgreifen konnte. Zusätzlich kommt in diesem Fall noch erschwerend hinzu, dass Tim K. nicht nur die damit entstandenen Defizite verarbeiten muss, sondern auch mit den Hindernissen, die ihm vorsätzlich in den Weg gelegt wurden, umzugehen hat – wir erinnern uns, die Anschuldigungen sind nicht zufällig entstanden, sondern waren wahrscheinlich das Produkt einer von Nico T. und Marie S. gesponnenen Intrige, die gezielt gegen ihn und Svenja P. initiiert wurde.

Halten wir fest, die persönliche Krise erschüttert die eigene psychische Widerstandsfähigkeit, Ressourcen gehen verloren, und es entstehen Defizite. Darüber hinaus können Hindernisse in den Weg gelegt werden, die es zusätzlich erschweren, die Krise zu bewältigen.

Nun stellt sich die Frage: Wie geht es weiter? Wie kommt Tim K. wieder auf die Beine, und wie lange wird das dauern? Natürlich hängen diese Fragen eng mit der jeweiligen Situation zusammen und können nicht pauschal beantwortet werden. Interessante grundsätzliche Antworten liefert in diesem Zusammenhang die bereits erwähnte Studie der Psychologen Brands, Heidbrink und Debnar-Daumler zur Psychologie entlassener Manager (2015). Demnach dauert die Krise regelmäßig länger als zu Beginn angenommen, und der Weg aus der Krise ist ebenfalls deutlich beschwerlicher als zunächst vermutet. Die Ergebnisse der Studie zeigen, dass Manager in schweren beruflichen Krisen fünf Phasen des emotionalen Erlebens durchleben (Brands et al. 2015, S. 55, 56):

1. **Vorboten** – Die Vorboten werden zwar wahrgenommen, aber nicht als ausreichend bedeutsam eingeordnet.
2. **Schockerlebnis** – Die Trennung wird als tiefer emotionaler Fall in die Krise wahrgenommen.
3. **Emotionaler Aufschwung** – Es wird sich auf die bisherigen internen und externen Ressourcen besonnen. Das Problem wird gemanagt.
4. **Zweites, überraschendes Tief** – In der Regel fruchten die bekannten Strategien nicht. Man fällt in ein zweites, länger andauerndes Tief.
5. **Bewältigung des Umbruchs** – Das Zurückgehen auf den Kern der eigenen Ressourcen ermöglicht den erfolgreichen Umgang mit der Krisensituation.

Phasen des
emotionalen Erlebens

Das Ergebnis bestätigt unsere eingangs formulierte Wahrnehmung, dass Managerinnen und Manager dazu neigen, negative persönliche Entwicklungen bis hin zur Krise zu unterschätzen und erst zu einem späten, oft zu späten Zeitpunkt Handlungsdruck verspüren. Lassen Sie uns diesen Punkt in Verbindung mit der ausgeprägten psychischen Widerstandsfähigkeit gerade bei Managerinnen und Managern bringen. Diese kann dazu führen, dass Vorboten einer Krise unterschätzt, ignoriert oder verdrängt werden. Die mit einer starken psychischen Widerstandsfähigkeit einhergehende Zuversicht, unterschiedlichste Herausforderungen zu bewältigen, wirkt sich hier negativ aus und begünstigt ein eher passives Verhalten. Paart sich das passive Verhalten mit der unzutreffenden Einschätzung zu den nur bedingt verfügbaren externen Ressourcen und einer fehlenden Sicht auf vorhandene Defizite, folgt fast zwangsläufig eine weitere Verschärfung der persönlichen Situation. Wird, wie bei Tim K. geschehen, die Krisenentwicklung von dritter Seite noch weiter forciert, indem Betroffene aktiv ausgegrenzt oder in anderer Art und Weise beeinträchtigt werden, wird die Zuspitzung der Krisensituation unabwendbar. Das als zweite Phase in der Studie beschriebene Schockerlebnis tritt dann ein, wenn die Krise so weit fortgeschritten ist, dass die eigene Beeinträchtigung nicht mehr ignoriert oder verdrängt werden kann, wie es bei einem Verlust des Arbeitsplatzes zwangsläufig der Fall ist. Oft werden den Betroffenen rückblickend erst zu diesem Zeitpunkt die Vorboten der Krise und die damit einhergehende emotionale Betroffenheit bewusst. Personen mit ausgeprägter psychischer Widerstandsfähigkeit werden das Schockerlebnis sehr wahrscheinlich schneller verarbeiten und beginnen, mit

3

der neuen Situation und deren Anforderungen umzugehen. Dabei sind sie in Phase 3, dem emotionalen Aufschwung, zuversichtlich, dass sie die Situation, wie bisher auch, meistern werden. Allerdings laufen sie Gefahr zu übersehen, dass sich ihr Ressourcenrepertoire deutlich verändert hat. Sie beginnen zwar mit Zuversicht, die Krise zu überwinden, die Defizite und eventuelle Hindernisse führen jedoch dazu, dass ihre Anstrengungen nicht kurzfristig zum Erfolg führen können. Es folgt mit Phase 4 ein zweites, überraschendes Tief. Zu diesem Zeitpunkt erleben sie eine deutliche Einschränkung in ihren Möglichkeiten, mit den Anforderungen der Krise umzugehen. Dieses beeinträchtigt die psychische Widerstandsfähigkeit und auch das emotionale Wohlbefinden (Brands et al. 2015). An dieser Stelle ist aus unserer Sicht entscheidend, dass Betroffene einen möglichst realistischen Blick auf ihre Ressourcen, Defizite und eventuelle Hindernisse, die der Lösung der Krise entgegenstehen, erhalten. Erst ein solcher Überblick ermöglicht den planvollen Umgang mit der Krise und deren anschließende Bewältigung. Wir werden uns später noch eingehender mit diesem Punkt befassen.

Zusammenfassung

Von einer beruflichen Krise sprechen wir, wenn sich die eigene Situation am Arbeitsplatz so weit zugespitzt hat, dass die Gefahr besteht, in eine Abwärtsspirale zu geraten, die sich nicht mehr aufhalten lässt und in eine persönliche Katastrophe mündet. In der Krise wird der Mensch mit einem ganzen Bündel an unterschiedlichen Anforderungen konfrontiert, die sich gegen die Existenz richten, beispielsweise eine drohende Einschränkung der körperlichen Gesundheit oder auch der mögliche Verlust des Arbeitsplatzes und damit finanzieller Mittel, oder die sich gegen den Selbstwert richten, wie beispielsweise eine soziale Ausgrenzung durch Mobbing. Eine besondere Herausforderung einer Krisensituation ist, dass die Anforderungen teilweise unklar oder miteinander verwoben, wie bei einem „Wollknäuel", sind. Ressourcen sind die Antwort auf die Anforderungen, die sich an den Menschen richten. Es handelt sich dabei um alle Hilfsmittel wie persönliche Fähigkeiten, Erfahrungen oder auch Unterstützung, die Dritte gewähren, die dem Menschen helfen, mit an ihn gerichteten Anforderungen umzugehen. Fehlen notwendige Ressourcen, so sprechen wir von Defiziten, die in der Krise oder idealerweise bereits vorher möglichst zu beseitigen sind. Auch kann der Zugang zu Ressourcen in der Krise durch Hindernisse verwehrt sein. Beispielsweise könnten in einer beruflichen Krise soziale Netzwerke zusammenbrechen, sodass der Zugang zu bestimmten Personen, die unterstützend wirken könnten, unmöglich wird. Aus diesem Grund empfiehlt es sich, dass wir uns möglichst bereits in ruhigeren Momenten unserer Ressourcen bewusst werden. Hierdurch steigt die Chance, dass wir uns ihrer auch in Zeiten der Krise bewusst sind, und wir erhalten darüber hinaus die Möglichkeit, vorausschauend Defizite zu erkennen und frühzeitig zu kompensieren. Auch könnten wir uns mit Handlungsalternativen befassen, wenn Hindernisse uns den Zugang zu wichtigen Ressourcen verwehren. In der Krise werden solche Überlegungen regelmäßig deutlich erschwert. Dieses bestätigt im Kern auch die bereits zitierte Studie (Brands et al. 2015) zum Erleben einer beruflichen Krise durch Managerinnen und Manager, also Menschen, die es eigentlich gewohnt sind, präventiv oder auch akut mit Krisen umzugehen. Die Studie zeigt, dass diese regelmäßig die aufziehende Krise entweder nicht wahrgenommen, ignoriert oder unterschätzt hatten. Darüber hinaus zeigte sich, dass die eigenen Möglichkeiten, d. h. die zur Verfügung stehenden Ressourcen, die berufliche Krise schnell zu überwinden überschätzt wurden. Dieses führte einerseits dazu, dass die Befragten von der Krise überrascht wurden, was im ersten Moment als Schock erlebt wurde, und andererseits, dass erste vermeintlich bewährte Lösungsversuche scheiterten, sodass ein längerfristiges emotionales Tief durchschritten werden musste, bevor die Krise tatsächlich bewältigt war.

Literatur

Antonovsky, A. (1997). *Salutogenese – Zur Entmystifizierung der Gesundheit*. Tübingen: dgtv.

Bamberg, E., Busch, C., & Ducki, A. (2003). *Stress- und Ressourcenmanagement – Strategien und Methoden für die neue Arbeitswelt*. Bern: Hogrefe.

Brands, J., Heidbrink, M., & Drebnar-Daumler, S. (2015). Die Illusion des Wiedereinstiegs: Zur Psychologie entlassener Manager. *Wirtschaftspsychologie aktuell, 1*, 54–57.

Caplan, G. (1964). *Principles of preventive psychiatry*. New York: Basic Books.

Cullberg, J. (1978). Krisen und Krisentherapie. *Psychiatrische Praxis, 5*, 25–34.

Jerusalem, M. (1990). *Persönliche Ressourcen, Vulnerabilität und Streßerleben*. Göttingen: Hogrefe.

Pearson, C. M., & Mitroff, I. I. (1993). From crisis prone to crisis prepared: A framework for crisis management. *The Executive, 7*(1), 48–59.

Roslieb, F., & Dreher, M. (Hrsg.). (2008). *Krisenmanagement in der Praxis – Von erfolgreichen Managern lernen*. Berlin: Schmidt.

Sonneck, G., Kapusta, N., Tomandl, G., & Voracek, M. (Hrsg.). (2012). *Krisenintervention und Suizidverhütung* (2. Aufl.). Wien: facultas wuv.

Stein, C. (2009). *Spannungsfelder der Krisenintervention. Ein Handbuch für die psychosoziale Praxis*. Stuttgart: Kohlhammer.

3

Persönlichkeit und Krise

4.1   Wer bin ich? – 64

4.2   Psychische Gesundheit und Wohlbefinden – 69

4.3   Persönliche Ressourcen, Defizite und
        Hindernisse – 73

        Literatur – 79

© Springer-Verlag GmbH Deutschland, ein Teil von Springer Nature 2020
H. Schüler-Lubienetzki, U. Lubienetzki, *Durch die berufliche Krise und dann vorwärts –*,
https://doi.org/10.1007/978-3-662-60536-3_4

4

Wir hatten uns in ▶ Kap. 2 bereits mit der Frage beschäftigt „Wer bin ich?". Die Antwort auf die Frage konnte mit „Mein Name ist …" an der objektiven Oberfläche bleiben oder deutlich vielschichtiger und subjektiver auf die eigene Persönlichkeit und darauf, wie wir uns selbst sehen und erleben, eingehen. Unsere Haltung zum Leben allgemein, zu unseren beruflichen Aufgaben und auch, wie wir in und auf Extremsituationen reagieren, wird von der Sicht auf das eigene Ich, auch das Selbst oder die Identität genannt, beeinflusst. Daher möchten wir Sie in diesem Kapitel dazu einladen, etwas mehr über sich selbst in Erfahrung zu bringen. Das Wissen über Sie selbst ist nach unserer Erfahrung hilfreich, wenn nicht sogar notwendig, um grundsätzlich eine erfüllende berufliche Aufgabe zu entdecken, und noch mehr, um das Ziel und daran anschließend den Weg aus einer beruflichen Krise zu finden.

4.1   Wer bin ich?

Ein beachtlicher Anteil der wissenschaftlichen psychologischen Literatur beschäftigt sich mit dem „Ich" des Menschen, auch als „das Selbst" und „die Identität" bezeichnet. Der deutsche Psychologe Hans Dieter Mummendey (2006) hat ein großes Übersichtswerk „Die Psychologie des ‚Selbst'" über verschiedene Persönlichkeitskonstrukte und ihre Zusammenhänge veröffentlicht, auf die sich unsere weiteren Ausführungen beziehen. Auch außerhalb der streng wissenschaftlichen Community findet sich ein vielleicht noch unüberschaubares Angebot an Ratgebern sowie Coaching- und Seminarangeboten, die im weitesten Sinne den Interessenten helfen sollen, etwas mehr über sich selbst zu erfahren. Offensichtlich existiert ein Markt für solche Angebote, oder, anders ausgedrückt, Menschen streben danach, sich selbst kennenzulernen, und sind bereit, für dieses Streben Zeit und Geld aufzuwenden. Psychologisch betrachtet, handelt es sich um ein grundlegendes menschliches Motiv, ein immer genaueres und möglichst objektives Verständnis seines Selbst zu erhalten. Dieses sog. Selbsteinschätzungsmotiv des Menschen hängt mit einem weiteren grundlegenden Motiv, dem zur Selbstaufwertung, zusammen. Das Selbstaufwertungsmotiv besagt, dass jeder Mensch nicht nur danach strebt, sich selbst immer besser kennenzulernen, sondern darüber hinaus auch bestrebt ist, ein möglichst positives Bild von sich selbst zu erhalten. Dieses Motiv zur Selbstaufwertung geht so weit, dass der Mensch sich vor sich selbst und anderen positiver darstellt, als es eigentlich bei objektiver Betrachtung gerechtfertigt wäre. Gelingt die Selbstaufwertung, fühlt der Mensch sich positiv gestimmt, misslingt sie, fühlt er sich negativer. Dieses Verhalten geht so weit, dass einige Menschen sich selbst in eine schlechtere Ausgangsposition manövrieren, oft als Self-Handicapping bezeichnet, um im Anschluss entweder eine Ausrede für ihr Misslingen zu haben oder im Falle des Erfolges diesen überhöhen zu können. Ein Beispiel hierfür wäre die Studentin oder der Student, die bzw. der erst unmittelbar vor einer Klausur zu lernen beginnt, obwohl eigentlich ausreichend Zeit zur Verfügung gestanden hätte. Vor sich selbst und anderen wird dieses Verhalten damit begründet, dass ein früheres Lernen wegen anderer, selbstverständlich wichtigerer und vorher zu erledigender Aufgaben unmöglich war. In der Nachschau und bei genauerer Betrachtung wird dann deutlich, dass die vermeintlich wichtigeren Aktivitäten auch anders hätten priorisiert werden können, um rechtzeitig mit dem Lernen beginnen zu können und damit ausreichend Zeit zur Verfügung zu haben.

Das Beschäftigen mit unserem Selbst ist also mehr als eine abwertend als „Nabelschau" bezeichnete Selbstbetrachtung. Es ist ein grundlegendes Bedürfnis, bei dem es sich lohnt, mehrmals hinzuschauen und auch eine zweite Meinung einzuholen, um Selbst-Überschätzungen zu vermeiden. Die Repräsentation unseres Selbst unterteilt sich in das Selbstkonzept und das Selbstwertgefühl. Diese bilden damit die Ausgangspunkte zur Beschreibung unseres Selbst. Im Selbstkonzept sammeln wir alle Überzeugungen zu unserem Selbst, die wir über uns haben. Das Selbstwertgefühl spiegelt unsere Haltung wider, die wir zu unserem Selbst und dessen Wert besitzen. Anders ausgedrückt, wenn wir nach unserem Selbst befragt werden, können wir auf der kognitiven Ebene beispielsweise unsere persönlichen Eigenschaften nennen (Anteil Selbstkonzept) oder auf der emotionalen Ebene beschreiben, wie positiv oder negativ wir uns selbst wahrnehmen (Anteil Selbstwertgefühl). Beispiele dazu hatten wir bereits in ▶ Abschn. 3.1 beschrieben.

Unser Selbstwertgefühl bewerten wir auf einer Positiv-negativ-Skala. Dabei haben wir eine Einschätzung unseres aktuellen Selbst im Allgemeinen und veränderliche Einschätzungen in bestimmten Situationen, z. B. positiver nach einem Lob oder negativer nach einem Tadel von einer Autoritätsperson. Je positiver unser Selbstwertgefühl, je mehr wir uns selbst wertschätzen, desto selbstsicherer und desto optimistischer sind wir, dass sich alles so entwickelt,

Selbsteinschätzung und Selbstaufwertung

4

wie wir es möchten. Umgekehrt führt ein negativeres Selbstwertgefühl dazu, dass wir Selbstzweifel entwickeln und eher ängstlich in die Zukunft schauen. Bei manchen Menschen ist das Selbstwertgefühl instabil. Diese neigen dazu, auf eventuelle Bedrohungen oder direkte Angriffe, die sich an das Selbstwertgefühl richten, sehr empfindlich zu reagieren. Beispielsweise neigen diese in potenziell bedrohlichen Situationen zu ausgeprägteren Stressreaktionen. Den Selbstwert zu erhalten ist ein zentrales Motiv bzw. Prinzip menschlichen Handelns.

So viel zur psychologischen Theorie des Selbst. Sie haben während des Lesens sicher schon bemerkt, dass Ihr Selbst im Zusammenhang mit Krisen und deren Bewältigung eine entscheidende Rolle spielt. Nutzen Sie die Gelegenheit und nehmen Sie sich an dieser Stelle etwas Zeit und beginnen, mehr über sich selbst herauszufinden:

> Was fällt Ihnen spontan auf die Frage „Wer bin ich?" ein. Schreiben Sie Ihre Antworten gerne zunächst ungeordnet auf ein Blatt Papier. Das können Adjektive, Verben oder Nomen sein, ganze Sätze, Stichworte oder auch Symbole. Welche Eigenschaften fallen Ihnen früher ein, welche später? Welche sind Ihnen wichtiger, welche weniger wichtig? Wie genau Sie in Ihrer Formulierung werden, ist Ihnen überlassen. Entscheidend ist, dass Sie über sich nachdenken und Ihre Ergebnisse ausschließlich für sich selbst notieren.

Nachdem Sie nun wahrscheinlich einige Worte oder ganze Sätze zu Ihrem Selbst aufgeschrieben haben, stellen Sie sich vielleicht die Frage, wie Sie Ihre Gedanken weiter systematisieren und ordnen können. Zur Unterstützung möchten wir genauer auf die Selbstwahrnehmung schauen. Dabei geht es weiterhin um die Frage „Wer bin ich?" mit dem Zusatz „Wie bin ich?".

Grundsätzlich lässt sich festhalten, dass ein Mensch Überzeugungen hinsichtlich der eigenen Person hat. Diese betreffen die persönlichen Eigenschaften, Fähigkeiten, Fertigkeiten, Emotionen, Verhaltensweisen, Präferenzen und Abneigungen und Ähnliches. Insgesamt bilden diese Überzeugungen das Selbstkonzept eines Menschen. In Ihren Notizen werden Sie sicherlich einige der Kategorien wiedererkennen. Sie haben sich damit einen ersten Überblick verschafft und können nun einige konkretere

Angaben zu Ihrem Selbst näher untersuchen. Haben Sie eigentlich aufgeschrieben, wie Sie sind oder wie Sie sich wünschen, dass Sie sind, oder wie Sie vermuten, dass andere denken, wie Sie sein sollten? Sie bemerken, unser aktuelles oder tatsächliches Selbstkonzept muss nicht zwangsläufig mit unserem erwünschten oder erwarteten Selbstkonzept übereinstimmen. In der Theorie setzt sich das Selbstkonzept aus mehreren Teilen zusammen, die in dem Moment, in dem wir uns mit unserem Selbst beschäftigen, ineinander übergehen können. Es ist oft nicht einfach zu erkennen, ob beispielsweise eine persönliche Eigenschaft, die wir uns selbst zuschreiben, einer objektiven Betrachtung standhält oder eher unseren Wunsch widerspiegelt, diese zu besitzen. In der psychologischen Theorie werden daher das Real- und das Ideal-Selbst unterschieden.

Das Real-Selbst charakterisiert die tatsächlichen, objektiv vorhandenen Anteile des Selbstkonzepts. Es beinhaltet sowohl positive als auch negative Merkmale. Da der Blick auf sich selbst zwangsläufig hohe subjektive Anteile besitzt, kann es hilfreich sein, eigene blinde Flecken über Dritte, beispielsweise durch deren Feedback, zu erfahren. Neben dem Real-Selbst beinhaltet das Selbstkonzept auch ein „Ideal-Selbst". Das Ideal-Selbst repräsentiert die Wünsche und Motive, nach denen der Einzelne strebt. In der Regel wird es sich dabei um persönlich positiv besetzte Anteile handeln, da es eher unwahrscheinlich ist, ein Ideal anzustreben, das negativ besetzt ist. Das Ideal-Selbst beinhaltet darüber hinaus vermutete oder tatsächliche Erwartungen, Wünsche und Motive, die von Dritten, beispielsweise der Gesellschaft oder Kultur sowie wichtigen Bezugspersonen, eingebracht werden. Dieser von dritten Instanzen induzierte Anteil des Ideal-Selbst wird auch als Soll-Selbst bezeichnet. Zwischen den Erwartungen, die andere an uns stellen (Soll-Selbst), und dem, was wir uns für uns selbst wünschen (Ideal-Selbst), gibt es meistens viele Parallelen. So werden unsere Idealvorstellungen während unserer Kindheit und Jugend stark durch elterliche und gesellschaftliche Ideale und Vorstellungen geprägt. Stellt der Einzelne Real- und Ideal-Selbst gegenüber und stellt in seiner subjektiven Bewertung Diskrepanzen fest, so führt dieses zu negativen Gefühlen. Resultiert die Abweichung aus den Eigenanteilen des Ideal-Selbst, so entstehen Gefühle wie Frustration, Enttäuschung oder Traurigkeit. Liegt die Abweichung vom wahrgenommenen Real-Selbst beim Soll-Selbst sind die Gefühle eher Angst, Sorge oder Schuld.

Selbstkonzept

4

Schauen Sie sich bitte Ihre Notizen an. Welche Anteile reflektieren eher Ihr Real-Selbst und welche eher Ihr Ideal-Selbst? Welche Anteile des Ideal-Selbst kommen tendenziell von Dritten (Soll-Selbst)? Welche Ihrer Notizen treffen, nun wo Sie diese reflektieren, wirklich vollständig auf Sie zu, und welche sind vielleicht eher in Ansätzen vorhanden? Welche der Eigenschaften besitzen Sie tatsächlich, welche würden Sie gerne besitzen, und welche erwarten andere von Ihnen? Wie stark sind die Eigenschaften jeweils ausgeprägt? Wie schnell fielen Ihnen die jeweiligen Attribute ein, und als wie wichtig schätzen Sie diese ein? Nutzen Sie die Gelegenheit, Ihre Notizen und damit Ihr Wissen über sich selbst weiterzuentwickeln, um diese später als eigene Ressource nutzen zu können.

Dass Real- und Ideal-Selbst voneinander abweichen, bildet eher die Regel als die Ausnahme. Personen, die angeben zu 100 % so zu sein, wie sie sein möchten, und die zufrieden mit sich selbst sind, gibt es, gerade in der Politik, sicherlich einige. Inwieweit deren öffentliche Angaben ihrer privaten Wahrnehmung entsprechen bleibt deren Geheimnis. Sicher ist, die Zufriedenheit eines Menschen allgemein und speziell mit sich selbst wird von Abweichungen von Real- und Ideal-Selbst negativ beeinflusst. Es ist plausibel, dass eine Person, die ihrem persönlichen Ideal und den Erwartungen anderer entspricht, sich deutlich besser und wohler fühlt als eine Person, die das nicht tut. In anderen Worten: Das Selbstwertgefühl eines Menschen hängt von dessen Selbstkonzept und dabei von dem Verhältnis von Ideal- und Real-Selbst ab. Das Selbstwertgefühl entsteht demnach aus einem Bewertungsprozess und bildet die emotionale Komponente des Selbst ab.

Wenn Sie, wie getan, darüber nachdenken und auch zu einem Ergebnis kommen, wie Ihr persönliches Selbstkonzept, bestehend aus Real- und Ideal-Selbst, sowie Ihr Selbstwertgefühl ausgeprägt sind, arbeiten Sie aktiv daran, Ihnen bisher Unbewusstes bewusst zu machen. Man könnte auch sagen, Sie streben einen Zustand der Selbstbewusstheit bzw. des Selbstbewusstseins an. Sie machen sich also in einem aktiven Denkvorgang selbst bewusst, wer und wie Sie sind. Die meisten Menschen verstehen den Begriff Selbstbewusstsein als Synonym für Selbstvertrauen. In dieser Hinsicht beschreibt das Selbstbewusstsein eines Menschen, wie sehr dieser sich und seinen Fähigkeiten vertraut, wie selbstsicher und angstfrei dieser sich generell fühlt und verhält. In späteren Kapiteln, in denen es detaillierter um das Thema psychische Widerstandsfähigkeit geht, werden Sie in diesem Kontext den Begriff Selbstwirksamkeit kennenlernen (▶ Abschn. 7.1). Dieser fasst zusammen, inwieweit ein Mensch davon ausgeht oder auch erwartet, an ihn gestellte Anforderungen zu bewältigen.

Sie haben sich nun einen ersten Überblick über Ihr Selbst verschafft. In den weiteren Kapiteln wird es weiter darum gehen, Ihr Bild über sich selbst zu schärfen. Dazu werden wir den Fokus auf verschiedene Aspekte lenken, die aus unserer Sicht für die Bewältigung einer beruflichen Krise von Bedeutung sind.

Selbstbewusstsein

4.2 Psychische Gesundheit und Wohlbefinden

Wir möchten an dieser Stelle wiederholen, was wir bereits mehrfach betont haben: Das oberste Ziel unseres Handelns und das, worauf auch dieses Buch zielt, ist das Erreichen von Wohlbefinden. Zwischen den Zeilen ging es bei der Betrachtung Ihres Selbst immer auch um die Frage, ob Sie sich (mit sich selbst) wohlfühlen. Die Antwort auf diese Frage gibt einerseits Hinweis auf Ihr Selbstwertgefühl und andererseits auf Ihre psychische Gesundheit. Denn die psychische Gesundheit wird von der Weltgesundheitsorganisation (WHO) definiert als „Zustand vollständigen physischen, geistigen und sozialen Wohlbefindens". In anderen Worten: Ihr physisches Wohlbefinden, Ihr geistiges Wohlbefinden und Ihr soziales Wohlbefinden nehmen Einfluss auf Ihre psychische Gesundheit. Sind Ihre physischen, geistigen und sozialen Bedürfnisse also nicht gestillt, leidet Ihre psychische Gesundheit. Wohlbefinden hängt demnach unmittelbar zusammen mit der Erfüllung Ihrer Bedürfnisse. Folglich gilt es zu ergründen, was Ihre Bedürfnisse eigentlich sind. Grundlegende Anhaltspunkte gibt die von Abraham Maslow entwickelte Hierarchie der Bedürfnisse des Menschen, oft auch Bedürfnispyramide genannt (◘ Abb. 4.1).

Maslow (1987) zufolge sind die Bedürfnisse eines Menschen hierarchisch angeordnet. Das grundlegendste Bedürfnis eines Menschen ist physiologischer Art, d. h. er muss grundlegende Bedürfnisse zum Erhalt seiner Lebensfunktionen stillen, dieses sind Hunger und Durst oder auch der Schlaf. Wichtige Erkenntnis ist, erst wenn ein

Wohlbefinden und Bedürfnisse

4

◘ **Abb. 4.1**   Bedürfnispyramide nach Maslow. (Abbildung aus Schüler-Lubienetzki und Lubienetzki 2016, S. 64)

grundlegenderes Bedürfnis erfüllt ist, wendet sich der Menschen der Befriedigung des nächsthöheren Bedürfnisses zu. Dieses ist das Bedürfnis nach Sicherheit. Zum Bedürfnis nach Sicherheit zählen der Wohnraum, der Arbeitsplatz und damit verbunden das Einkommen. Darüber finden sich soziale Bedürfnisse nach Zugehörigkeit und Zuwendung, wozu die Lebenspartnerin und der Lebenspartner, Freundinnen und Freunde sowie weitere soziale Kontakte, wie beispielsweise Kolleginnen und Kollegen, zählen. Darüber liegende Bedürfnisse richten sich auf die eigene Wertschätzung, Anerkennung und Status durch die Umwelt. Bei den ersten vier Grundbedürfnissen handelt es sich um sog. Defizitbedürfnisse, d. h. wann immer eines oder mehrere dieser Bedürfnisse nicht befriedigt sind, strebt der Mensch danach, das jeweilige Defizit zu beseitigen. Die Reihenfolge der Befriedigung richtet sich danach, dass grundlegendere Bedürfnisse vorrangig befriedigt werden, z. B. müssen Hunger und Durst zunächst gestillt sein, bevor die eigene Sicherheit hergestellt wird. Diese vier Bedürfnisstufen dienen dazu, einen zum (Über-)Leben notwendigen Status quo zu erhalten bzw. wiederherzustellen. Darüber liegend, auf der obersten Hierarchiestufe findet sich das Bedürfnis nach persönlichem Wachstum, womit das Streben nach Selbstaktualisierung bzw. Selbstverwirklichung gemeint ist. Auf

dieser Stufe strebt der Mensch danach, sich so weiterzuentwickeln, wie es seinem Selbst entspricht.

Verbinden wir diese Überlegungen mit unserem Kern-
thema, dem Erreichen von Wohlbefinden im Beruf. Idealerweise sollten der Beruf und der Arbeitsplatz zu jeder
Bedürfnisstufe einen Beitrag leisten, um das jeweilige
Bedürfnis zu befriedigen. Hier einige Beispiele zu den verschiedenen Hierarchiestufen:

Bedürfnishierarchie
nach Maslow

- **Physiologische Grundbedürfnisse** – Das Einkommen
  sollte ausreichen, um die Befriedigung der physio-
  logischen Grundbedürfnisse zu garantieren. Auch
  sollte die Arbeit die Gesundheit möglichst nicht beeinträchtigen.
- **Bedürfnis nach Sicherheit** – Der Arbeitsplatz sollte in
  dem Sinne sicher sein, dass dieser bei Erfüllung der
  jeweiligen Arbeitsaufgaben gesichert ist.
- **Soziale Bedürfnisse** – Die soziale Interaktion am
  Arbeitsplatz sollte ermöglicht werden und möglich sein.
  Ein gutes Klima im Team und im Betrieb gehört dazu.
- **Bedürfnis nach Wertschätzung** – Es sollte das grundlegende individuelle Bedürfnis nach Anerkennung und
  Wertschätzung befriedigt werden. Insbesondere Vor-
  gesetzte können dieses Bedürfnis beispielsweise durch
  Lob bedienen.
- **Bedürfnis nach Selbstverwirklichung bzw. Selbst-
  aktualisierung** – Die Arbeit sollte Herausforderungen
  und als erstrebenswert angesehene Entwicklungsmöglichkeiten bieten, ohne zu überfordern.

In unserem Beispiel hat die berufliche Krise von Tim K.
dazu geführt, dass die vier Bedürfnisstufen nach und nach
defizitär wurden. Die konfliktbehaftete Gesamtsituation
führte zum Verlust des wertschätzenden Umgangs miteinander. Die soziale Interaktion im Unternehmen wurde
immer mehr belastet, die Menschen zogen sich immer
mehr zurück, um Konflikten aus dem Weg zu gehen. Die
Position von Tim K. im Unternehmen wurde immer mehr
geschwächt und damit unsicherer, bis schließlich die Kündigung zum Verlust des Einkommens führte. Es ist vor diesem
Hintergrund leicht verständlich, dass die persönliche Selbstverwirklichung in einer solchen Situation unmöglich wird.

Wenden wir uns wieder Ihnen zu. Welche Bedürfnisse
haben Sie? Wenn Sie mögen, können Sie wiederum einen
Selbsttest durchführen. Beginnen Sie mit den vier Defizit-
bedürfnisstufen:

4

Nehmen Sie sich ein Blatt Papier und notieren Sie zu den vier Defizitbedürfnissen, wie diese bei Ihnen ausgeprägt sind. Welche Bedürfnisse sind für Sie auf den vier Stufen besonders wichtig? Inwieweit trägt Ihre berufliche Situation dazu bei, diese Bedürfnisse zu befriedigen? In welchen Bereichen wirkt sich Ihre berufliche Situation gegenteilig aus?

Sie haben sich nun einen Überblick darüber verschafft, inwieweit Ihre Defizitbedürfnisse befriedigt sind. Vielleicht haben Sie auch mögliche Defizite erkannt und damit einen ersten Anhaltspunkt erhalten, in welchen beruflichen Bereichen es sich lohnt, eine Veränderung zum Positiven herbeizuführen. Unsere Grundhaltung ist, dass die Arbeit Defizite beseitigen und möglichst keine zusätzlichen schaffen sollte. Erfüllung und Wohlbefinden im Beruf treten erst dann ein, wenn sämtliche Bedürfnisse befriedigt sind. Wenden wir uns daher nun dem Wachstumsbedürfnis nach Selbstverwirklichung bzw. Selbstaktualisierung zu. Wie sollte Ihr Beruf Ihre Wachstumsbedürfnisse befriedigen?

Schauen Sie sich bitte zunächst Ihre Notizen zu Ihrem Selbstkonzept noch einmal an. Anschließend nehmen Sie sich bitte ein weiteres Blatt Papier und notieren, wie Ihr Beruf bzw. Ihre Arbeit sein sollten, damit Sie sich persönlich vollständig damit identifizieren könnten. Welche beruflichen Entwicklungsmöglichkeiten sind Ihnen wichtig?

Sie bemerken sicherlich, dass Sie gerade dabei sind, eine berufliche Bestandsaufnahme zu vollziehen und gleichzeitig Anhaltspunkte zu erhalten, wie ein beruflicher Zielzustand aussehen könnte. Dass Sie sich selbst, Ihre Bedürfnisse und auch Ihre Ziele kennen, ist unbedingte Voraussetzung, um bei beruflichen Krisen Handlungsstrategien und auch -möglichkeiten zu entwickeln. Bedenken Sie, wenn Sie nicht wüssten, wo Sie stehen, und Sie nicht wüssten, wo Sie hinmöchten, wie könnten Sie dann den richtigen Weg finden?

Um in dem Bild des Weges, der aus der Krise führt, zu bleiben, hängt der zu wählende Weg natürlich auch davon ab, ob Sie ihn grundsätzlich gehen könnten. Gemeint ist, dass Sie über die entsprechenden notwendigen Ressourcen verfügen sollten, um sich mit Erfolgsaussicht auf den Weg zu machen. Schauen wir daher im nächsten Abschnitt auf das Thema Ressourcen.

4.3 Persönliche Ressourcen, Defizite und Hindernisse

Antonovsky (1997) sieht in seinem Konzept der Salutogenese Anforderungen als etwas an, das ein gegebenes Gleichgewicht stört, sodass Energie bzw. Ressourcen aufgewendet werden müssen, um das Gleichgewicht wiederherzustellen. Auch Richard Lazarus skizziert in seinem transaktionalen Stressmodell (1984), dass Stress genau dann entsteht, wenn die Ressourcen, die zur Bewältigung eines als Anforderung bewerteten Reizes notwendig wären, aus unterschiedlichen Gründen nicht verfügbar gemacht werden können. Auf beide Konzepte werden wir im folgenden Kapitel noch genauer eingehen. Der Ressourcenbegriff ist in beiden Konzepten sehr weit gefasst und beinhaltet alle Hilfsmittel, die geeignet sind, um mit gegebenen Anforderungen umzugehen. So sind beispielsweise unser Wissen sowie persönliche Fertigkeiten und Fähigkeiten Ressourcen, aber auch finanzielle und materielle Mittel oder Beziehungen zu anderen Menschen sowie Institutionen, an die wir uns wenden können, zählen dazu. Als Strukturierungshilfe lassen sich **persönliche Ressourcen** in diese vier Kategorien einteilen (angelehnt an Schubert und Knecht 2015):

Persönliche Ressourcen

- **Personale Ressourcen** – Unter personalen Ressourcen verstehen wir alle Ressourcen, die unmittelbar in der Person und der Persönlichkeit liegen. Hierzu gehören deren Wissen, Erfahrungen, Fertigkeiten und Fähigkeiten sowie deren körperliche Konstitution. Auch gehören Persönlichkeits- und Charaktereigenschaften sowie Werte und Prinzipien dazu. Auf personale Ressourcen wie Kohärenzgefühl oder Resilienz, die die psychische Widerstandskraft erhöhen, gehen wir in ▶ Kap. 7 detaillierter ein.
- **Materielle Ressourcen** – Hierzu zählen finanzielle Mittel und alles Materielle, über das die Person Kontrolle besitzt. Beispiele sind Nahrung, Immobilien, Kommunikationsmittel oder Fortbewegungsmittel.
- **Soziale Ressourcen** – Jede vertrauensvolle und nützliche Beziehung zu einem anderen Menschen fällt hierunter. Die Beziehung kann zur Partnerin bzw. zum Partner, zu Eltern, zu Kindern oder weiter entfernten Verwandten sowie zu Freundinnen, Freunden und Bekannten bestehen. Auch vertrauensvolle geschäftliche Kontakte zählen dazu.

4

- **Institutionelle und infrastrukturelle Ressourcen** – Alle Ressourcen, die von öffentlichen Institutionen bereitgestellt werden oder zu denen die Person aufgrund definierter Kriterien Zugang besitzt, fallen hierunter. Beispiele sind Polizei, Feuerwehr, ärztliche Versorgung oder auch öffentliche Bildungseinrichtungen. Auch die eigene Verkehrsanbindung oder der Zugang zu kulturellen und anderen Freizeiteinrichtungen gehört dazu.

Ob wir eine oder mehrere Ressourcen zur Bewältigung einer Anforderung oder vieler, komplexer Anforderungen einsetzen können, hängt insbesondere davon ab, ob wir uns ihrer bewusst sind und auch wissen, wie wir Kontrolle über die jeweilige Ressource erlangen. Gerade in Krisensituationen, in denen vielfältige bedrohliche Anforderungen auftreten können und in denen wir abgelenkt sind, besteht die Gefahr, unsere Ressourcen zu unterschätzen oder aus dem Blick zu verlieren. Daher möchten wir Ihnen an dieser Stelle einen aus unserer Sicht wichtigen Merksatz ans Herz legen:

> **Sind wir uns unserer Ressourcen in Zeiten der Ruhe bewusst, so erhöhen wir die Chance, uns dieser auch in Krisenzeiten bewusst zu werden.**

Ein von Glass und Singer (1972) durchgeführtes Experiment bestätigt den Zusammenhang, dass es bereits Stress reduzierend wirkt, wenn sich der Mensch seiner Ressourcen bewusst ist. In dem Experiment wurden Probandinnen und Probanden Lärm ausgesetzt. Es ist nachvollziehbar, dass Lärm sicherlich eine Belastung ist, sodass es um die Frage ging, welches Stresslevel bei den Probandinnen und Probanden angesichts des Lärms hervorgerufen wurde. Zunächst einmal ist das ausgelöste Stresslevel individuell unterschiedlich, weil jeder Mensch individuell auf eine solche Belastung reagiert. Als jedoch ein Parameter geändert wurde, indem den Probandinnen und Probanden die Möglichkeit gegeben wurde, einen Knopf zu drücken und damit den Lärm, wenn sie es möchten, abzuschalten, zeigte sich eine interessante Veränderung. Das Bewusstsein über die neue Ressource des Lärm-Abschaltknopfs reichte aus, das Stresslevel bei den Probandinnen und Probanden zu reduzieren. Im Ansatz des Kohärenzgefühls nach Antonovsky zahlt das Bewusstsein über die zur Verfügung stehenden Ressourcen auf den Anteil Handhabbarkeit ein. Dieses stärkt das Kohärenzgefühl und damit das Wohlbefinden des Menschen.

Wenn Sie möchten, können Sie sich im folgenden Exkurs bereits näher mit Ihren Ressourcen auseinandersetzen. Die Methode Ressourcen-Mindmap werden Sie ansonsten ausführlicher in ▶ Abschn. 9.1 kennenlernen.

Stress reduzierende Wirkung von Ressourcen

Ressourcen-Mindmap (s. auch ▶ Abschn. 9.1)

Im Coaching ist eine häufige Aufgabe, dem Coachee zu helfen, sich seiner Ressourcen (wieder) bewusst zu werden. Ein Tool, das auch für das Selbstcoaching geeignet ist, ist das Zeichnen einer „Ressourcen-Mindmap". Wie Sie beginnen und die Mindmap sich entwickeln lassen, ist vollständig Ihnen überlassen. Der Vorteil der Mindmap ist, dass es im Gegensatz zu einer Liste oder Tabelle ein nichtlineares Verfahren ist, wo Sie quasi gleichzeitig an der gesamten Mindmap arbeiten. Fällt Ihnen zu einem Ast gerade nichts ein, gehen Sie einfach zum nächsten. Bei einer Liste wären Sie an eine Reihenfolge gebunden, was den Fluss Ihrer Gedanken hemmt (◻ Abb. 4.2).

Hier ein Beispiel für den Start, aber wie gesagt, die Gestaltung ist völlig frei:

Nehmen Sie sich ein großes Blatt Papier und zeichnen Sie, wie in der Abbildung angedeutet, einen Kreis in die Mitte mit der Bezeichnung „Meine Ressourcen". Davon ausgehend, zeichnen Sie wie in der Abbildung die vier Äste mit den Bezeichnungen „Meine personalen Ressourcen", „Meine sozialen Ressourcen", „Meine materiellen Ressourcen" und „Meine infrastrukturellen und institutionellen Ressourcen".

Nun setzen Sie an einem der vier Äste an, und notieren Sie alle Ressourcen, die Ihnen passend zu diesem Ast in den Sinn kommen. Lassen Sie Ihren Gedanken freien Lauf, und wechseln Sie ruhig die Äste, wenn Ihnen spontan ein weiterer Einfall kommt. Falls Sie Ressourcen finden, die nicht zu den bisherigen Ästen passen, fügen Sie einfach einen weiteren Ast hinzu.

Ressourcen-Mindmap

Ein interessanter Spruch, der im Kern von Ressourcen und Defiziten handelt, lautet: „Zu haben ist besser als zu brauchen." Oder besser bekannt, dafür grammatikalisch nicht ganz vollkommen: „Haben ist besser als brauchen." Lösen wir uns von der Grammatik und betrachten den Inhalt. Übersetzen wir „haben" mit „sich einer Ressource bewusst

4

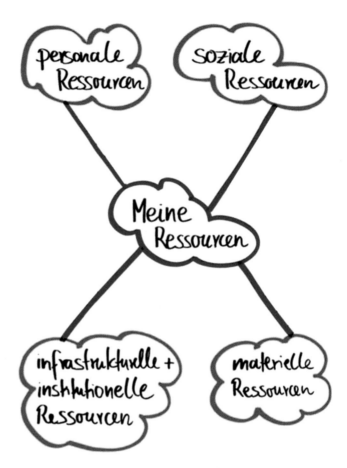

❏ **Abb. 4.2**   Grundstruktur Ressourcen-Mindmap

zu sein und die Kontrolle über diese zu besitzen", so bedeutet
„brauchen", sich einer fehlenden Ressource bewusst zu sein
und demnach keine Kontrolle über die betreffende Ressource zu besitzen. Müssen wir eine Anforderung bewältigen
und fehlt uns die dazu benötigte Ressource, so sprechen wir
von einem **Defizit**. Stellen wir dieses Defizit erst fest, wenn
die Anforderung bereits besteht, so führt dieses zu Stress,
senkt das Gefühl der Handhabbarkeit und Kohärenz, was
wiederum das Wohlbefinden beeinträchtigt. Werden wir uns
erst in der Krise eines Defizits bewusst, können zusätzlich
Wechselwirkungen zu weiteren Anforderungen entstehen,
sodass weitere Defizite auftreten können. Anknüpfend an
den zuvor formulierten Merksatz, möchten wir einen weiteren anführen:

> Auch Defiziten sollten wir uns in Zeiten der Ruhe
> bewusst sein, um diese rechtzeitig und vorausschauend
> zu beseitigen.

Defizite – „Haben ist
besser als brauchen."

Falls Sie bereits einen ersten Entwurf Ihrer
Ressourcen-Mindmap angefertigt haben, so nehmen Sie
diese bitte nun zur Hand und analysieren diese im Hinblick auf mögliche Defizite. Auch dieser Punkt wird in
▶ Abschn. 9.1 vertieft.

Defizitanalyse

Im Coaching betrachten wir zunächst die persönlichen Ressourcen des Coachees. Sind diese dem Coachee z. B. als Ressourcen-Mindmap präsent, kann der Coachee zu der Frage geführt werden, was noch fehlt. Die so entdeckten Defizite können dann in Entwicklungsziele und -pläne, beispielsweise To-do-Listen, überführt werden. Falls Sie Ihre persönliche Ressourcen-Mindmap bereits gezeichnet haben, nehmen Sie sich diese doch zur Hand und stellen und beantworten folgende Fragen für sich:

- Welche Äste sind gut entwickelt? Worüber freue ich mich besonders?
- Welche (bisher ungenutzten) Potenziale möchte ich in Zukunft nutzen?
- Welche Äste möchte ich stärken?

Hilfreich kann auch ein Perspektivenwechsel sein. Stellen Sie sich einmal vor, ein unbeteiligter Dritter würde sich Ihre Ressourcen-Mindmap anschauen. Wie würde dieser die Fragen beantworten? – So viel an dieser Stelle als Ausblick auf ▶ Abschn. 9.1, in dem es insbesondere um die Kenntnis der eigenen Ressourcen sowie die Identifizierung von und den Umgang mit Defiziten geht.

Gerade in der Krise können Defizite zusätzlich dadurch entstehen, dass uns bisher verfügbare Ressourcen entzogen
werden. So werden in beruflichen Krisen häufig Vertrauens-
verhältnisse zu Vorgesetzten oder auch zu Kolleginnen und
Kollegen auf die Probe gestellt. Oft stellen Betroffene überrascht fest, dass sie in der Krise plötzlich keinen Rückhalt
in ihrer beruflichen Umgebung mehr haben und frühere
Vertrauensbeteuerungen nun nicht mehr gelten. Wichtig ist
uns an dieser Stelle zu betonen, dass es sich lohnt, anderen
Menschen Vertrauen zu schenken, dass es jedoch gerade
in beruflichen Zusammenhängen wichtig ist, rechtzeitig
auch über Alternativen nachzudenken, falls eine Beziehung
möglicherweise in der Krise nicht das hält, was sie in
besseren Zeiten versprach. Fehlende Ressourcen hemmen
uns, Anforderungen, mit denen wir konfrontiert sind, zu
bewältigen. Dabei ist es im Ergebnis unerheblich, ob die Ressourcen nicht vorhanden waren oder uns im Zuge der Krise,
mehr oder weniger überraschend, entzogen wurden. Wird
uns der Zugang zu Ressourcen oder deren Einsatz entzogen,

4

Hindernisse

so sprechen wir von **Hindernissen.** Es gibt unterschiedliche Ursachen für das Auftreten von Hindernissen in einer Krise. So können Menschen, die uns eigentlich unterstützen, aufgrund der Krise auf Distanz gehen, weil diese beispielsweise befürchten, selbst in die Krise hineingezogen zu werden. In einer beruflichen Krise können die Arbeitgeberin bzw. der Arbeitgeber den Zugang zu Informationen und anderen zuvor verfügbaren Ressourcen verwehren. Am Beispiel von Tim K. sehen wir, dass ihm von seinen Widersachern bewusst Steine in den Weg gelegt wurden, indem diese gegen ihn intrigieren und aktiv das Vertrauen in Tim K. zerstören.

Neben den Merksätzen zu Ressourcen und Defiziten möchten wir als dritten Merksatz zu Hindernissen anführen:

> ❯ **Uns sollte in Zeiten der Ruhe bewusst sein, dass Hindernisse den Zugriff auf Ressourcen verwehren können, sodass das präventive Erschließen von Alternativen beizeiten sinnvoll ist.**

Zusammenfassung

Um Ansatzpunkte zum Umgang mit einer beruflichen Krise zu erhalten, beginnen wir bei uns selbst. Es geht dabei um das, was uns ausmacht, unser Selbst, um das, was wir im Beruf benötigen, um uns wohlzufühlen, und darum, welche Ressourcen wir besitzen, um unser berufliches Leben mit seinen vielfältigen Anforderungen zu meistern. Unser Selbst wird im Kern von unserem Selbstkonzept und unserem Selbstwertgefühl gebildet. Das Selbstkonzept beinhaltet alle Überzeugungen, die unser Selbst betreffen. Das Selbstkonzept besteht einerseits aus einem Real-Selbst, das beschreibt, wie wir uns selbst wahrnehmen, und aus dem Ideal- sowie Soll-Selbst, die beschreiben, wie wir gerne wären und wie wir glauben, was andere Menschen von uns erwarten. Der individuelle Vergleich von Real- zu Ideal- und Soll-Selbst führt bei keinen oder geringen Abweichungen zu einem positiveren und bei größeren Abweichungen zu einem negativeren Selbstwertgefühl. Dieses hängt wiederum unmittelbar mit unserem Wohlbefinden zusammen. Einen weiteren Anteil an unserem Wohlbefinden hat das Streben des Menschen nach Selbstverwirklichung bzw. Selbstaktualisierung. In Maslows sog. Bedürfnispyramide bauen menschliche Bedürfnisse aufeinander auf: Zuunterst liegen physiologische Grundbedürfnisse, darauf aufbauend müssen nacheinander das Bedürfnis nach Sicherheit, soziale Bedürfnisse wie Zugehörigkeit und Zuwendung sowie Bedürfnisse nach Wertschätzung befriedigt werden. Dabei wird die Befriedigung höher liegender Bedürfnisse erst dann angestrebt, wenn darunter liegende Bedürfnisse vollständig befriedigt sind. Sind eventuelle Defizite in diesen Grundbedürfnissen beseitigt, strebt der Mensch nach persönlichem Wachstum, nach seiner Selbstverwirklichung bzw. Selbstaktualisierung. Übertragen auf den beruflichen Kontext, führt die Möglichkeit zur Selbstverwirklichung bzw. Selbstaktualisierung regelmäßig zu einem Gefühl von Erfüllung und Wohlbefinden im beruflichen Alltag. Die Bewältigung beruflicher Krisen geht damit einher zu erkennen, was uns wirklich erfüllt, und unsere Handlungen so auszurichten, dass wir dorthin gelangen. Unsere Ressourcen sind dann die Hilfsmittel, die wir einsetzen, um so zu handeln bzw. so handeln zu können, dass wir am Ende das erreichen, was uns selbst ausmacht und zu unserer Selbstverwirklichung führt. Das Bewusstmachen seiner Ressourcen, aber auch eventueller Defizite oder Hindernisse ist damit ein wichtiger, wenn nicht der wichtigste Schritt, um die Bewältigung einer beruflichen Krise zu planen und dann zielgerichtet zu handeln.

Literatur

Antonovsky, A. (1997). *Salutogenese – Zur Entmystifizierung der Gesundheit.* Tübingen: dgtv-Verlag.
Glass, D. C., & Singer, J. E. (1972). *Urban stress: Experiments on noise and social stressors.* New York: Academic.
Lazarus, R. S. (1984). *Stress, appraisal, and coping.* New York: Springer.
Maslow, A. H. (1987). *Motivation and personality* (3. Aufl.). New York: Harper & Row. (Überarbeitet von R. Fraer, J. Fadiman, C. McReynolds & R. Cox).
Mummendey, H. D. (2006). *Psychologie des „Selbst": Theorien, Methoden und Ergebnisse der Selbstkonzeptforschung.* Göttingen: Hogrefe.
Schubert, F.-C., & Knecht, A. (2015). Ressourcen – Merkmale, Theorien und Konzeptionen im Überblick: Eine Übersicht über Ressourcenansätze in Soziologie, Psychologie und Sozialpolitik. ▶ https://doi.org/10.13140/RG.2.2.30527.71849.
Schüler-Lubienetzki, H., & Lubienetzki, U. (2016). *Schwierige Menschen am Arbeitsplatz: Handlungsstrategien für den Umgang mit herausfordernden Persönlichkeiten* (2. Aufl.). Berlin: Springer.

Beeinträchtigung der eigenen Gesundheit in der Krise durch Stress

5.1   Transaktionales Stressmodell – 82

5.2   Belastung der psychischen Gesundheit durch Stress – 86

5.3   Emotionsorientierte Stressbewältigung als begleitende Maßnahme der Krisenbewältigung – 89

Literatur – 94

5

Jeder Mensch, der eine berufliche Krise durchlebt hat oder gerade durchlebt, weiß, dass das Erleben von Stress zur Krise dazugehört. Vielfältige und komplexe Anforderungen strömen auf den Menschen ein und müssten eigentlich gleichzeitig und idealerweise sofort bewältigt werden. Da es nicht in der Natur einer Krise liegt, dass diese mit einfachen Mitteln und unmittelbar abgewendet werden kann, entsteht zwangsläufig Stress, was die Liste der Themen, mit denen in einer Krise umzugehen ist, weiter verlängert. Es ist hilfreich für den Umgang mit Stress, zunächst zu verstehen, wie dieser entsteht und was der konkrete Grund für unser Stressempfinden ist. Wir erhalten damit die Chance, die Ursache des Stresses zu beeinflussen und gezielt zu handeln. Damit erhalten wir wichtige Anhaltspunkte darüber, wie wir begleitend zur Krise mit emotionalen Belastungen, die unser Handeln einschränken, umgehen können. Beginnen möchten wir mit dem Transaktionalen Stressmodell nach Richard Lazarus (1984). Im zweiten Teil des Kapitels erhalten Sie die Möglichkeit, mehr über Ihr Stresslevel zu erfahren.

5.1 Transaktionales Stressmodell

Der Mensch ist dafür gemacht, mit seiner Umwelt zu interagieren. So reagiert er auf Anforderungen, die von außen an ihn gestellt werden. Auch kann er ohne direkten äußeren Anlass agieren, was im Kern bedeutet, dass er aus innerem Antrieb handelt, also quasi auf interne Anforderungen reagiert, die aus seinen Kognitionen und Emotionen resultieren. In unseren Betrachtungen sind Aktionen und Reaktionen des Menschen immer mit externen oder internen Anforderungen verbunden. Wir legen unseren Betrachtungen zu den Abläufen beim Umgang mit Anforderungen die prozessualen Sichtweisen von Antonovsky (1997) und Lazarus (1984) zugrunde. Das von Lazarus entwickelte „Transaktionale Stressmodell" postuliert eine unmittelbare Beziehung zwischen der Wahrnehmung des Stressors und der subjektiven Bewertung der eigenen Handlungsmöglichkeiten (Jerusalem 1990, S. 4). Antonovsky greift dieses auf und erweitert es um Aspekte, die erklären, inwiefern unterschiedliche Menschen zu unterschiedlichen Bewertungen ein und derselben Anforderung kommen. An dieser Stelle möchten wir den Schwerpunkt auf Anforderungen und deren Bewertung legen, ohne dabei auf individuelle psychische Veranlagungen einzugehen. So wird eine grundlegende modellhafte Betrachtung der Krise und der Reaktion auf diese möglich. Um zu individuellen Lösungen zu kommen, werden wir in ▶ Kap. 7 zusätzlich die individuelle psychische Widerstandsfähigkeit als wichtigen Baustein zielführender und Erfolg versprechender Krisenbewältigung hinzufügen.

Im Transaktionalen Stressmodell finden hintereinander mehrere Bewertungen statt. Dabei hängt es von dem einzelnen Menschen ab, welche äußeren Reize überhaupt bewertet werden. Individuelle Wahrnehmungsfilter bestimmen, welche Reize wahrgenommen und damit einer Bewertung zugänglich werden. Ohne diesen Wahrnehmungsfilter würde der Mensch von Reizen quasi überflutet und damit handlungsunfähig werden. In der ersten Stufe (Primary Appraisal) wird bewertet, ob eine Anforderung bedrohlich wirkt und damit potenziell Spannungen und Stress auslösen könnte. Wird der Reiz als positiv oder neutral bewertet, so führt dieser nicht zu Stress. Wird der Reiz als bedrohlich empfunden, folgt eine zweite Bewertungsstufe. Antonovsky differenziert diese erste Bewertungsstufe weiter (1997, S. 124 ff.). Wird der Mensch mit einer Anforderung konfrontiert, so kann er direkt angemessen reagieren (vgl. das Beispiel „Rote Ampel" mit der Reaktion „Bremsen und Anhalten"). Kann oder will der Mensch nicht angemessen reagieren, so entsteht ein Spannungszustand, der sich daraus erklärt, dass einerseits eine Reaktion erforderlich ist und andererseits diese (zunächst) nicht stattfindet. Die Anforderung wird nun genauer untersucht. Stellt sich dabei heraus, dass diese doch irrelevant ist oder sich sogar positiv auswirkt, so wird die Anforderung in die Kategorie „Nicht-Stressor" umgruppiert, und der Spannungszustand wird sich auflösen.

Grafisch sieht der Ablauf mit individuellem Wahrnehmungsfilter und erster Bewertungsstufe wie in ◼ Abb. 5.1 dargestellt aus.

Bestimmte Anforderungen, die den ersten Bewertungsfilter durchlaufen haben, werden also einer zweiten Bewertung unterzogen. Lazarus geht davon aus, dass Stressoren Reize oder Stimuli sind, die als Bedrohung wahrgenommen werden. Antonovsky verallgemeinert diese Sicht dahin gehend, dass es von dem Individuum abhängt, inwieweit ein Stressor als Bedrohung, Belastung oder als Herausforderung wahrgenommen wird. Wir möchten uns Antonovskys Sichtweise anschließen und Stressoren mit der Möglichkeit positiver oder negativer Auswirkungen auf das persönliche Wohlbefinden verstehen. Unabhängig von dieser Sichtweise auf Stressoren gilt die zweite Bewertungsstufe

Transaktionales Stressmodell – Erste Bewertung

5

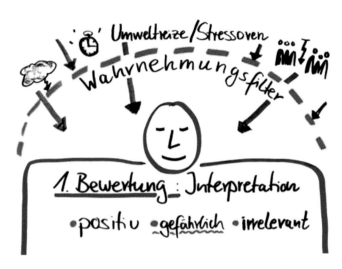

☑ **Abb. 5.1**   Wahrnehmungsfilter und erste Bewertungsstufe im Transaktionalen Stressmodell. (Angelehnt an Lazarus 1984; Antonovsky 1997)

(Secondary Appraisal) des Transaktionalen Stressmodells. Als quasi Einstieg in die Bewältigung der spannungsaus-lösenden Anforderung wird bewertet, inwieweit Ressourcen verfügbar sind, um die Anforderung zu bewältigen. Kön-nen Ressourcen verfügbar gemacht werden, so erfolgt die Reaktion auf die Anforderung und entsteht kein Stress. Sollte die Bewertung jedoch ergeben, dass die Ressourcen nicht oder nicht umfänglich zur Verfügung stehen, so kommt es zum Stress.

Transaktionales Stressmodell – Zweite Bewertung

Ergänzen wir in der Abbildung die erste um die zweite Bewertungsstufe (☑ Abb. 5.2).

Die sich im Transaktionalen Stressmodell anschlie-ßende Bewältigungsstufe (Coping) bezieht sich im Kern auf den Stress, den der Betroffene empfindet. Anders aus-gedrückt, der Mensch versucht nun den als negativ emp-fundenen Stress zu lösen. Dieses kann immer noch durch die Bewältigung der Anforderung bzw. des Stressors, auch problemorientierte Bewältigung genannt, geschehen, indem weiter nach geeigneten Möglichkeiten bzw. Ressourcen gesucht wird. Der Stress kann auch emotionsorientiert gelöst werden. In diesem Fall wird nicht die Anforderung unmittelbar bewältigt, sondern die eigenen Einstellungen und Emotionen bezogen auf die Anforderung werden so verändert, dass sich der Stress löst. Die problemorientierte und die emotionsorientierte Variante der Stressbewältigung

1. Bewertung: Interpretation
- positiv - gefährlich - irrelevant

2. Bewertung: Analyse der Ressourcen

mangelnde   ausreichende
Ressourcen   Ressourcen
↳ Stress   ↳ ☺

◻ Abb. 5.2 Bewertungsstufe im Transaktionalen Stressmodell. (Angelehnt an Lazarus 1984; Antonovsky 1997)

sind bezogen auf den Stress und den damit zusammenhängenden als negativ empfundenen Spannungszustand gleichwertig. Bezogen auf die Krise, die es zu bewältigen gilt, erhält die emotionsorientierte Bewältigung von Stress einen begleitenden Charakter, indem diese dafür sorgt, dass wir bei hoher emotionaler Belastung wieder handlungsfähig werden.

In einer letzten Stufe (Re-Appraisal) wird die Anforderung vor dem Hintergrund der problem- oder emotionsorientierten Bewältigung erneut bewertet. Hält die Bewältigung dieser Prüfung stand, so endet der Stressprozess, wenn nicht, wird erneut in die Bewältigungsstufe eingestiegen.

Damit ist das Stressmodell vollständig und stellt sich insgesamt wie in ◻ Abb. 5.3 aufgezeigt dar.

Wir kennen nun ein Modell, das wir nutzen können, um Anforderungen und deren Auswirkungen auf den Menschen zu beschreiben. Nutzen wir das Modell, um uns vor Augen zu führen, was eine Krise für den Menschen bedeutet.

Transaktionales Stressmodell – Coping

Transaktionales Stressmodell – Bewertung der Stressbewältigung

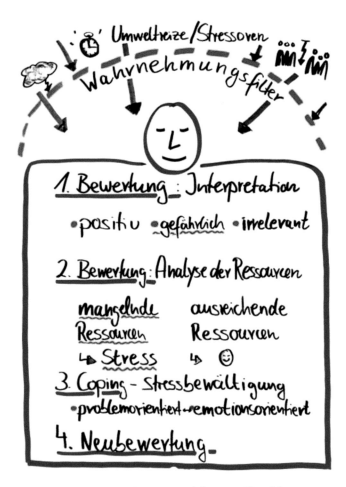

❏ **Abb. 5.3** Transaktionales Stressmodell gesamt. (Angelehnt an Lazarus 1984; Antonovsky 1997)

5.2 Belastung der psychischen Gesundheit durch Stress

Im Fokus dieses Buches steht der Umgang mit der beruflichen Krise. Eine grundlegende Begleiterscheinung der Krise ist Stress. Um Sie in die Lage zu versetzen, Ihr persönliches Stresslevel einzuschätzen, möchten wir Ihnen im Folgenden die Möglichkeit einer ersten Indikation geben. Ferner möchten wir Sie anregen, sich einen Überblick über für Sie besonders belastende Stressoren zu verschaffen. Hierdurch erhalten Sie einen weiteren Baustein an Informationen über sich selbst, deren Kenntnis hilfreich ist, um mit der beruflichen Krise umzugehen. Stress ist dabei ein Symptom der Krise, das uns in unserem zielgerichteten Handeln behindern kann, indem der Drang, das als negativ empfundene Stressgefühl zu beseitigen, unser Denken zum zielgerichteten Handeln gegen die Krise beeinträchtigt.

Sie erinnern sich an den in ▶ Abschn. 3.2 dargestellten Zusammenhang eines schlechten Betriebsklimas mit körperlichen Schmerzen (Matyssek 2012). Das schlechte Betriebsklima belastet die Psyche und löst eine Verspannung der Muskulatur als körperliche Reaktion aus, die auf Dauer zu Schmerzen führt. Psychische Belastungen beeinträchtigen folglich nicht nur die seelische, sondern auch die körperliche Gesundheit. Im vorhergehenden Abschnitt konnten wir anhand des Transaktionalen Stressmodells erkennen, dass ein Stressor zunächst in Form von bewussten und unbewussten Bewertungs- und Einschätzungsprozessen bearbeitet wird. Je nach Ergebnis der Bewertung erfolgt eine psychische Reaktion, die sich beispielsweise als Aufgeregtheit oder Angst äußert, sowie eine physische Reaktion, indem Spannung mit dem Drang, sich zu entladen, aufgebaut wird. Stress erhöht in seiner ursprünglichen Funktion kurzzeitig die körperliche Leistungsfähigkeit, um einer (lebens)bedrohlichen Situation zu entgehen; langfristig und dauerhaft macht Stress krank. Wissenschaftliche Untersuchungen zeigen, dass unter Dauerstress leidende Betroffene regelmäßig unter Rücken-, Nacken- oder Kopfschmerzen leiden (Danna und Griffin 1999). Auch erhöht sich das Risiko für Herz-Kreislauf-Erkrankungen oder Diabetes (Kyrou et al. 2006). Die berufliche Krise kann sich somit auf die psychische und physische Gesundheit auswirken und damit unsere Handlungsfähigkeit einschränken. Lassen Sie uns also einen Blick auf Ihr persönliches Stresslevel werfen.

Die Broschüre „Kein Stress mit dem Stress. Eine Handlungshilfe für Führungskräfte" der Bundesanstalt für Arbeitsschutz und Arbeitsmedizin (BAuA 2012) behandelt Stress im Zusammenhang mit der Thematik Gesundheit am Arbeitsplatz. Hierin ist ein Selbsttest enthalten, der Führungskräften die Möglichkeit bietet, ihre persönliche Belastung und damit ihren Stresslevel einzuschätzen. Wir haben den Test dahingehend angepasst, dass die Fragen sich auch an Nicht-Führungskräfte richten. Wir möchten Sie nun einladen, Ihr Wissen über sich selbst im Thema Stress zu erweitern (angelehnt an BAuA 2012, S. 9):

Persönliches
Stressniveau

5

Stress-Selbsttest

Fragebogen zur Einschätzung des persönlichen Stresslevels

Bitte beantworten Sie mit „Ja" oder „Nein", ob die folgenden Aussagen auf Sie zutreffen. Zählen Sie im Anschluss bitte Ihre „Ja"-Antworten zusammenn.

1. Ich schlafe nicht gut. Des Öfteren kann ich nicht einschlafen und grüble, oder ich wache mitten in der Nacht auf.
2. Ich fühle mich lustlos. Für Freizeit, Hobbys und Familie habe ich wesentlich weniger Kraft als früher. Meist nehme ich mir dafür auch keine Zeit. Habe ich einfach nicht.
3. Soziale Interaktionen strengen mich an. Den persönlichen Kontakt mit meinen Kollegen am Arbeitsplatz vermeide ich, wenn möglich.
4. Ich habe mehr körperliche Beschwerden als früher, z. B. Kopfschmerzen, Magen-Darm-Probleme oder Verspannungen. Körperliche Ursachen findet meine Ärztin/mein Arzt nicht.
5. Ich bin innerlich unruhig. Mir fällt es relativ schwer, nach der Arbeit abzuschalten. Oft gelingt es gar nicht.
6. Mein Konsumverhalten hat sich verändert. Ich konsumiere, wenn ich ehrlich bin, mehr berauschende Substanzen (Alkohol, Zigaretten, Medikamente oder illegale Drogen) oder Fast Food, als mir guttut.
7. Ich fühle mich ausgebrannt und energielos. Ein Wochenende reicht zur Erholung kaum aus.
8. Konzentriertes Arbeiten fällt mir neuerdings schwer. Ankommende E-Mails oder Störungen lenken mich leicht ab, und ich komme schwer wieder rein.
9. Ich bin motivationslos und gebe bei Problemen schneller auf. Wenn im Job etwas nicht so läuft, wie ich mir das vorgestellt habe, reagiere ich öfter resigniert.
10. Meine Arbeit kommt mir endlos oder sinnlos vor. Zeitdruck, Verantwortung, Anfragen – oft fühle ich mich wie der berühmte „Hamster im Rad", der immer rennt, aber nie ankommt.
11. Ich merke, dass ich einen Widerwillen entwickele. Ehrlich gesagt habe ich einen inneren Widerstand gegen meine Arbeit, den ich jeden Tag neu überwinde. Im Alltag funktioniere ich dann aber wieder gut.
12. Meine Stimmung schwankt: Manchmal erkenne ich mich selbst nicht wieder, z. B. wenn ich so gereizt reagiere.

Treffen drei und mehr Aussagen auf Sie zu, deutet dieses auf andauernden Stress sowie eine beginnende Überlastung hin. Haben Sie fünf und mehr Aussagen

bejaht, werden Sie sehr wahrscheinlich auch
unabhängig von dem Test merken, dass Ihr persönliches
Wohlbefinden deutlich eingeschränkt ist und dringender
Handlungsbedarf gegen den andauernden Stress
besteht. Bei sieben und mehr zutreffenden Aussagen ist
Ihre Gesundheit ernsthaft in Gefahr, sodass unbedingter
Handlungsbedarf besteht.

Das Ergebnis des Selbsttests gibt Ihnen einen grundlegenden
Hinweis, inwieweit Stress Sie in Ihrer psychischen und phy-
sischen Gesundheit beeinträchtigt. Sollten Sie zu dem Ergeb-
nis kommen, dass die Beeinträchtigung sehr hoch ist und
Sie in Ihrer Handlungsfähigkeit beeinträchtigt sind, ist die
Bewältigung des Stresses ein wichtiges Handlungsfeld im
Umgang mit Ihrer beruflichen Krise. Wir setzen an dieser
Stelle voraus, dass die berufliche Krise mit ihren vielfältigen
Anforderungen der vorrangige Stress auslösende Faktor ist.
Demnach würde der Stress problemorientiert bewältigt,
indem die berufliche Krise bewältigt wird. Wie wir am
Beispiel von Tim K. miterlebt haben, ist die Bewältigung
der beruflichen Krise meistens komplex und damit meistens auch zeitaufwendig. Folglich besteht zunächst nur die
Chance, den Stress emotionsorientiert zu bewältigen oder
zumindest die Stresssymptome zu lindern. An dieser Stelle
existiert ein unmittelbarer Anknüpfungspunkt zu Ihren
persönlichen Ressourcen. Sich dieser wieder bewusst zu
werden und das Gefühl zu wecken, dass wir grundsätzlich
über Möglichkeiten verfügen, mit Krisen und Rückschlägen
umzugehen, wirkt sich nachweislich stresslindernd aus.

Gerade wenn Dauerstress in der Krise unsere Handlungsfähigkeit bedroht oder beeinträchtigt, ist es unumgänglich,
sich damit zu beschäftigen und sich zumindest zeitweise Linderung zu verschaffen. Im folgenden Abschnitt gehen wir auf
diesbezügliche Möglichkeiten näher ein.

5.3 Emotionsorientierte Stressbewältigung als begleitende Maßnahme der Krisenbewältigung

Um in der Terminologie des Transaktionalen Stressmodells
nach Lazarus (1984) zu bleiben, liegt der Schwerpunkt dieses Buches auf der **problem**orientierten Bewältigung des
Stressors Krise. Das Stressmodell kennt auch eine emotionsorientierte Stressbewältigung, jedoch kann bei genauerer Betrachtung in der Krise nur damit gemeint sein, eine

5

Emotionale
Stressbewältigung

emotionale Linderung zu erfahren. Die Krise selbst bleibt trotz dieser emotionalen Linderung bestehen und wird sich weiterentwickeln, sodass ein ausschließlich emotionsorientierter Ansatz eher einer Verdrängung denn einer Lösung gleichkommt. Dennoch hat die emotionsorientierte Stressbewältigung einen wichtigen Stellenwert in der Krise. Denn wird sie nicht anstelle, sondern begleitend zur problemorientierten Bewältigung der Krise eingesetzt, führt dieses zu einer emotionalen Beruhigung und damit dazu, dass der Mensch weniger belastet und damit konzentrierter an seiner Strategie und seinen Maßnahmen zum Umgang mit der Krise arbeiten kann. Aus diesem Grund möchten wir an dieser Stelle einige grundlegende Überlegungen zum Umgang mit negativen Emotionen anstellen und Ihnen Hinweise geben, um weiterführend daran zu arbeiten. Zur Vertiefung der Thematik verweisen wir am Ende dieses Abschnitts auf geeignete Literatur zur weiterführenden emotionsorientierten Bewältigung von Stress.

Tim K. schien psychisch sehr gefestigt, die Krise hatte ihn jedoch so überwältigt, dass auch er im Zuge der Bewältigung seiner Krise mit seinen negativen Emotionen umgehen musste:

Beispiel

Geduldig zu sein war noch nie eine besonders ausgeprägte Eigenschaft von Tim K. Dennoch hatte er in seiner beruflichen Laufbahn gelernt, dass es Geduld braucht, um am Ende sein Ziel zu erreichen. So hätte er oft bestimmte Arbeitsergebnisse gerne direkt und sofort zur Verfügung gehabt, nachdem er einer Mitarbeiterin oder einem Mitarbeiter eine zu lösende Aufgabe zugeteilt hatte. Er hatte gelernt, dass er, wenn terminlich möglich, den Angesprochenen einen gewissen zeitlichen Spielraum lassen sollte, damit diese sich nicht unnötig eingeengt fühlten und die Verantwortung für die Ergebnisse wirklich übernahmen. Seine Erfahrung zeigte ihm, dass verantwortlicher Handlungsspielraum dazu führt, dass am Ende deutlich bessere Arbeitsergebnisse zurückkommen, was unter dem Strich den Zeitaufwand in Summe verringerte.

Als die Krise über ihn hereinbrach, war scheinbar plötzlich alles anders. Seine Ungeduld war beinahe grenzenlos. Er hatte sich immer korrekt verhalten, und sämtliche Vorwürfe waren gegenstandslos, das mussten doch alle sehen und das am besten sofort. Das Gegenteil war der Fall, aus der subjektiven Sicht von Tim K. schienen sich alle Beteiligten gegen ihn verschworen zu haben, indem scheinbar möglichst langsam und bedächtig vorgegangen wurde. Die negativen Emotionen kochten bei Tim K. immer stärker hoch. Er konnte teilweise keinen klaren Gedanken fassen, da sich alles nur noch um Fragen drehte, wie es beispielsweise sein konnte, dass er in eine solche Lage geraten konnte und scheinbar niemand außer ihm selbst daran interessiert war, alles aufzulösen. Tim K. merkte bald, dass das auf Dauer nicht so weitergehen konnte. Einerseits war er durchgängig gestresst und darüber hinaus bestand durch die fortwährende Anspannung die Gefahr, dass er bei der Bewältigung der Krise Fehler machte. So wendete er sich an einen guten Freund, mit dem er seine Lage besprach. Die zweite Meinung gab Tim K. Sicherheit, dass seine Maßnahmen zielführend sind. Weiterhin konnte der Freund sehr gut seine emotionale Betroffenheit nachempfinden. Allein diese beiden Aspekte, dass eine Vertrauensperson seinen eingeschlagenen Weg unterstützt und sich empathisch zeigte, führten bei Tim K. zu einer Beruhigung und damit zu der Chance, weiterhin zielgerichtet und konzentriert an seinem eigentlichen Problem, der Krise, zu arbeiten.

Tim K. hatte sich einem guten Freund anvertraut und dabei erfahren, dass der Umgang mit seinen negativen Emotionen auch seine Arbeit am eigentlichen Problem unterstützte. Natürlich hängt es von dem einzelnen Menschen, dessen Persönlichkeit sowie der Gesamtsituation ab, inwieweit negative Emotionen auftreten und die eigene Handlungsfähigkeit beeinflussen. In jedem Fall ist ein begleitender Umgang mit negativen Gefühlen dann angebracht, wenn das eigene Vermögen zur Einschätzung der Situation und zur Planung der eigenen Handlungsmöglichkeiten beeinträchtigt ist. Schauen wir uns an, wie ein zielführender Umgang mit der eigenen emotionalen Betroffenheit gelingen könnte.

Wir hatten bereits erfahren, dass es nachweislich stresslindernd wirkt, sich seiner Ressourcen bewusst zu sein. Folgende Übung kann Sie wieder in Kontakt zu Ihren Ressourcen bringen und damit das negative Stressgefühl verringern:

Stärkung der Wahrnehmung der eigenen Ressourcen

Die persönliche Laudatio

Wäre es nicht hilfreich, auch in Krisenzeiten an sich zu glauben? Wie können Sie es schaffen, in dieser herausfordernden Phase Ihres Lebens Ihren Glauben an sich und Ihre Fähigkeiten zu behalten und zu stärken? Mit der folgenden Übung „meine persönliche Laudatio" werden Sie Ihren Blick auf sich selbst ausschließlich wohlwollend und förderlich gestalten.

5

Schreiben Sie bitte zunächst alles auf, was es an positiven Eigenschaften, Erfolgen und Fähigkeiten über Sie zu berichten gibt. Falls Sie Ihre Ressourcen-Mindmap bereits erstellt haben, kann diese Ihnen wertvolle Hinweise liefern. Sie haben die ausdrückliche Erlaubnis, sich nur auf die „Sonnenseite" und alles Positive Ihrer Person zu konzentrieren. Hier einige Fragen zur ersten Orientierung:

- Was zeichnet Sie aus?
- Was können Sie besonders gut? Was fällt Ihnen leicht?
- Was waren wichtige positive Meilensteine in Ihrem Leben?
- Was finden Sie selbst so richtig gelungen an Ihrem bisherigen Weg?
- Worum beneiden andere Menschen Sie?
- Was würden Außenstehende Positives über Sie sagen?
- Worauf sind Sie stolz?
- Was bereitet Ihnen Freude, wenn Sie auf Ihr Leben blicken?

Nun schreiben Sie bitte Ihre persönliche Laudatio, in der Sie bitte ausschließlich Positives ohne Relativierungen und ohne Wenn und Aber aufnehmen. Wie gesagt, Sie haben die ausdrückliche Erlaubnis dazu!
Lassen Sie die Laudatio, nachdem Sie diese fertiggestellt haben, auf sich wirken. Ist es nicht erstaunlich, wie viel Positives zusammenkommt, wenn Sie sich die Zeit nehmen, sich damit zu beschäftigen?
Verstärkt wird der Effekt, wenn Sie die Laudatio wirklich halten. Entweder nur für sich oder – falls Sie eine vertraute Person in Ihrem Umfeld haben – in Anwesenheit dieser. Wir wissen, dass es eine gewisse Überwindung kostet, die eigene Laudatio vor anderen Menschen zu halten. Unsere sehr guten Erfahrungen mit dieser Übung im Coaching oder in Seminaren zeigen, dass sich die Überwindung lohnt.

Wir erleben, dass die Nachhaltigkeit der emotionsorientierten Stressbewältigung personenabhängig unterschiedlich ist. Solange die Krise und damit die Belastung bzw. der Stressor objektiv noch vorhanden ist, kann der Effekt der emotionsorientierten Stressbewältigung nachlassen bzw. durch Entwicklungen auf der Zeitachse beeinträchtigt werden. Unser oberstes Ziel ist es daher, die

Krise und damit den Stressor zu beseitigen. Um dennoch in Zeiten der Krise begleitend an der stressbedingten Anspannung und emotionalen Belastung zu arbeiten, gibt es entsprechende Angebote, die bei geeigneten Sportangeboten beginnen und bis zu Seminarangeboten reichen, in denen das Ziel verfolgt wird, Techniken zu erlernen, die zur Entspannung und Ruhe führen. Welches dieser Angebote zu Ihnen passt und zielführend sein könnte, ist individuell unterschiedlich. Wichtig ist, dass Sie sich aktiv damit beschäftigen. Bedenken Sie, dass die zeitliche Dauer der Krise meistens nicht vorhersehbar ist und Sie folglich auch über einen längeren Zeitraum handlungsfähig bleiben sollten.

Zur Vertiefung der Thematik möchten wir auf folgende Literatur verweisen, die aus unserer Sicht geeignet ist, Wege für sich zu finden, grundsätzlich und damit auch in der Krise mit negativen Gefühlen umzugehen und wieder handlungsfähig zu werden bzw. zu bleiben:

- Kaluza, Gert (2018): Gelassen und sicher im Stress. Das Stresskompetenz-Buch: Stress erkennen, verstehen, bewältigen. 7. Auflage. Berlin, Heidelberg: Springer Verlag.
- Kaluza, Gert (2015): Stressbewältigung. Trainingsmanual zur psychologischen Gesundheitsförderung. 3. Auflage. Berlin, Heidelberg: Springer Verlag.
- Tausch, Reinhard (2017): Hilfen bei Stress und Belastung. Was wir für unsere Gesundheit tun können. Hamburg: Rowohlt Repertoire.

Zum Abschluss möchten wir explizit auf die besonderen Chancen verweisen, die es mit sich bringt, eine vertraute Person mit einzubeziehen. Allein eine weitere Meinung bietet die Chance, die eigene Subjektivität zumindest teilweise zu überwinden und so einerseits ein positiveres Gefühl zu erhalten und andererseits zusätzliche Anhaltspunkte zur Bewältigung der Krise zu finden.

Zusammenfassung

Krise bedeutet Stress – dieser kurze Satz beschreibt eine zentrale Auswirkung einer Krise auf uns und damit einen wichtigen Bereich, mit dem es in der Krise umzugehen gilt. Das Transaktionale Stressmodell nach Lazarus (1984) erklärt Stress als Wechselwirkung zwischen dem Menschen und seiner Umwelt, die mit unterschiedlichen Reizen auf ihn einwirkt. Werden diese Reize in einer ersten Bewertung als relevant oder sogar bedrohlich wahrgenommen und ergibt eine zweite

5

Bewertung, dass Ressourcen fehlen, um mit ihnen umzu-gehen, so tritt die als Stress bezeichnete körperliche Reaktion ein. Den so entstehenden und als negativ wahrgenommenen Spannungszustand gilt es zu beseitigen. Dieses kann problem-orientiert, indem die Bedrohung durch den Stressor objektiv beseitigt wird, oder emotionsorientiert, indem durch kognitive Veränderung mit dem Gefühl der Bedrohung umgegangen wird, erfolgen. In der letzten Bewertungsstufe geht es um die Frage, ob der Stress bewältigt wurde. Wird diese Frage ver-neint, beginnt der Stressbewältigungsprozess von Neuem.

Zeitweiser Stress kann in gewissen Kontexten zusätzliche Kräfte mobilisieren und aktivierend wirken. Dauerstress führt zu immer ausgeprägteren körperlichen Reaktionen und macht mit der Zeit krank. Diese Erkenntnis ist insbesondere in der Krise von Bedeutung. Gerade dann, wenn ein klarer Kopf und planvolles und stringentes Handeln erforderlich sind, sollte emotionaler Belastung und Anspannung begegnet werden. Der erste Schritt besteht in der eigenen Bewusstheit des Stresses, der gerade erlebt wird, und der nächste Schritt darin, die Stresssymptome zu lindern, um einen klaren Kopf zu bekommen und handlungsfähig zu bleiben oder wieder zu werden. Geeignete Übungen und bewusste kognitive Umstrukturierung helfen, zumindest zeitweise die negativen Emotionen zu überwinden. Dabei können diese Möglichkeiten im Zusammenhang mit der Krisenbewältigung grundsätz-lich nur als begleitende Maßnahmen verstanden werden. Die Krise ist faktisch und objektiv da, sodass in der Regel mit kon-kreten Anforderungen umgegangen werden muss und eine ausschließlich emotionsorientierte Herangehensweise aus-scheidet.

Literatur

Antonovsky, A. (1997). *Salutogenese – Zur Entmystifizierung der Gesund-heit.* Tübingen: dgtv-Verlag.
Bundesanstalt für Arbeitsschutz und Arbeitsmedizin – BAuA (Hrsg.). (2012). *Kein Stress mit dem Stress. Handlungshilfe für Führungskräfte.* Dortmund: BAuA.
Danna, K., & Griffin, R. W. (1999). Health and well-being in the work-place: A review and synthesis of the literature. *Journal of Manage-ment, 25*(3), 357–384.
Jerusalem, M. (1990). *Persönliche Ressourcen, Vulnerabilität und Streßer-leben.* Göttingen: Hogrefe.

Kyrou, I., Chrousos, G. P., & Tsigos, C. (2006). Stress, visceral obesity, and metabolic complications. *Annals of the New York Academy of Sciences, 1083*(1), 77–110.

Matyssek, A. K. (2012). *Führung und Gesundheit – Ein praktischer Ratgeber zur Förderung der psychosozialen Gesundheit im Betrieb* (3. Aufl.). Norderstedt: Books on Demand.

Lazarus, R. S. (1984). *Stress, appraisal, and coping.* New York: Springer.

Psychische Widerstandsfähigkeit

6.1 Konzepte und Ansätze zur psychischen Widerstandsfähigkeit – 99

6.2 Psychische Widerstandsfähigkeit als präventives Element – 108

Literatur – 113

© Springer-Verlag GmbH Deutschland, ein Teil von Springer Nature 2020
H. Schüler-Lubienetzki, U. Lubienetzki, *Durch die berufliche Krise und dann vorwärts –*,
https://doi.org/10.1007/978-3-662-60536-3_6

Unsere Erfahrung zeigt, dass in einer beruflichen Krise mit den betroffenen Menschen alles passieren kann. Sie können gestärkt aus ihr hervorgehen oder an ihr zerbrechen. Doch woran liegt das? Ist es nicht häufig so, dass aus dem Blickwinkel einer oder eines nicht betroffenen Außenstehenden ein Erfolg versprechender Plan eigentlich machbar erscheint? Voraussetzung hierfür wäre natürlich die realistische Einschätzung der zur Verfügung stehenden bzw. verfügbar zu machenden Ressourcen. Doch wenn diese bekannt sind, dann kann es doch eigentlich losgehen, oder nicht? Was wir jedoch häufig in der Realität erleben ist,

- dass die eigenen (Lebens-)Ziele unklar sind,
- dass unrealistische Pläne entstehen, in denen Schritte und Ressourcen fehleingeschätzt werden,
- dass aktionistisch und planlos gehandelt wird,
- dass in eine „Opferstarre" verfallen wird oder
- dass Menschen in eine Abwärtsspirale geraten, in der Anspannung zu Stress, Stress zu Verzweiflung und Verzweiflung zu Depression werden.

Was die Menschen, denen es gelingt, auch in schweren Krisen mit einer positiven Grundhaltung zielgerichtet und Erfolg versprechend zu planen und zu handeln, von denen unterscheidet, die eher zum Gegenteil tendieren, hängt insbesondere mit Dispositionen und Faktoren zusammen, die unter dem Begriff „psychische Widerstandsfähigkeit" zusammengefasst werden können. Wir definieren psychische Widerstandsfähigkeit in diesem Zusammenhang folgendermaßen (angelehnt an Welter-Enderlin 2012; Wustmann 2004):

> Psychische Widerstandsfähigkeit fasst ein Bündel personaler Ressourcen zusammen, die dem Menschen die Chance eröffnen, psychisch und emotional belastende Situationen durchzustehen und dabei handlungsfähig zu bleiben.

Nach unserer Recherche existiert eine Vielzahl an Konzepten bzw. Modellen, die zum Ziel haben zu bestimmen, von welchen Faktoren psychische Widerstandsfähigkeit abhängt. Wir möchten dazu zunächst ausgewählte Konzepte näher kennenlernen und im zweiten Schritt die aus unserer Sicht maßgeblichen Anteile herausziehen und zusammengefasst darstellen.

6

Psychische
Widerstandsfähigkeit

6.1 Konzepte und Ansätze zur psychischen Widerstandsfähigkeit

In diesem Kapitel werden wir vier Konzepte und Ansätze zur näheren Beschreibung psychischer Widerstandsfähigkeit überblicksartig kennenlernen. Es handelt sich um die Resilienz, das Kohärenzgefühl, die Selbstwirksamkeit sowie Hardiness. Um Ihnen die Möglichkeit zu geben, sich mit den Konzepten tiefer zu beschäftigen, verweisen wir auf die jeweilige Fachliteratur.

6.1.1 Resilienz

Im Allgemeinen wird Resilienz heutzutage mit psychischer Widerstandsfähigkeit gleichgesetzt. Es existiert eine Vielzahl an Studien und Literatur zum Thema Resilienz, was zeigt, dass das Interesse daran recht groß ist. Nach unserer Wahrnehmung spiegelt das Beschäftigen mit dem Thema Resilienz die Sehnsucht der Menschen in der modernen Gesellschaft wider, gelassener und entspannter mit den täglichen Anforderungen umzugehen. Resilienz wird dabei auf das jeweilige Hier und Jetzt bezogen, indem der Versuch unternommen wird, sich weiterzuentwickeln und selbst resilienter, also psychisch widerstandsfähiger, zu werden. Wenn wir uns die Definition von Resilienz näher anschauen, so stellen wir fest, dass Resilienz sich nicht nur in der Gegenwart positiv auswirkt, sondern eine Entwicklungsperspektive besitzt. Resilienz beschreibt insbesondere die Fähigkeit eines Menschen, sich auch bei ungünstigen Voraussetzungen positiv über einen längeren Zeitraum zu entwickeln. Hier einige Beispiele zur Definition der Resilienz, die auch diesen Anteil aufgreifen:

> **Definition**
>
> „Resilienz bezeichnet die Widerstandsfähigkeit eines Individuums, sich trotz ungünstiger Lebensumstände und kritischer Lebensereignisse […] erfolgreich zu entwickeln." (Warner 2017, S. 1442)
> „Unter Resilienz wird die Fähigkeit von Menschen verstanden, Krisen im Lebenszyklus unter Rückgriff auf persönliche und sozial vermittelte Ressourcen zu meistern und als Anlass für Entwicklung zu nutzen." (Welter-Enderlin 2012, S. 13).

Konzepte psychische Widerstandsfähigkeit – Resilienz

6

> „Resilienz bezeichnet die Aufrechterhaltung oder Wiederherstellung des früheren psychischen Anpassungs- und Funktionsniveaus nach einem eingetretenen Trauma oder bei bestehenden Einschränkungen und Verlusten." (Oerter und Montada 2002, S. 991)

Die Forschung auf dem Gebiet der Resilienz geht zurück auf eine Langzeitstudie von Emmy Werner, die alle im Jahr 1955 auf der Insel Kauai geborenen Kinder hinsichtlich ihrer Entwicklung bis ins Erwachsenenalter begleitet hat (Werner und Smidi 1982). Im Rahmen ihrer Studien stellte sie fest, dass es Faktoren gibt, die es Kindern ermöglichen, sich auch bei ungünstigen äußeren Bedingungen (z. B. Armut, Alkoholismus in der Familie) oder bedeutenden Schicksalsschlägen ohne psychische Auffälligkeiten zu entwickeln und „zu kompetenten und autonomen jungen Erwachsenen" (1982, S. 3) zu werden. Resilienz betrachtet also die Lebensspanne eines Menschen im zeitlichen Verlauf und fragt nach den Hintergründen einer erfolgreichen Entwicklung trotz widriger Umstände in dieser Zeitspanne. Nun stellt sich die Frage, welche Faktoren die Resilienz eines Menschen bestimmen. In der Literatur werden im Kern sieben Faktoren genannt, die bestimmen, wie ausgeprägt die Resilienz eines Menschen ist. Die sieben Faktoren oder auch häufig sieben Säulen der Resilienz sind im Überblick (Reivich und Shatté 2003; Mourlane 2013) in ◨ Abb. 6.1 dargestellt.

Sieben Faktoren der Resilienz

Schauen wir uns die sieben Faktoren der Resilienz etwas genauer an und beginnen mit dem **realistischen Optimismus** und gehen danach im Uhrzeigersinn weiter vor. Optimismus ist die grundlegende Haltung eines Menschen, positiv auf sich selbst und seine Entwicklung, auf seine Umwelt und auch in die Zukunft zu schauen. Anforderungen werden eher als Herausforderungen mit dem Potenzial des Wachstums wahrgenommen. Auch unangenehme oder sogar bedrohliche Umstände und Lebensphasen werden grundsätzlich als Chance aufgefasst. Diese gilt es, so zu nutzen, dass es auch wieder aufwärts geht und besser wird. Der potenziellen Gefahr eines Fehl- oder Unterschätzens wird dabei mit einem gesunden Realismus begegnet. Hierdurch wird das Machbare vom Illusorischen unterschieden. Die **Emotionssteuerung** hängt eng mit der Akzeptanz der eigenen Emotionen zusammen. Emotionssteuerung bedeutet gerade nicht, Emotionen nicht zuzulassen oder diese zu

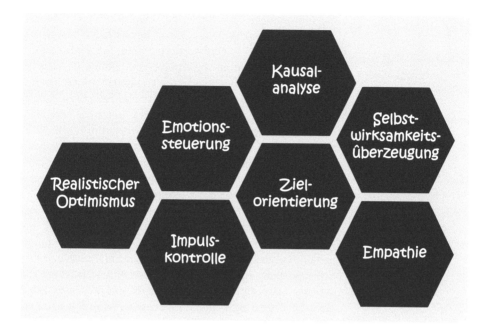

◧ Abb. 6.1   Die sieben Faktoren der Resilienz. (Nach Reivich and Shatté 2003; Mourlane 2013)

verdrängen. Es geht darum, sich seiner Emotionen in der als negativ erlebten Situation bewusst zu sein und zu akzeptieren, dass bestimmte Anteile außerhalb der eigenen Einflusssphäre liegen. So gelingt es Menschen mit einer ausgeprägten Fähigkeit zur Steuerung ihrer Emotionen, auch in bedrohlichen oder beängstigenden Situationen Ruhe zu bewahren und Chancen zu erkennen, etwas Positives für sich herauszuziehen. **Impulskontrolle** bedeutet, sein eigenes Verhalten bewusst zu kontrollieren und nicht unbedacht aufgrund einer negativen Emotion, z. B. aus Wut oder Ärger, zu handeln. Der Grundgedanke ist, dass der Mensch für sein eigenes Verhalten verantwortlich ist und nicht jedem inneren Impuls folgen muss. **Kausalanalyse** und **Zielorientierung** hängen unmittelbar zusammen. Die Fähigkeit, Zusammenhänge zu erkennen und zu verstehen, hängt unmittelbar mit der Intelligenz eines Menschen zusammen und ist Voraussetzung, darauf aufbauend ziel- und lösungsorientiert zu handeln. Zielorientierung ist dabei eine Grundhaltung, die sich sowohl auf die kurzfristige Lösung von Problemen und Herausforderungen als auch auf die längerfristige Planung der eigenen Zukunft bezieht. Die **Selbstwirksamkeitsüberzeugung** meint, dass der Mensch sich nicht als Opfer der äußeren Umstände sieht, sondern überzeugt ist, selbst über

6

die notwendigen Ressourcen zu verfügen, mit schwierigen Situationen umzugehen. Diese Eigenschaft hängt eng mit dem eigenen Selbstwert und dem Selbstbewusstsein zusammen. **Empathie** beschreibt die Fähigkeit, sich in andere Menschen hineinversetzen zu können. Menschen mit einem hohen Maß an Empathie fällt es leichter, Beziehungen zu anderen Menschen aufzubauen und zu erhalten. Beziehungen zu anderen Menschen wiederum, auch Netzwerke genannt, sind eine wichtige Ressource beim Umgang mit negativen und schwierigen Bedingungen. Ein empathischer Mensch ist sich dieser Ressource bewusst (Reivich und Shatté 2003; Mourlane 2013; Rampe 2005).

Wenn die genannten Faktoren die Entwicklung des Menschen längerfristig positiv beeinflussen, so ist die Wahrscheinlichkeit groß, dass diese Faktoren auch bei punktuellen Ereignissen oder zeitlich kurzen Entwicklungen ihre Schutzwirkung entfalten und das Handeln unterstützen. Die aktuelle Literatur zum Themengebiet der Resilienz zeigt, dass der Begriff nicht nur im Zusammenhang mit der Entwicklung des Menschen, sondern als eigener (Persönlichkeits-)Faktor oder personale Ressource verstanden wird. Im Zusammenhang mit persönlichen Krisen im Beruf ist uns wichtig, dass wir psychische Widerstandsfähigkeit als etwas verstehen, das uns im „Hier und Jetzt" und in der konkreten Situation Unterstützung gibt. Daher sehen auch wir die psychische Widerstandsfähigkeit als personale Ressource, derer wir uns bewusst sein sollten und die wir bewusst stärken sollten. Der in diesem Sinne verstandene Resilienzbegriff hat sich nach unserer Wahrnehmung im Laufe der Zeit im allgemeinen Sprachgebrauch durchgesetzt.

6.1.2 Kohärenzgefühl

Der Begriff „Resilienz" wird nach unserer Auffassung häufig verknüpft mit Stress im pathologischen, d. h. krank machenden Sinne. So könnte eine gering ausgeprägte Resilienz per se als etwas Negatives betrachtet werden. Antonovsky (1997) wählt eine andere Sichtweise. Er versucht wegzukommen von dem Gegensatzpaar „Gesundheit und Krankheit". Nach seiner Auffassung sind Gesundheit und Krankheit keine Frage von „entweder – oder", sondern der Mensch lebt immer in einem Kontinuum von Gesundheit und Krankheit. Sein salutogenetisches Modell postuliert, dass ein Mensch sich in diesem Kontinuum bewegt und sich in positive Richtung, hin zum persönlichen Wohlbefinden, oder in negative

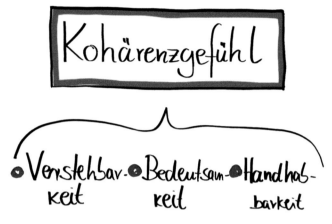

Abb. 6.2 Kohärenzgefühl. (Nach Antonovsky 1997)

Richtung, weg vom persönlichen Wohlbefinden, bewegen kann. Psychische Widerstandsfähigkeit drückt dabei aus, inwieweit es dem Menschen gelingt, sich auch bei widrigen Umständen wieder in Richtung seines Wohlbefindens zu bewegen. Maßgeblich bestimmend für diese Fähigkeit ist das **Kohärenzgefühl** (Sense of Coherence), das nach Antonovsky aus den drei Komponenten „Verstehbarkeit", „Handhabbarkeit" und „Bedeutsamkeit" besteht (1997, S. 18 und 33 ff.) (**Abb. 6.2**).

Wir erinnern uns (▶ Abschn. 2.1), nach Antonovsky bedeutet der persönliche Grad an **Verstehbarkeit**, inwieweit Anforderungen (Stressoren) als kognitiv sinnhaft sowie als geordnete, konsistente, strukturierte und eindeutige Information wahrgenommen werden. Das Gegenteil wäre eine Wahrnehmung als Rauschen, d. h. chaotisch, ungeordnet, willkürlich, zufällig und unerklärlich. Blicken wir zurück zur Resilienz, so finden sich auch dort Eigenschaften, die sicherlich in einem Zusammenhang zu Verstehbarkeit stehen – wie z. B. Intelligenz, Lösungsorientierung und Zukunftsplanung. **Handhabbarkeit** drückt das Ausmaß aus, in dem wir unsere zur Verfügung stehenden Ressourcen wahrnehmen. Ressourcen stehen uns dann zur Verfügung, wenn wir sie selbst unter Kontrolle haben oder wenn jemand, auf den wir zählen können bzw. dem wir vertrauen, diese unter Kontrolle hat und uns bei Bedarf zur Verfügung stellt. Ein hohes Gefühl von Handhabbarkeit bedeutet, sich auch bei extrem widrigen Umständen nicht in die Opferrolle drängen zu lassen, sondern zu akzeptieren, dass schlimme Dinge geschehen können. Wenn sie geschehen, gilt es, mit ihnen

Konzepte psychische
Widerstandsfähigkeit
– Kohärenzgefühl

umzugehen und nicht endlos „bessere Zeiten" hinterherzutrauern. Auch dieser Aspekt findet sich bei der Resilienz. So finden sich beispielsweise Parallelen zur Selbstwirksamkeitserwartung, zu Optimismus und Akzeptanz sowie zum Verlassen der Opferrolle und zur Übernahme von Verantwortung. **Bedeutsamkeit** repräsentiert schließlich das motivationale Element. So führt ein Gefühl von Bedeutsamkeit dazu, dass es uns wichtig ist, mit einer Anforderung umzugehen. Es liegt uns am Herzen *und* macht Sinn, hat also eine emotionale *und* kognitive Dimension für uns. Anforderungen mit Bedeutung werden mehr als Herausforderung denn als Belastung oder Bedrohung erlebt. Die drei Komponenten sind nicht unabhängig voneinander, so setzt Handhabbarkeit das Verständnis voraus. Selbst wenn wir eine Anforderung zunächst nicht verstehen und uns auch aktuell nicht fähig sehen, mit dieser umzugehen, bewirkt ein ausgeprägtes Empfinden von Bedeutsamkeit, dass wir mit hoher Motivation die Anforderung als Herausforderung begreifen, was sich positiv auf unser Wohlbefinden und auch positiv auf die Erfolgswahrscheinlichkeit auswirkt.

Verstehbarkeit, Handhabbarkeit, Bedeutsamkeit

Übertragen auf die berufliche Krise hilft deren Analyse, unser Verständnis zu stärken. Unser Bewusstsein über unsere Ressourcen hilft uns, einen Plan zu entwerfen, um mit der Krise umzugehen bzw. diese zu handhaben. Schließlich sollten wir uns bewusst werden, dass es sich unbedingt lohnt, die Krise zu beseitigen und uns in positive Richtung zu entwickeln. Dieser Dreiklang führt zu dem Gefühl der Kohärenz und bringt uns damit auf den Weg zu Wohlbefinden zurück.

6.1.3 **Selbstwirksamkeit**

Noch direkter mit Anforderungen im Hier und Jetzt verknüpft ist das Konzept der „Selbstwirksamkeit" („self-efficacy") nach Bandura (1977). In Anlehnung an Bandura wird **Selbstwirksamkeit** oder auch die Erwartung von Selbstwirksamkeit wie folgt definiert:

Konzepte psychische Widerstandsfähigkeit – Selbstwirksamkeit

> Die Erwartung von Selbstwirksamkeit ist die Bewertung der eigenen Möglichkeiten, Handlungen zu planen und auszuführen, die notwendig sind, um bestimmte Anforderungen zu bewältigen (Bandura 1977).

Dabei ist nicht unbedingt bestimmend, über welche persönlichen Ressourcen wir tatsächlich verfügen, sondern unsere generelle Einschätzung dazu, wie wir in der Lage sind, mit Anforderungen umzugehen. Die eigene Kompetenzerwartung, d. h. die Erwartung, ob ich eine konkrete Handlung erbringen kann oder auch nicht, ist der wichtigste Aspekt unserer Wahrnehmung von Selbstwirksamkeit. Selbstwirksamkeit beinhaltet demnach die Zuversicht, dass wir erkennen, was notwendig ist, um eine Situation zu lösen, und die Überzeugung, dass wir die notwendigen Maßnahmen auch ergreifen können. Damit sind wir wieder einerseits beim Verständnis einer Herausforderung und andererseits bei unseren Ressourcen, die wir einsetzen, um ein Problem zu lösen.

Die Beurteilung eigener Selbstwirksamkeit geschieht in den Dimensionen Niveau, Allgemeinheit sowie Stärke. Das **Niveau** bezieht sich auf die Komplexität sowie Schwierigkeit einer zu bewältigenden Anforderung. So könnten wir uns zutrauen, Konflikte mit Kolleginnen und Kollegen lösen zu können. Konflikte mit Vorgesetzten könnten wir als eine Anforderung auf höherem Niveau wahrnehmen, die wir uns nicht zutrauen. Die **Allgemeinheit** drückt aus, ob die Erwartung von Selbstwirksamkeit generell oder nur in spezifischen Situationen gegeben ist. So können wir vielleicht problemlos vor uns vertrauten Freundinnen und Freunden eine Rede halten, ein Vortrag in einem Saal mit 50 Fremden dagegen bereitet uns Unbehagen. Die **Stärke** schließlich ist ein Maß für ihre Stabilität bei widersprechenden Erfahrungen bzw. Misserfolgen. Ist unsere Selbstwirksamkeitserwartung beispielsweise im Zusammenhang mit Präsentationen stark, wird ein misslungener Auftritt vor wichtigen Kundinnen und Kunden eher als Einzelfall wahrgenommen, sodass wir uns beim nächsten Mal einfach besser vorbereiten und erwarten, es dann auch besser zu machen. Bei geringer Stärke wird uns vielleicht schon der Gedanke an die nächste Kundenpräsentation schlaflose Nächte bereiten.

Bandura formuliert vier Quellen, aus denen sich die Erwartung von Selbstwirksamkeit speist:

Beurteilung der eigenen Selbstwirksamkeit

Vier Quellen der Erwartung von Selbstwirksamkeit

- **Handlungserfahrungen** – Die wichtigste Quelle einer ausgeprägten Selbstwirksamkeitserwartung sind direkte eigene Handlungserfahrungen. Gleichartige oder vergleichbare Anforderungen konnten also schon einmal oder mehrmals bewältigt werden.
- **Stellvertretende Erfahrungen** – Ebenfalls eine wichtige Quelle, jedoch etwas schwächer als eigene

6

Handlungserfahrungen, sind stellvertretende Erfahrungen. Wenn wir wissen, dass andere Menschen die Anforderungen bereits bewältigt haben, so stärkt dies unsere Erwartung, mit derselben Anforderung ebenfalls umgehen zu können.

— **Sprachliche Überzeugungen** – Sprachlich ausgedrückte Überzeugungen wie „Das wird klappen!" oder „Ich bin felsenfest davon überzeugt, dass du das schaffst!" sind hierfür Beispiele. Von Bedeutung ist, dass die zum Ausdruck gebrachten Überzeugungen nicht bloß Lippenbekenntnisse sind. Unsere innere Haltung sollte die Überzeugung widerspiegeln. Das bloße Sagen ohne die entsprechende innere Haltung stärkt die Erwartung von Selbstwirksamkeit nicht.

— **Eigene wahrgenommene körperliche Erregung** – Die vierte und schwächste Quelle ist die eigene wahrgenommene körperliche Erregung angesichts einer Anforderung. Als je geringer die eigene Erregung wahrgenommen wird, desto höher ist die eigene Selbstwirksamkeitserwartung.

Jerusalem (1990) greift das Konzept der Selbstwirksamkeitserwartung auf und ergänzt es um Aspekte, die schwächend auf die eigene psychische Widerstandsfähigkeit wirken. Ein solcher „Vulnerabilitätsfaktor", also schwächender Faktor, ist die **Leistungsängstlichkeit**. Menschen mit hoher Leistungsangst erleben in besonderem Maße potenzielle Selbstwertbedrohungen, oder in anderen Worten, die Angst vor Versagen in selbstwertrelevanten Lebenssituationen ist besonders hoch. Diese ist meistens deckungsgleich mit sozialer Ängstlichkeit, nur in Sonderfällen gibt es die nichtsoziale Leistungsängstlichkeit, d. h. die Angst in unbeobachteten Momenten, vor sich selbst nicht zu bestehen. Die Leistungsängstlichkeit besitzt einen kognitiven Anteil, der sich in Besorgtheit manifestiert, und einen emotionalen Anteil, die Aufgeregtheit. „Lampenfieber", d. h. die Angst vor einem Auftritt vor Publikum, ist ein Beispiel hierfür. Angesichts von Leistungsangst wird die Aufmerksamkeit verstärkt auf die eigene Person und weniger auf die Anforderung gerichtet, wodurch eine Minderung der Leistung eintritt – wir sind quasi von uns selbst abgelenkt. Im Gegensatz zur Kompetenzerwartung ist in diesem Fall die Misserfolgserwartung hoch. Hieraus folgt unmittelbar, dass eher ängstliche Menschen grundsätzlich anfälliger für Stress sind als weniger ängstliche Menschen.

Jerusalem (1990) führt hierzu aus, dass die subjektiv wahrgenommene Kompetenz in Kombination mit der Misserfolgserwartung sich auf das Verhalten auswirkt, indem beispielsweise bestimmte Situationen und damit Anforderungen gesucht oder vermieden werden. Niedrige Kompetenzeinschätzungen gehen einher mit defizitären Leistungshandlungen wie mangelnder Anstrengung, geringem Durchhaltevermögen oder eben Vermeidungsverhalten. Niedrige Selbstwirksamkeit bei gleichzeitiger „Attributionstendenz", d. h. Misserfolge den mangelnden eigenen Fähigkeiten zuzuschreiben, sind in hohem Maße selbstwertbedrohend. Umgekehrt gilt, werden Misserfolge nicht den eigenen Fähigkeiten zugeschrieben und ist die allgemeine Selbstwirksamkeit hoch, steigt auch die Wahrscheinlichkeit, relevante Anforderungen als Herausforderungen wahrzunehmen.

Für die Bewältigung einer beruflichen Krise bedeutet das Konzept der Selbstwirksamkeit, dass Menschen mit einer hohen Selbstwirksamkeitserwartung eher in der Lage sind, Ruhe zu bewahren, ihre Situation zu analysieren und schließlich Handlungsmöglichkeiten zu entwickeln und diese auch zielgerichtet und mit einer hohen Erfolgserwartung umzusetzen. Leistungsängstliche Menschen dagegen neigen dazu, von vornherein das eigene Versagen in den Mittelpunkt ihrer Überlegungen zu stellen. Hierdurch entsteht unmittelbar die Gefahr, dass zwar Handlungsmöglichkeiten erkannt werden, diese jedoch wegen der eigenen Versagenserwartung nicht oder nur inkonsequent angegangen werden.

6.1.4 Hardiness

Hardiness, das Konzept nach Kobasa (1982), zielt in seiner Begrifflichkeit direkt auf psychische Zähigkeit und Widerstandsfähigkeit. Engagement (im Original „Commitment"), Kontrolle (im Original „Control") und Herausforderung (im Original „Challenge") bilden im Konzept der Hardiness die drei miteinander verwobenen Komponenten. **Engagement** zielt darauf, motiviert mit Anforderungen umzugehen und in diesen einen Sinn zu sehen. Mit steigendem Engagement steigt auch der Drang, eine als Herausforderung erlebte Situation zu meistern. Ein hohes Maß an **Kontrolle** geht mit der Überzeugung einher, dass wir selbst allgemein über unser Schicksal und im Speziellen über den Umgang mit den Anforderungen des täglichen Lebens bestimmen. Nicht

6

Konzepte psychische
Widerstandsfähigkeit
– Hardiness

Glück, Zufall oder andere sind entscheidend, sondern wir selbst. In sämtlichen genannten Konzepten besitzt die Wahrnehmung von Anforderungen als Herausforderungen eine besondere Bedeutung. Im Konzept der Hardiness versteht Kobasa unter **Herausforderung** das Maß, in dem ein Mensch negative Ereignisse als Gelegenheit betrachtet, sich selbst weiterzuentwickeln.

Ein mit einem hohen Maß an Hardiness ausgestatteter Mensch wird eine berufliche Krise als eine weitere Herausforderung in seinem Leben wahrnehmen, die die Chance bietet, sich selbst weiterzuentwickeln. Aufbauend auf den persönlichen Ressourcen wird das Heft des Handelns in die eigene Hand gelegt und aktiv mit der Krise umgegangen. Es wird mit hohem Engagement alles getan, was notwendig ist, um zu einem positiven Ausgang zu gelangen. Die hohe Motivation wird aus der Erwartung gezogen, am Ende erfolgreich dazustehen.

Sie haben in diesem Abschnitt vier unterschiedlich benannte Konzepte zur Erklärung psychischer Widerstandsfähigkeit kennengelernt. Bei näherer Betrachtung der Konzepte sind einige wiederkehrende Muster zu erkennen, die wir im nächsten Abschnitt deutlicher hervorheben möchten. Uns geht es dabei darum zu verstehen, wie wir unsere psychische Widerstandsfähigkeit rechtzeitig, d. h. in Zeiten der Ruhe bei Abwesenheit krisenhafter Entwicklungen, stärken können und wie wir uns diese bewusst als eigene Ressource zunutze machen können, um berufliche Krisen zu meistern.

6.2 Psychische Widerstandsfähigkeit als präventives Element

Wäre nicht alles viel einfacher, wenn wir uns emotional und psychisch allen Anforderungen gewachsen fühlten? Wir wären in der Lage, auch in der größten Krise nüchtern über unsere Handlungsoptionen nachzudenken, Ungewissheiten und unplanmäßige Entwicklungen hinzunehmen und einfach weiterzumachen. Schließlich könnten wir uns ohne Ablenkung darauf konzentrieren zu gewinnen, koste es, was es wolle! – Wir können natürlich nicht wissen, wie es Ihnen mit dieser Vorstellung geht, aber unsere Vermutung wäre, dass Sie sich dieses auch manchmal wünschen könnten. Es gibt solche Menschen, die mit vollständiger Ich-Bezogenheit und Selbst-Überzeugung, gepaart mit fehlender Empathie für ihre Mitmenschen und weitgehender Angstfreiheit

Krisen in der geschilderten Art und Weise begegnen. Menschen, die auch in der unübersichtlichsten und bedrohlichsten Situation eiskalt bleiben. Der Preis hierfür ist, dass ein solcher Mensch sehr wahrscheinlich hochgradig narzisstisch und/oder psychopathisch veranlagt ist. Menschen in dessen Umgebung werden das Verhalten eines solchen Menschen mindestens als verstörend oder sogar extrem toxisch wahrnehmen. Wir haben uns bereits mit solchen Menschen und deren Wirkung auf andere Menschen beschäftigt (▶ Abschn. 2.2) und sprechen bei ihnen von Toxikern, also Menschen, die nach Macht streben, um ihre egoistischen Motive um jeden Preis zu verwirklichen (Schüler-Lubienetzki und Lubienetzki 2016). Die Persönlichkeit eines Toxikers kann narzisstisch, psychopathisch oder machiavellistisch ausgeprägt sein. Solche Persönlichkeiten zählen zur sog. „Dunklen Triade der Persönlichkeit" (Paulhus und Williams 2002).

Die Leser dieses Buches sind sehr wahrscheinlich keine Toxiker. Daher hilft uns eine „Was wäre, wenn …"-Betrachtung im Zusammenhang mit der psychischen Widerstandsfähigkeit von Toxikern nicht weiter. Der Regelfall ist, dass Menschen in Krisensituationen mit emotionaler Berührung und psychischer Anspannung reagieren. Um in einem Bild von Antonovsky (1997) zu bleiben, Krisen und die damit verbundenen vielfältigen Anforderungen bringen uns aus dem Gleichgewicht, was den Umgang mit ihnen deutlich erschwert. Anders ausgedrückt, psychische Widerstandsfähigkeit ist eine personale Ressource, die uns in Krisenzeiten hilft, psychisch stabil zu bleiben, um uns auf die Lösung der Krise zu konzentrieren. Psychische Widerstandsfähigkeit hat demnach einen präventiven Charakter in dem Sinne, dass Krisen zwar nicht unbedingt vermieden werden, dass jedoch die Auswirkung der Krise auf unsere Psyche gemildert wird und wir Energie gewinnen, mit der Krise umzugehen.

Die eigene psychische Widerstandsfähigkeit als wichtiges personales Ressourcenbündel sollte in Zeiten gestärkt werden, in denen wir uns möglichst weit entfernt von Krisen oder anderen negativen Entwicklungen befinden. Die im vorherigen Abschnitt dargestellten Modelle und Konzepte liefern uns die dazu notwendigen Ansatzpunkte, die uns helfen, unsere psychische Widerstandskraft zu stärken. Ansetzen möchten wir bei den folgenden Ressourcenkomplexen, die wir aus den verschiedenen Modellen und Konzepten abgeleitet haben:

Präventive Bedeutung der psychischen Widerstandsfähigkeit

Ressourcenkomplexe
zur Stärkung
der psychischen
Widerstandsfähigkeit

- Unser objektives persönliches Repertoire
- Unsere Haltung zu anderem und anderen
- Unser Ich

Was meinen wir damit? – Den ersten Ressourcenkomplex haben wir das **objektive persönliche Repertoire** genannt. So bezeichnet ein Repertoire alles das, was ein Künstler, z. B. ein Sänger oder ein Schauspieler, jederzeit an Musikstücken oder Rollen zur Aufführung abrufen kann. Übertragen auf unsere persönliche Situation meinen wir damit all unser Wissen, unser Können und unsere Erfahrungen sowie unsere persönlichen Eigenschaften, die wir besitzen, sowie die Möglichkeit, diese bei Bedarf, z. B. in einer Krise, abrufen zu können. Wir selbst können immer nur subjektiv auf unser persönliches Repertoire schauen. So kann es passieren, dass wir unser Wissen und Können zu hoch einschätzen, d. h. wir glauben, eine Ressource bei Bedarf zur Verfügung zu haben, in Wirklichkeit existiert diese nur in unserer subjektiven Wahrnehmung. Nach unserer Erfahrung laufen insbesondere Menschen mit einem ausgeprägten, wenn nicht sogar übertriebenen Selbstbewusstsein Gefahr, sich in solcher Art und Weise zu überschätzen. In unserer Praxis als Coaches treffen wir meistens auf den gegenteiligen Fall, dass Menschen ihre persönlichen Ressourcen nur sehr unvollständig und weniger umfangreich wahrnehmen. Meistens verfügen Menschen über ein deutlich größeres objektives persönliches Repertoire, als ihnen selbst bewusst ist. In ihrer subjektiven Sicht erkennen sie nur einen Ausschnitt ihrer Ressourcen. Ein Grund kann sein, dass die weiteren Ressourcen im täglichen Leben nicht abgerufen werden oder dass eine persönliche Haltung eingenommen wird, die eigentlich vorhandene Ressourcen als nicht gut genug und damit nicht einsetzbar abwertet.

Es ist daher sinnvoll, das subjektive persönliche Repertoire zu objektivieren und bewusst zu machen. Können wir doch nur solche Ressourcen in der Krise einsetzen, die objektiv verfügbar sind und die wir auch entsprechend wahrnehmen. Je größer das objektive persönliche Repertoire ist, desto größer ist die Wahrscheinlichkeit, dass auf Anforderungen reagiert werden kann und somit eine Krise abgewendet wird, bevor sie überhaupt entsteht. Ist die Krise bereits da, so erhöht ein großes objektives persönliches Repertoire die Wahrscheinlichkeit, zielführende Lösungen zu finden und umzusetzen. Hieraus ergeben sich zwei Ansatzpunkte: Zum einen sollte das persönliche

Repertoire immer wieder objektiviert werden (z. B. per Ressourcen-Mindmap), und zum anderen sollte es zielgerichtet erweitert werden.

Das objektive persönliche Repertoire ist somit quasi das erste Bollwerk, das uns zur Verfügung steht, um aufziehende oder über uns hereinbrechende Krisen zu bewältigen. Damit wir diese Ressourcen auch effektiv einsetzen können, benötigen wir den Willen, dieses zu tun, und die Überzeugung, dass es sich lohnt, dieses zu tun.

Objektives persönliches Repertoire

Kommen wir zum zweiten Ressourcenkomplex, der auf die eigenen Werte und Prinzipien und damit auf die eigene Haltung der persönlichen Umwelt gegenüber zielt. Die **Haltung zu anderem und anderen** beantwortet die Fragen, was für uns von Bedeutung ist und damit sinnbehaftet ist und welche Menschen dieses sind. Unsere persönliche Haltung beeinflusst unmittelbar unser Verhalten. Unsere Haltung, oft auch als Einstellung bezeichnet, ist eine mit „Emotionen angereicherte Vorstellung, die eine Klasse von Handlungen für eine bestimmte Klasse sozialer Situationen besonders prädisponiert" (Triandis 1975, S. 4). Anforderungen, denen nicht unmittelbar begegnet werden kann, lösen zunächst eher negativ besetzte Gefühle wie Aufregung, Nervosität, Ärger oder Angst und schließlich Stress aus. Unsere generelle Haltung Anforderungen gegenüber und unsere Haltung in dem spezifischen Fall bestimmen wesentlich, ob wir zielgerichtet und mit einer gewissen Erfolgserwartung agieren oder ob wir bereits frühzeitig der Anforderung ausweichen. Sehen wir einen Sinn und eine Bedeutung darin, mit der Anforderung umzugehen, wird diese eher zu einer Herausforderung für uns. Dieses hat zur Folge, dass wir unser persönliches Repertoire intensiver nach Lösungsmöglichkeiten durchsuchen oder die Motivation haben, unser persönliches Repertoire zielgerichtet zu erweitern. Halten wir eine zielgerichtete Reaktion eher für sinn- und bedeutungslos, so fehlt uns der Antrieb, Energie in das Finden einer Lösung zu investieren. Eine positive und wertschätzende Haltung ist damit unbedingte Voraussetzung für Engagement und die Chance, eine Anforderung eher als Herausforderung denn als Belastung zu empfinden und mit einer angemessenen Erfolgserwartung an diese heranzugehen.

Unser Ich schließlich umfasst den dritten Ressourcenkomplex. In ▶ Abschn. 4.1 hatten wir bereits das „Ich" als eine Umschreibung dessen, was unsere Identität bzw. unser Selbst ist, kennengelernt. Zentrale Begriffe sind unser „Selbstkonzept" und unser „Selbstwertgefühl". Im Selbstkonzept sammeln wir alle Überzeugungen zu unserem

Haltung zu anderem und anderen

Selbst, die wir über uns haben. Das Selbstwertgefühl spiegelt unser Gefühl wider, das wir zu unserem Selbst und dessen Wert besitzen. Bezogen auf an uns gerichtete Anforderungen und Krisensituationen drücken unser Selbstkonzept und unser Selbstwertgefühl aus, inwieweit wir kognitiv erwarten, mit diesen umgehen zu können, und auch das Gefühl haben, dieses zu schaffen. Erwarten wir, zu einer Lösung zu kommen, und gehen wir mit einem emotional starken Selbst an die Krise heran, so steigt auch die Wahrscheinlichkeit des Erfolgs. Im Kern beschreibt dieses unsere Haltung zu uns selbst. Ziel sollte es sein, auch zu uns selbst eine positive und wertschätzende Haltung einzunehmen.

Das Ich

In ▶ Abschn. 8.1 werden wir detaillierter darauf eingehen, wie die drei Ressourcenkomplexe „Objektives persönliches Repertoire", „Haltung zu anderem und anderem" sowie „Unser Ich" gezielt gestärkt werden können.

Zusammenfassung

Verschiedene psychologische Konzepte befassen sich mit psychischer Widerstandsfähigkeit. Eines der bekanntesten verwandten Konzepte ist die Resilienz, welche heutzutage in der Regel mit psychischer Widerstandsfähigkeit gleichgesetzt wird. Ursprünglich geht das Konzept der Resilienz auf die Forscherin Emmy Werner zurück und befasst sich im Zusammenhang mit der Entwicklung von Kindern bis ins Erwachsenenalter mit der Frage, wie diese auch bei ungünstigen äußeren Umständen zu gefestigten und handlungsfähigen Menschen heranwachsen können. Die sieben Säulen der Resilienz werden dabei regelmäßig zugrunde gelegt: der realistische Optimismus, die Emotionssteuerung, die Impulskontrolle, die Kausalanalyse, die Zielorientierung, die Selbstwirksamkeitsüberzeugung sowie die Empathie (Reivich und Shatté 2003; Mourlane 2013).

Das Kohärenzgefühl nach Antonovsky (1997) weist einige Parallelen zur Resilienz auf. Das Kohärenzgefühl zielt in vergleichbarer Weise darauf ab, dass psychische Widerstandsfähigkeit als Ressource zum Erreichen von Wohlbefinden voraussetzt, dass der Mensch seine Umwelt grundsätzlich versteht, dass er der Überzeugung ist, die an ihn gestellten Anforderungen handhaben zu können und dass das Ziel, auf das sein Handeln ausgerichtet ist, für ihn bedeutsam ist. Ein weiteres bekanntes Konzept, das bereits im Kontext der Resilienz angeklungen ist, konzentriert sich in besonderem Maße auf die Selbstwirksamkeit (Bandura 1977). Eine Person mit einer ausgeprägten Selbstwirksamkeit ist zuversichtlich davon überzeugt, mit potenziellen Anforderungen umgehen und kommende

Herausforderungen erfolgreich bewältigen zu können. Die Selbstwirksamkeit einer Person wird in unterschiedlichem Ausmaß aus verschiedenen Quellen gespeist, von denen die wichtigsten die eigenen Handlungserfahrungen sowie stellvertretende Erfahrungen sind. Hardiness (Kobasa 1982) ist ebenfalls ein Konzept, das sich im Kern auf psychische Widerstandsfähigkeit bezieht. Die Hardiness einer Person ist dann hoch ausgeprägt, wenn sie motiviert und engagiert mit Herausforderungen umgeht, wenn sie meint, Anforderungen kontrollieren und beherrschen zu können, und wenn sie negative Erlebnisse als Ansporn versteht.

Psychische Widerstandsfähigkeit kann grundsätzlich als Ressource aufgefasst werden, die grundsätzlich gestärkt werden kann. Auf Basis der verschiedenen Konzepte zur psychischen Widerstandsfähigkeit lassen sich drei Ressourcenkomplexe identifizieren, die in unterschiedlichem Umfang einer Stärkung zugänglich sind. Das objektive persönliche Repertoire, umfasst u. a. das Wissen, die Fertigkeiten und Erfahrungen sowie alle extern verfügbaren Ressourcen, die grundsätzlich abrufbar bzw. verfügbar sind. Die Haltung zu anderem und anderen als zweiter Ressourcenkomplex wird dadurch gekennzeichnet, wer oder was uns persönlich wichtig ist. Durch Veränderung dieser Haltung können Anforderungen und Handlungsoptionen aus verschiedenen Perspektiven betrachtet werden, um so zusätzliche Ansätze zum Umgang mit einer krisenhaften Entwicklung zu finden. Das Ich als dritter Ressourcenkomplex umfasst Persönlichkeitskonzepte, die einem nicht immer bewusst sind, wie das Selbstkonzept oder das Selbstwertgefühl. Auch sie nehmen großen Einfluss auf unsere Bewertung von Anforderungen und sollten deshalb möglichst positiv ausfallen. Unsere Haltung und unser Ich sind einer Stärkung deutlich schwieriger zugänglich als das persönliche Repertoire. Diese Ressourcenkomplexe sind daher eher dazu geeignet zu ergründen, was uns wirklich bewegt und in beruflichen Zusammenhängen Erfüllung und damit Wohlbefinden näherbringt.

Literatur

Antonovsky, A. (1997). *Salutogenese – Zur Entmystifizierung der Gesundheit.* Tübingen: dgtv.
Bandura, A. (1977). Self-efficacy: Toward a unifying theory of behavioral change. *Psychological Review, 84,* 191–215.
Jerusalem, M. (1990). *Persönliche Ressourcen, Vulnerabilität und Streßerleben.* Göttingen: Hogrefe.

Kobasa, S. C. (1982). The hardy personality: Toward a social psychology of stress and health. In G. S. Sanders & J. Suls (Hrsg.), *Social psychology of health and illness* (S. 3–32). Hillsdale: Erlbaum.

Mourlane, D. (2013). *Resilienz – Die unentdeckte Fähigkeit der wirklich Erfolgreichen* (2. Aufl.). Göttingen: Hogrefe.

Oerter, R., & Montada, L. (2002). *Entwicklungspsychologie. Ein Lehrbuch.* Weinheim: Beltz PVU.

Paulhus, D. L., & Williams, K. M. (2002). The Dark Triad of personality: Narcissm, Machiavellianism, and psychopathy. *Journal of Research in Personality, 36,* 556–563.

Rampe, M. (2005). *Der R-Faktor. Das Geheimnis unserer inneren Stärke.* München: Knaur.

Reivich, K., & Shatté, A. (2003). *The resilience factor – 7 keys to finding your inner strength and overcoming life's hurdles.* New York: Broadway Books.

Schüler-Lubienetzki, H., & Lubienetzki, U. (2016). *Schwierige Menschen am Arbeitsplatz: Handlungsstrategien für den Umgang mit herausfordernden Persönlichkeiten* (2. Aufl.). Berlin: Springer.

Triandis, H. C. (1975). *Einstellungen und Einstellungsänderungen.* Weinheim: Beltz.

Warner, L. (2017). Resilienz. In M. A. Wirtz (Hrsg.), *Dorsch – Lexikon der Psychologie* (18. Aufl., S. 1442). Bern: Hogrefe.

Welter-Enderlin, R. (2012). Resilienz aus der Sicht von Beratung von Therapie. In R. Welter-Enderlin & B. Hildenbrand (Hrsg.), *Resilienz – Gedeihen trotz widriger Umstände* (5. Aufl., S. 7–19). Heidelberg: Carl-Auer.

Werner, E. E., & Smidi, R. S. (1982). *Vulnerable but invincible: A study of resilient children.* New York: McGraw-Hill.

Wustmann, C. (2004). *Resilienz. Widerstandsfähigkeit von Kindern in Tageseinrichtungen fördern.* Berlin: Cornelsen.

Grundlegende Überlegungen zum Umgang mit persönlichen Krisen

7.1   Anforderungen in der Krise und deren grundsätzliche Bewältigung – 117

7.2   Prototypischer Umgang mit der beruflichen Krise – 128

Literatur – 138

© Springer-Verlag GmbH Deutschland, ein Teil von Springer Nature 2020
H. Schüler-Lubienetzki, U. Lubienetzki, *Durch die berufliche Krise und dann vorwärts –*,
https://doi.org/10.1007/978-3-662-60536-3_7

Nachdem wir uns ausführlich mit verschiedenen Konzepten zur psychischen Widerstandsfähigkeit befasst haben, möchten wir zum Anlass unserer Überlegungen zurückkommen. Wir möchten den in ▶ Abschn. 3.1 begonnenen Gedankengang zu Krisen und deren Entwicklung aufgreifen und in Kenntnis der in den weiteren Kapiteln kennengelernten psychologischen Konzepte und Modelle Grundsätze zum Umgang mit persönlichen Krisen entwickeln.

Unseren Ausgangspunkt bildet die Definition einer Krise …

> … als eine Situation zu einem bestimmten Zeitpunkt, die einen entscheidenden Punkt einer bedrohlichen oder sogar gefährlichen Entwicklung beschreibt (▶ http://www.duden.de/node/696168/revisions/1370043/view; ▶ https://portal.hogrefe.com/dorsch/krise; Roslieb und Dreher 2008).

Einer akuten Krise geht demnach eine bedrohliche Entwicklung voraus bis zu dem Punkt, an dem sich entscheiden muss, ob die Bedrohung abgewendet werden kann oder ob es zur Katastrophe kommt. In der Krise entscheidet sich, ob mit deren Bewältigung eine positive Entwicklung eintritt oder, wenn die Bewältigung misslingt, ob mit der dann eintretenden Katastrophe, im altgriechischen wörtlichen Sinn, eine verheerende Wendung zum Negativen geschieht. Hieraus ergeben sich zwei Sichtweisen auf persönliche Krisen:

- Die Bewältigung der persönlichen Krise leitet eine positive Entwicklung ein, die die Krise abwendet und die Chance einer persönlichen Weiterentwicklung bietet.
- Das Nicht-Bewältigen der persönlichen Krise führt zu einer negativen Entwicklung, die das Risiko beinhaltet, sich trotz Anstrengung nicht wieder zu erholen.

Aus diesen Sichtweisen folgt nach unserer Auffassung unmittelbar, dass das Ignorieren einer Krise keine Handlungsoption sein kann. Untersuchen wir daher im Folgenden die mit der Krise verbundenen Anforderungen genauer und leiten ab, wie es grundsätzlich gelingen kann, mit diesen umzugehen und die Krise zu bewältigen.

7.1 Anforderungen in der Krise und deren grundsätzliche Bewältigung

Anforderungen und deren Bewältigung sind fester Bestandteil des Alltags eines Menschen. So lernen wir bereits als Kind, dass eine rote Ampel – eine akute Anforderung, auf die wir reagieren müssen – bedeutet, stehen zu bleiben und dem querlaufenden Verkehr Vorrang zu gewähren. Später als Autofahrer ist uns dieses Verhalten in Fleisch und Blut übergegangen. Wir denken nicht bei jeder roten Ampel darüber nach, ob wir anhalten oder nicht und welche Konsequenzen das jeweilige Verhalten hätte. Täten wir es doch, könnte ein Gedankengang so aussehen: „Wenn ich anhalte und warte, kostet es Zeit, wäre jedoch regelkonform und sicher. Ich wäre voraussichtlich schneller, wenn ich rechts und links schaue und trotz Rotlicht weiterfahre, wenn alles frei ist. Wenn ich erwischt werde, kostet es mich sicherlich den Führerschein oder, wenn ich ein Auto oder einen Fußgänger übersehe, vielleicht sogar ein Menschenleben." So viel zu einem fiktiven Gedankengang an einer roten Ampel. Unser Wissen und unsere Erfahrung zum Umgang mit der roten Ampel sind unsere Ressourcen, um regelmäßig ohne emotionale Betroffenheit und Stress mit der Anforderung umzugehen. Die Anforderung einer roten Ampel erhält jedoch sofort eine andere Bedeutung, wenn es zu einer krisenhaften Entwicklung käme. Stellen Sie sich vor, Sie hätten einen Schwerverletzen im Auto, für den jede Sekunde auf dem Weg ins Krankenhaus über Leben und Tod entscheidet. Wie würden Sie dann mit der roten Ampel umgehen? – Sie erkennen, die Anforderung ist unverändert, die Ampel ist genauso rot wie im ersten Fall, jedoch hat sich deren Bedeutung für Ihr persönliches Handeln unter extremem Zeitdruck verändert. Auf die Ressourcen Wissen und Erfahrung können wir in dieser Situation, wenn überhaupt, nur bedingt zurückgreifen. Nun kommt es auf weitere Ressourcen an, wie beispielsweise unser Vermögen zur objektiven Einschätzung der Verkehrssituation, die uns helfen könnten, die bedrohliche Anforderung zu bewältigen und zu entscheiden, ob wir die rote Ampel überfahren oder nicht. Nach dem transaktionalen Stressmodell (Lazarus 1984) werden wir bis zur Aktivierung der geeigneten Ressourcen und der anschließenden Bewältigung der Krise Stress empfinden. Berufliche Krisen entwickeln sich zwar zeitlich langsamer und beinhalten andere Anforderungen, die vielschichtiger und komplexer sein können, jedoch sind die grundsätzlichen

7

Bewältigungsmechanismen und die physischen Reaktionen vergleichbar. Angelehnt an Caplan (1964) und Cullberg (1978) stellt sich der Ablauf einer persönlichen Krise von deren Eintritt bis zur Bewältigung folgendermaßen dar:

Ablauf der persönlichen Krise

1. **Konfrontation mit der bedrohlichen Anforderung und Schock** – Die Krise tritt ins Bewusstsein. Dieses passiert in der Regel überraschend. Möglicherweise vorhandene Vorzeichen wurden dabei nicht wahrgenommen, anders eingeschätzt oder ignoriert.

2. **Erste Reaktion und Versagen bisher bewährter Bewältigungsmechanismen** – Versuch der kurzfristigen Bewältigung über präsente und nutzbare Ressourcen ohne Erfolg. Emotionale Bewältigung durch Verdrängung („Aussitzen") verschafft nur kurzfristige Linderung.

3. **Mobilisierung notwendiger Ressourcen und planvolle Reaktion** – Die Situation wird analysiert, und Handlungsmöglichkeiten werden entwickelt. Die notwendigen Ressourcen werden verfügbar gemacht und genutzt. Dieses geschieht in dem Umfang und der Intensität, dass die Entwicklung zum Positiven erkennbar wird.

4. **Bewältigung der Krise und Neuorientierung** – Am Ende des Entwicklungspfades zum Positiven ist die Krise bewältigt. Die persönliche Situation ist dann regelmäßig eine andere als vor der Krise. Das Wohlbefinden ist hergestellt.

Es ist leicht erkennbar, dass die dritte Phase mit der Mobilisierung notwendiger Ressourcen und einer planvollen Reaktion von zentraler Bedeutung für die erfolgreiche Krisenbewältigung ist. Misslingt dieser Schritt, ist der Weg in die Katastrophe, außer es tritt eine glückliche Fügung ein, vorgezeichnet. Die Vermeidung der Krise und damit bereits die Vermeidung der Konfrontation mit der bedrohlichen Anforderung und des Schocks fallen in den Bereich der Krisenprävention, worauf wir in ▶ Kap. 8 eingehen werden. Gleiches gilt für Beschäftigung mit unseren Ressourcen und den Zielen, diese zu erweitern und auch in schwierigen Zeiten verfügbar zu erhalten. Damit wird präventiv zwangsläufig auch die Wahrscheinlichkeit erhöht, frühzeitig passend reagieren zu können.

Die Frage ist, wie kann es in der Krise gelingen, die notwendigen Ressourcen zunächst zu identifizieren, dann zu mobilisieren und insgesamt planvoll auf die Krise zu reagieren? Ausgangspunkt bilden dabei zum einen die bedrohlichen Anforderungen, die in der Krise an uns gestellt werden, und andererseits das grundlegende Ziel, am Ende des Weges unser Wohlbefinden wiederherzustellen. Das Beispiel des Verletztentransports unter Zeitdruck vermittelt einen grundlegenden Eindruck, wie eine krisenhafte Entwicklung entstehen kann. Die Realität einer persönlichen beruflichen Krise ist immer deutlich komplexer. So beinhaltet diese ein ganzes Bündel, oder noch anschaulicher, ein ganzes Knäuel, an unterschiedlichen bedrohlichen Anforderungen. Knäuel deshalb, weil die Anforderungen nicht nacheinander und voneinander unabhängig auf den Menschen einwirken, sondern parallel bzw. zeitlich überlappend und voneinander abhängig. Auch ist charakteristisch für ein Knäuel, dass die äußeren Fäden sichtbar sind, das Innere jedoch bis zur Entwirrung des Knäuels verborgen bleibt. In der beruflichen Krise sehen wir einige Anforderungen deutlich vor uns, andere sehen wir zumindest teilweise, wieder andere sehen wir erst, nachdem wir begonnen haben, uns detaillierter mit der Krise zu beschäftigen, und einige Anforderungen schließlich stellen sich uns überraschend und ohne, dass wir diese erwartet oder vorausgesehen haben, in den Weg. Dabei lassen sich qualitativ zwei Kategorien von Anforderungen unterscheiden:

- **Existenzielle Anforderungen** – Existenzielle Anforderungen sind solche, die sich gegen unsere Existenz und körperliche Unversehrtheit richten. Hierunter fallen einerseits körperliche Angriffe und andere Situationen, in denen die Gefahr besteht, dass wir physisch verletzt werden oder sogar sterben. Existenzgefährdend im erweiterten Sinne sind Anforderungen, die zum Verlust von existenziellen Grundlagen, wie z. B. dem Einkommen, führen können. So kann ein Angriff auf die berufliche Position in letzter Konsequenz den Verlust des Arbeitsplatzes und damit den Verlust der zur Aufrechterhaltung des Lebensstandards notwendiger materieller Ressourcen bedeuten.

- **Gegen die Identität gerichtete Anforderungen** – Anforderungen, die sich gegen unsere Identität bzw. unser Selbst richten (vgl. ► Abschn. 4.1), treffen unser Selbstkonzept und unser Selbstwertgefühl. Entwicklungen in der Krise, die unserem Selbstkonzept widersprechen und dabei unser Selbstwertgefühl beeinträchtigen, können beispielsweise der Verlust von Macht sein, indem eine Führungsposition verloren geht, oder auch der Vorwurf von aus eigener Sicht

Anforderungs-
kategorien in der Krise

unbegründeten Verfehlungen, die zu einer persönlichen Abwertung führen. Weitere gegen die Identität gerichtete Anforderungen beginnen bei als beleidigend empfundenen Äußerungen und reichen bis zur Ausgrenzung aus einer sozialen Gruppe, der wir uns eigentlich zugehörig fühlen bzw. fühlen möchten.

> **Die persönliche Krise ist geprägt von vielfältigen und komplexen Anforderungen, die sich gegen die eigene Existenz und gegen die eigene Identität richten.**

Die erste Aufgabe zur Vorbereitung der Krisenbewältigung besteht demnach darin, die vielfältigen gegen die Existenz und Identität gerichteten Anforderungen zu identifizieren und auf dieser Grundlage die erforderlichen Ressourcen abzuleiten. In der Theorie ist dieses leicht nachzuvollziehen, in der Realität sind weitere Betrachtungen notwendig, um die Anforderungen bewerten zu können. Im transaktionalen Stressmodell (Lazarus 1984) ist immer die Wechselwirkung zwischen dem Menschen und dem Stressor von Bedeutung. Für den einen Menschen reicht ein als abwertend wahrgenommener Blick aus, um das Selbstwertgefühl anzugreifen, und einen anderen Menschen bringen nicht einmal explizit beleidigende Aussagen aus der inneren Ruhe. Die subjektive Wahrnehmung der Anforderungen in der Krise ist demnach von Bedeutung, oder anders ausgedrückt, eine Anforderung entfaltet sich erst vollständig dadurch, wie sie von dem Menschen wahrgenommen, bewertet und interpretiert wird. Paul Watzlawick postuliert im Rahmen seiner Forschungen zur menschlichen Kommunikation, dass jeder Mensch seine eigene Wirklichkeit besitzt. Er stellt in diesem Zusammenhang die Frage „Wie wirklich ist die Wirklichkeit?" (Watzlawick 2010). Watzlawick kommt zu dem Schluss, dass es zwei deutlich unterscheidbare Wirklichkeiten der ersten und zweiten Ordnung gibt. Die Wirklichkeit erster Ordnung ist nach Watzlawick immer dann gegeben, wenn es um objektive Aspekte geht, die sich „auf den Konsens der Wahrnehmung und vor allem auf experimentelle, wiederholbare und daher verifizierbare Nachweise beziehen" (2010, S. 143). – So ist ein Löwe, der uns auf einer Safari begegnet, auf uns zukommt, knurrt und sein Maul aufreißt, unstrittig eine solche Wirklichkeit erster Ordnung. Die sich ergebende Anforderung bestünde darin, den möglichen Angriff des Löwen lebend zu überstehen bzw. diesem zu entgehen. Daneben existiert für jeden Menschen eine Wirklichkeit zweiter Ordnung. Diese enthält „Wirklichkeitsaspekte, die subjektiv, arbiträr und keineswegs der Ausdruck ewiger, platonischer Wahrheiten sind" (Watzlawick 2010, S. 143). Etwas einfacher ausgedrückt, jeder Mensch konstruiert sich seine eigene Wahrheit über die Wirklichkeit. Das Ergebnis ist daher individuell unterschiedlich, persönlich nach eigenem Ermessen und unvorhersehbar. Schauen wir uns ein Beispiel aus dem Straßenverkehr an, das denjenigen geläufig sein könnte, die bei der Fahrt mit dem Auto häufiger von vorausfahrenden Fahrzeugen genervt sind:

Beispiel

Ein Autofahrer hat es eilig, da ihm besonders wichtig ist, pünktlich zu seiner Verabredung zu kommen. Manche seiner Freunde empfinden seinen Hang zur Pünktlichkeit etwas übertrieben, denn einer seiner Glaubenssätze lautet „Pünktlichkeit ist die Tugend der Könige". Zu spät zu kommen, empfindet er als sehr unhöflich, und es wäre überhaupt nicht vereinbar mit seinem Selbstbild. Auch ist er sich absolut sicher, dass es anderen Menschen ebenso ergeht, bzw. bei solchen, die behaupten, das anders zu sehen, stimmt vielleicht etwas nach seiner Auffassung nicht.

Auf der Fahrt zu seiner Verabredung ist es ihm heute schon zum dritten Mal passiert, dass der vor ihm fahrende Wagen aufreizend langsam gefahren ist, sodass die nächste Ampel zum wiederholten Male auf „Rot" sprang, er warten musste und wertvolle Minuten verlor. „Wollen die anderen Autofahrer verhindern, dass ich pünktlich bin?", fragte er sich. Er begann schon, dem vor ihm fahrenden Autofahrer Zeichen zu geben, doch dieser reagierte überhaupt nicht. Er wurde offensichtlich ignoriert! So wurde unser Autofahrer immer ärgerlicher: „Die müssen mich doch sehen!", seine Gedanken kreisten nur noch um die Ignoranz aller anderen Autofahrer. Und dann sprang die vierte Ampel auf „Rot". Sein Puls raste, er war wütend und konnte sich nur mit Mühe beherrschen, nicht auszusteigen und dem „Bremsklotz" vor ihm seine Meinung zu sagen. „Hatte der Mensch etwa gerade im Rückspiegel frech gegrinst?", dachte er noch. Danach ging alles ganz schnell, er stieg aus, ging nach vorn, klopfte an die Scheibe und …

Im Wagen vor ihm war die Stimmung deutlich entspannter. Der „scheinbare Bremsklotz" achtete während der Fahrt gar nicht auf den Verkehr hinter sich. Er hatte es nicht besonders eilig und fühlte sich heute, an seinem freien Tag, ganz zufrieden, ruhig und wohlig. Im Auto war es warm, die Musik war schön, und die Sonne kam gerade zum Vorschein. Nach der stressigen Woche hatte er sich vorgenommen, den Tag bewusst zu genießen, nicht zu hetzen und in aller Ruhe zum Stadtpark zu fahren, um dort spazieren zu gehen. Er lächelte

Objektivität der eigenen Wahrnehmung – Wirklichkeiten erster und zweiter Ordnung

7

versonnen in den Rückspiegel, ohne die Szene im Wagen hinter sich wahrzunehmen, die dieser widerspiegelte. Im nächsten Moment klopfte es an seine Schreibe, und ein „wild gewordener Irrer" brüllte ihn an, er solle aufhören, ihm den Weg zu versperren.

In dem Bespiel interagieren zwei Menschen mit einer fundamental unterschiedlichen Wahrnehmung der Wirklichkeit. Sicherlich ein drastisches und überspitztes Beispiel, doch im Kern erleben wir zwei Menschen, die jeweils in ihrer eigenen Wirklichkeit leben und handeln. In der einen Wirklichkeit geht es um „vorsätzliche Behinderung" und in der anderen Wirklichkeit „um das bewusste Wahrnehmen des Tages". Die Verhaltensweisen der Beteiligten sind in der jeweiligen Wirklichkeit durchaus plausibel. Ein außenstehender Dritter würde vielleicht als dritte Wirklichkeit erleben, dass der vordere Wagen etwas langsam und unsicher fährt, was kein Wunder ist, wenn der nachfolgende Wagen so drängelt und fast in dessen Kofferraum steht. – Wir sehen, wenn Menschen mit ihren jeweiligen Wirklichkeiten aufeinandertreffen, kann prinzipiell alles passieren. Die Wirklichkeit ist in letzter Konsequenz ein subjektives Konstrukt. Je nachdem, was der Konstruktionsprozess ergibt, können wir die gleiche Situation als irrelevant, herausfordernd oder auch bedrohlich wahrnehmen.

Vor diesem Hintergrund lohnt es sich, intensiver darüber nachzudenken, was unsere persönliche Wirklichkeit ist. Besteht doch die Chance, Anforderungen zu entlarven, die vielleicht erst in unserer Wirklichkeit zu solchen werden und in einer anderen Wirklichkeit zu etwas Irrelevantem oder sogar Positivem werden könnten. Kommen wir zurück auf die Anforderungen in der Krise. Wir hatten festgestellt, dass wir gegen die Existenz und gegen die Identität gerichtete Anforderungen unterscheiden können. Dabei nehmen wir die Anforderungen und damit auch deren Bedrohlichkeit in unserer eigenen Wirklichkeit wahr. Dabei besteht die Gefahr, Bedrohungen subjektiv über- und unterzubewerten. Daraus folgt für uns ein erster Grundsatz zum Umgang mit Krisen:

> ❯❯ **Ein Perspektivenwechsel und mindestens eine zweite Meinung sind in der Krise unerlässlich!**

Ein guter Freund, eine gute Freundin oder eine andere vertraute Person, beispielsweise ein professioneller Coach, können Sie dabei unterstützen, die Anforderungen der Krise zum einen aufzulisten und danach hinsichtlich ihrer jeweiligen Bedrohlichkeit und Bedeutung aus unterschiedlichen

Perspektiven zu bewerten. Zur Vorbereitung möchten wir Ihnen eine im Coaching häufig angewendete Übung darstellen, die Sie zunächst auch alleine durchführen können:

Perspektivenwechsel

Es gibt immer mindestens zwei Seiten einer Geschichte, diese alte Wahrheit haben Sie sicherlich im Laufe Ihres Lebens schon häufiger nachvollziehen können. In der folgenden Übung wollen wir uns diese Tatsache zunutze machen und Ihre persönliche Sichtweise um weitere Perspektiven erweitern. Ziel ist, sich ein vollständigeres Bild der eigenen Situation zu machen.

Stellen Sie sich bitte vor, Sie wären jemand anderes. Beispielsweise eine gute Freundin oder ein guter Freund, eine unbeteiligte Person oder Personen aus Ihrem beruflichen Umfeld. Bitte wählen Sie jeweils eine konkrete Person namentlich aus. Wie würden diese auf Ihre derzeitige Situation schauen und diese bewerten? Nutzen Sie bitte folgende Fragen als Orientierung:

— Wie würde eine gute Freundin oder ein guter Freund Ihre jetzige Situation beschreiben?
— Was würde sie oder er Ihnen raten? Was sollten Sie nach ihrer bzw. seiner Meinung nun konkret tun oder lassen?
— Wie würde eine gänzlich unbeteiligte Person Ihre Situation schildern?
— Welche Ideen hätte diese für die Bewältigung der Krise?
— Wie würden Ihre Vorgesetzten die Situation sehen? Was würden sie Ihnen raten?
— Welche Erwartungen hätten Mitarbeiterinnen und Mitarbeiter oder Kolleginnen und Kollegen an Ihre weitere Entwicklung? Was würden sie Ihnen bestimmt zutrauen?

Nachdem Sie die Antworten auf die oben genannten Fragen erarbeitet haben, werten Sie diese bitte aus. Bitte fragen Sie sich, welche hilfreichen neuen Aspekte durch die Betrachtung Ihrer Situation aus der Sichtweise anderer hinzugekommen sind. Welche Ressourcen werden aus der Perspektive anderer besonders wahrgenommen? Was traut man Ihnen von außen betrachtet zu? Inwieweit können Sie sich diese Sichtweise zu eigen machen?

Wechsel der eigenen Perspektive

7

Im Ergebnis erhalten Sie ein deutlich umfassenderes und differenzierteres Bild der Wirklichkeit in der Krise. Nutzen Sie dieses, um das Gespräch mit einer vertrauten Person zu suchen.
Falls Sie Ihre Ressourcen-Mindmap bereits entworfen haben, nutzen Sie die Antworten bitte zusätzlich, um diese zu ergänzen.

Die möglichst objektive Ermittlung der in der Krise auftretenden Anforderungen ist ein wesentliches Element der Ausgangssituation und damit der Startpunkt als ein wichtiger Baustein auf dem Weg zur Krisenbewältigung. Um planvoll in der Krise zu reagieren, benötigen wir zusätzlich zum Startpunkt unseren Zielpunkt. Wären wir mit einer akuten physischen Gefahr konfrontiert, beispielhaft der Bedrohung durch einen Löwen, würde unser oberstes Ziel sicherlich unsere Selbsterhaltung sein. In beruflichen Kontexten und damit auch in beruflichen Krisen benötigen wir ebenfalls Ziele, um an diesen orientiert zu handeln. Sicherlich ist nachvollziehbar, dass es in einer beruflichen Krise einen Unterschied macht, ob wir um den aus unserer Sicht einzigen Job kämpfen, der die Bezeichnung „Berufung" verdient, oder ob wir uns bereits seit Längerem mit dem Gedanken befasst hatten, eine neue Stelle zu suchen, die deutlich näher an unseren Neigungen liegt. Im ersten Fall wäre demnach zu beachten, dass nach Beilegung der Krise eine weitere Zusammenarbeit grundsätzlich noch möglich wäre, wohingegen es im zweiten Fall vielleicht eher darum ginge, sich den Weg in ein anderes Unternehmen nicht zu verbauen. Unsere persönlichen Ziele geben somit wichtige Hinweise, wie wir auf Anforderungen Erfolg versprechend in unserem Sinne reagieren sollten.

Spätestens mit Eintritt der Krise ist es unerlässlich, die eigenen beruflichen Ziele zu kennen, um zielgerichtet handeln zu können. Noch vorteilhafter aus unserer Sicht wäre es, die eigenen Ziele kennenzulernen, bevor eine krisenbehaftete Situation eintritt. Denn im Kern geht es um Lebens- und Berufsziele, die nicht erst dann entstehen, wenn eine Krise den Anlass dazu gibt, sich mit ihnen zu befassen. Für uns gilt daher folgender Grundsatz:

> ❯ **Die persönlichen Lebens- und Berufsziele sind der wichtigste Handlungskompass in der Krise und sollten spätestens mit Eintritt der Krise bestimmt werden!**

Erfahrungsgemäß befasst sich das Management regelmäßig umfassend mit mittel- und langfristigen Unternehmenszielen. Begriffe und Formate in diesem Zusammenhang sind u. a. Unternehmensvisionen und -missionen sowie strategische Ziele und Jahrespläne, an denen im operativen Betrieb die Entscheidungen und die Arbeit im Unternehmen ausgerichtet werden. Wiederum erfahrungsgemäß wird auf die explizite Formulierung von persönlichen Lebens- und Berufszielen häufig verzichtet. Dann ist auf Nachfrage *eigentlich* alles so, wie es sein sollte. Die direkte Nachfrage, wie es denn *uneigentlich* wäre, löst regelmäßig Sprachlosigkeit aus. Dieses zeigt, dass es lohnend sein könnte, genauer bei den eigenen Zielen hinzuschauen. – Hand aufs Herz, könnten Sie ad hoc die Frage nach Ihren persönlichen Lebens- und Berufszielen, an denen Sie Ihr privates und berufliches Leben orientieren, beantworten? Wenn ja, besitzen Sie bereits einen der wichtigsten Bausteine zur Bewältigung persönlicher Krisen, sind Sie doch in der Lage, Ihre Handlungsweise und Reaktion auf an Sie gerichtete Anforderungen mit Ihren Lebens- und Berufszielen abzustimmen und sich daran auszurichten.

Häufiger sind die persönlichen Ziele unklar und diffus oder fehlen ganz. Greifen wir die Analogie zu den strategischen Unternehmenszielen auf, so bedeutet das Fehlen derselben, dass nur kurzfristige Ziele angestrebt werden können und damit auch nur kurzfristiges Handeln möglich wird. Entscheidungen in ihrer mittel- und langfristigen Tragweite können in einer solchen Situation betrachtet werden. Als sehr stabiles Provisorium, das auf Dauer zum Lebensinhalt werden kann, rückt häufig die eigene berufliche Karriere an die Stelle der Lebens- und Berufsziele. Die eigene Karriere wird zum alleinigen strategischen Ziel. Das ist selbstverständlich vorstellbar, erfahrungsgemäß ist es sinnvoll, dieses gerade im Zusammenhang mit beruflichen Krisen zu hinterfragen. Erst darüber nähern wir uns der Antwort auf die Frage, ob alles wieder so werden soll wie vor der Krise oder ob nicht vielleicht auch andere Varianten denkbar wären, um unser Gleichgewicht und Wohlbefinden wiederherzustellen? Über diese Fragen nachzudenken lohnt sich jeden Tag aufs Neue, in der Krise sind das Nachdenken und Beantworten dieser Frage essenziell. Wir möchten Sie daher anregen, sich eingehender mit Ihren Lebens- und Berufszielen zu befassen:

Lebens- und Berufsziele

7

Fragen zu Lebens- und Berufszielen

Die Lebens- und Berufsziele sind individuell unterschiedlich. Die Beantwortung folgender Fragen ist hilfreich, mehr über diese zu erfahren:

- *Wenn es nur nach mir ginge, wie möchte ich in Zukunft leben und arbeiten?* – Werden Sie sich darüber klar, was Ihre Vorstellung von einer gelungenen Work-Life-Balance bzw. Work-Life-Integration ist. Behalten Sie im Hinterkopf, dass unser Gleichgewicht im Leben dynamisch ist. Leben bedeutet im Kern, mit der Umwelt zu interagieren und immer wieder zum eigenen Gleichgewicht zurückzufinden. Lassen Sie sich von Ihrem Gefühl leiten, und versuchen Sie die Antwort zu finden, mit der Sie sich am wohlsten fühlen.
- *Wofür stehe ich?* – Reflektieren Sie Ihre Werte und überlegen Sie, wie Sie praktisch für diese einstehen können. Erinnern Sie sich, wofür Sie in Ihrem bisherigen Leben eingestanden haben und wie Sie sich dabei gefühlt haben.
- *Welche Themen möchte ich in meinem Leben bearbeiten?* – Themen, an denen Sie immer ein größeres Interesse als andere hatten; Themen, mit denen Sie sich in Ihrem bisherigen Leben schon gerne befasst haben; Themen, mit denen Sie sich in Ihrer Freizeit auseinandersetzen und darin persönliche Befriedigung finden.
- *Was kann ich gut, und was finde ich spannend?* – Rekapitulieren Sie Ihre Stärken und Interessen. Unternehmen Sie ein Brainstorming, um herauszufinden, wie Sie diese weiter ausleben und intensivieren können. Nehmen Sie zur Unterstützung Ihre Ressourcen-Mindmap zur Hand.
- *Welche materiellen Rahmenbedingungen brauche ich, um ein angenehmes Leben führen zu können?* – Tatsächlich ist dies meist weniger, als man zuerst annehmen würde. Führen Sie sich vor Augen, auf welche Dinge Sie nicht verzichten könnten, weil Sie diese in Ihrem Alltag verwenden. Höchstwahrscheinlich besitzen Sie einige Dinge, denen Sie materiellen Wert zuschreiben, die Sie aber so gut wie nie nutzen.

- *Welche Verantwortung gegenüber meiner Familie habe ich?* – Zwischenmenschliche Beziehung, Bindung und Verantwortung erleben Personen unterschiedlich. Prüfen Sie Ihr Verantwortungsbewusstsein gegenüber Ihren Familienmitgliedern, seien es Partner(in), Kind(er), Eltern, Geschwister oder entfernte Verwandte.
- *Welche Rahmenbedingungen benötige ich, um gesund zu bleiben?* – Wir haben gelernt, dass Gesundheit als Extrem eines Kontinuums verstanden werden kann und demnach kaum vollständig zu erreichen ist. Hinterfragen Sie, welche Faktoren bei Ihnen dafür sorgen, dass Sie sich auf dem Kontinuum in die eine oder andere Richtung bewegen. Diese Rahmenbedingungen können jegliche Dimension haben, sozial, materiell, psychisch, körperlich usw. Ergründen Sie, wie Sie Einfluss auf diese Rahmenbedingungen nehmen können.
- *Wie sollte (s)ich meine Zukunft entwickeln, damit ich mich wohler fühle?* – Diese Frage fasst als Fazit all Ihre bisherigen Antworten auf die vorigen Fragen zusammen. Bitte machen Sie sich besonders bewusst, dass Sie die Hauptverantwortung für Ihr Wohlergehen tragen. Mit den bisherigen Überlegungen haben Sie nun einen Wegweiser in die Hand bekommen, in welche Richtung Sie Ihre Zukunft entwickeln sollten.

Notieren Sie bitte Ihre Antworten. Sie besitzen mit diesen Antworten eine wertvolle Ressource, die Ihnen hilft, in der Krise zwischen Maßnahmen zu unterscheiden, die Sie Ihren Zielen näher bringen, und solchen, die Ihre Ziele im besten Fall nicht und im schlechtesten Fall negativ beeinflussen.

Nachdem wir uns in diesem Kapitel eingehend mit der Analyse der Anforderungen in der beruflichen Krise sowie der persönlichen Lebens- und Berufsziele befasst haben, ist der Grundstein zum Umgang mit der Krise gelegt. In dem Wissen, dass jede berufliche Krise individuell ist, soll im nächsten Abschnitt zunächst prototypisch mit der Krise umgegangen werden. Darauf aufbauend sollen in den folgenden Kapiteln Möglichkeiten aufgezeigt werden, zu individuellen Lösungen zu gelangen.

7.2 Prototypischer Umgang mit der beruflichen Krise

Um den Abstraktionsgrad der prototypischen Betrachtung möglichst gering zu halten, greifen wir unseren Beispielfall von Tim K. auf, um daran angelehnt zielführende Schritte zum Umgang und zur Bewältigung der beruflichen Krise darzustellen:

Beispiel

Tim K. fühlte sich kurz vor seiner Freistellung und der anschließenden Kündigung nur noch einsam und fehl am Platz. Er hatte seinen Job immer geliebt und war seinem Unternehmen gegenüber immer loyal gewesen. Doch in den letzten Wochen und Tagen war das alles Makulatur. Es bedeutete nichts mehr. Eigentlich waren die gegen ihn erhobenen Vorwürfe unvorstellbar, doch am Ende hatten sich fast alle von ihm abgewandt. Warum eigentlich? Galt nicht die Unschuldsvermutung? Die meisten konnten sich eigentlich nicht vorstellen, dass Tim K. die ihm vorgeworfenen Taten begangen hatte – aber man weiß ja nie. Man ist sich schließlich auch selbst der Nächste und wollte nicht in die Sache hineingezogen werden. Dann gab es natürlich andere, die machten, zwar hinter vorgehaltener Hand, aber dennoch keinen Hehl daraus, dass sie es schon immer gewusst hätten. Und dann waren da noch Niko T. und Marie S., die sich auffallend unauffällig verhielten. Tim K. machte sich seine Gedanken, schließlich musste ja jemand die Gerüchte und Anschuldigungen in die Welt gesetzt haben, aber beweisen konnte er natürlich nichts. Es kostete Tim K. viel Kraft, mit seiner sozialen Ausgrenzung umzugehen.

Fallbeispiel Tim K.   Doch damit nicht genug, die Presse hatte Wind von der Angelegenheit bekommen. Am Ende war es zweitrangig, ob sie gezielt darauf hingewiesen wurde oder auf andere Art und Weise davon erfahren hatte. Mehrere Artikel erschienen zu dem Skandal um Absprachen mit Wettbewerbern, und immer stand sein Name damit in Verbindung. Tim K. erinnerte sich an den Spruch „Das Internet vergisst nicht", und ihn schauderte.

Die größte Enttäuschung für Tim K. war seine Chefin. Tim K. war ihr gegenüber immer loyal gewesen. Svenja P. hatte nicht nur im Zusammenhang mit Niko T. und Marie S. versagt. Als die Verdächtigungen aufkamen, hatte sie sich sogar gegen Tim K. gewendet. Sie wollte offensichtlich ihre eigene

Haut retten und versagte Tim K. jede Loyalität und ging auf Distanz.

Daran, seine Aufgaben in der gebotenen Konzentration wahrzunehmen, war nicht mehr zu denken. Seine Mitarbeiterinnen und Mitarbeiter waren zutiefst verunsichert. Tim K. versuchte abzuwiegeln und nach außen ruhig zu erscheinen, doch wenn er ehrlich war, mit seiner früheren Leistungsfähigkeit hatte das nichts mehr zu tun. Sein Verantwortungsbereich litt und Tim K. mit ihm.

Niemals hätte Tim K. damit gerechnet, dass seine Position gefährdet werden könnte. Er hatte doch immer hervorragende Beurteilungen bekommen, hatte von seinen Vorgesetzten größte Anerkennung erhalten, und er hatte so manches schwierige Projekt für sein Unternehmen zum Erfolg geführt. Doch das war alles Vergangenheit. Heute zählte das alles nichts mehr. So musste er sich sogar anhören, dass es halt zum Job des Managements dazugehöre, in solchen Situationen und zum Wohl des Unternehmens zurückzutreten oder gefeuert zu werden. Um das danach müsse er sich schon selbst kümmern.

Doch wo sollte Tim K. anfangen, und wo sollte das Ganze hinführen?

Greifen wir die letzten Fragen von Tim K. auf und fragen uns, wie damals, kurz vor seiner Freistellung und anschließenden Kündigung, ein geeigneter Plan für Tim K. hätte aussehen können. Dabei sind wir heute in einer deutlich komfortableren Situation. Sind wir doch nicht selbst emotional betroffen und können uns in Ruhe und ohne Zeitdruck unsere Gedanken machen. Nutzen wir dieses aus und entwerfen einen „Sandkasten", in dem wir die Bewältigung der Krise durchdenken. Gehen wir hierzu in folgenden drei Schritten vor.

Schritt 1 – Sichtung und Einordnung der wichtigsten Anforderungen

Schritt 2 – Bewertung der Anforderungen und Formulierung der Ziele der Krisenbewältigung

Schritt 3 – Emotionsorientierte und problemorientierte Bewältigung

Drei Schritte zur
Bewältigung der Krise

■■ Schritt 1 – Sichtung und Einordnung der wichtigsten Anforderungen

Zunächst verschaffen wir uns einen Überblick über die im Beispiel genannten Entwicklungen und finden heraus, welche Anforderungen an Tim K. sich dahinter verbergen.

7

Sichtung und
Einordnung
der wichtigsten
Anforderungen

Im ersten Abschnitt wird die **soziale Ausgrenzung** beschrieben. Menschen, zu denen Tim K. bisher sozialen Kontakt hatte, gehen auf Distanz. Die Menschen sind verunsichert und wissen nicht bzw. sind unsicher, was wahr ist und was falsch ist. Aus Verunsicherung wissen einige nicht, wie sie Tim K. begegnen sollen, und gehen unbewusst auf Distanz. Andere gehen bewusst auf Distanz, da sie negative Auswirkungen für sich selbst befürchten, und eine dritte Gruppe fühlt sich bestätigt, da sie ähnliche Vermutungen schon immer hatte. Tim K. kann die unterschiedlichen Beweggründe der Menschen kaum unterscheiden. Im Ergebnis fühlt er sich allein gelassen, vorverurteilt und nicht wertgeschätzt. Abwendung wird in der Wahrnehmung von Tim K. zur Abwertung. Die Anforderung richtet sich somit in erster Linie gegen sein Selbstwertgefühl. Zusätzlich bedeutet der Verlust sozialer Beziehungen, dass Tim K. sich auf diese sozialen Ressourcen wahrscheinlich nicht mehr verlassen kann. Dieser zweite Aspekt könnte die Bewältigung weiterer potenzieller Anforderungen negativ beeinflussen. Gerade die Verschlechterung der Beziehung zu seinem Chef schwächt seine Position im Unternehmen sehr stark.

Das mediale Interesse und die damit verbundene **öffentliche Skandalisierung** erweitern den Kreis der Menschen, die potenziell von den Vorwürfen erfahren und auf Grundlage der negativen Berichterstattung ein negatives Werturteil über Tim K. fällen könnten, erheblich. Obwohl die damit verbundene Abwertung eher diffus und wenig fassbar ist, richtet sich diese Anforderung dennoch gegen das Selbstwertgefühl. Auch wäre es möglich, dass Tim K. weitere soziale Ressourcen zur Bewältigung potenzieller Anforderungen entzogen werden. So könnte ein potenzieller neuer Arbeitgeber von den Vorwürfen erfahren und aus diesem Grund eine ansonsten mögliche Zusammenarbeit ausschlagen.

Svenja P. **versagt** Tim K. ihre **Loyalität und ihr Vertrauen.** Die damit verbundene Abwertung richtet sich ebenfalls gegen sein Selbstwertgefühl. Gerade sein Chef war für Tim K. eine wichtige, wenn nicht die wichtigste, soziale Ressource. Die Enttäuschung ist daher besonders groß, da sein Chef eigentlich einen entscheidenden Beitrag zu seiner Entlastung leisten sollte.

Die mit seiner beruflichen Position **verbundenen Aufgaben nicht so wie erforderlich wahrzunehmen** hat mehrere Dimensionen. Die eine ist, dass Tim K. seinem Unternehmen vertraglich schuldet, seine Aufgaben bestmöglich wahrzunehmen. Tut er dieses nicht, so könnte sich ein Abmahnungs- oder sogar Kündigungsgrund ergeben. Dieses beschreibt die existenzielle Dimension der Anforderung. Außerdem hatten seine berufliche Position, deren sozialer Status und die erfolgreiche Erfüllung der damit verbundenen Aufgaben positiven Einfluss auf sein Selbstwertgefühl. Die offenkundig mangelhafte Erfüllung der Aufgaben belastet dieses daher immens – die Erfolgserlebnisse entfallen, und die negative Bewertung schmälert es weiter.

Der **drohende Verlust seiner Position** wirkt sich in gleicher Weise negativ auf sein Selbstwertgefühl aus. Der Verlust der Position bedeutet gleichzeitig den Verlust finanzieller Ressourcen und damit einer essenziellen Lebensgrundlage. Damit wird diese Anforderung ebenfalls existenzbedrohend.

Die persönliche Krise insgesamt, mit den verschiedenen genannten Anforderungen, führt zu **negativen Gefühlen** wie Enttäuschung, Trauer, Ärger und Angst bei Tim K. Mit diesen Gefühlen und der mit ihnen verbundenen Anspannung bzw. dem Stress umzugehen stellt eine Anforderung für sich dar. – So erforschte Hans Selye (1936) Stress hinsichtlich seiner Wirkung auf den Menschen und kam zu dem Schluss, dass jeder Mensch nur bis zu einem gewissen Grad Stress aushalten kann, ohne seine Leistungsfähigkeit einzubüßen. Dauert der Stress länger an, kommt es zunächst zur Erschöpfung, und bei weiterem Stress wird der Mensch krank. Selye sprach auch von dem „general adaptation syndrome", was letztendlich beschreibt, dass Stress zunächst dem Organismus hilft, sich auf neue und ggf. bedrohliche Umweltbedingungen einzustellen. Dass akuter Stress potenziell leistungssteigernd wirkt, während chronischer Stress als Dauerzustand diverse körperliche Beschwerden und Schäden mit sich bringen kann, wurde auch in aktuellen Studien nachgewiesen. Dies kann nicht zuletzt den Pressemitteilungen der Deutschen Gesellschaft für Endokrinologie aus den letzten Jahren entnommen werden. – Auch Tim K. hat mit Stress umzugehen, der seine psychische und physische Gesundheit bedroht, seine Handlungsfähigkeit einschränkt und damit existenziellen Charakter hat.

Zusammengefasst sieht sich Tim K. vielen verschiedenen, sich einander teilweise beeinflussenden Anforderungen gegenüber, die sein Selbstwertgefühl bedrohen. Diese Anforderungen hemmen darüber hinaus seine Möglichkeiten, mit den existenziellen Anforderungen umzugehen. Ferner führen diese, da sie in der gegebenen Situation nicht unmittelbar zu bewältigen sind, zu negativen Gefühlen sowie Anspannung und Stress, was auf Dauer die Gesundheit und damit ebenfalls die Existenz gefährdet. Die weitere existenzielle Anforderung ist der mögliche Verlust seiner Position und damit der Quelle seiner finanziellen Ressourcen.

▪▪ Schritt 2 – Bewertung der Anforderungen und Formulierung der Ziele der Krisenbewältigung

Die an Tim K. gerichteten Anforderungen sind vielschichtig, komplex und bedingen einander. In diesem Schritt stellt sich die Frage nach der Reihenfolge bzw. Wichtigkeit der Bewältigung der Anforderungen.

7 Bewertung der Anforderungen und Formulierung der Ziele der Krisenbewältigung

Die Sicherung der eigenen Existenz ist das vorrangige Prinzip im Handeln von Lebewesen. Damit rücken die existenziellen Anforderungen in der Krise an die erste Stelle. So bedeutet der Verlust des Arbeitsplatzes gleichzeitig den Verlust der finanziellen Einnahmequelle und damit der Grundlage, um seinen Lebensunterhalt zu bestreiten. Andererseits sorgen die sozialen Sicherungssysteme dafür, dass der Verlust des Arbeitsplatzes keine existenzielle Bedeutung im Sinne von Leben oder Tod besitzt. Dennoch sinken mit geringeren finanziellen Ressourcen beispielsweise die Möglichkeiten zur Teilhabe am öffentlichen Leben und damit das Wohlbefinden. In einem solchen erweiterten Sinn ist die Existenz damit sehr wohl bedroht und im Zusammenhang mit dem Verlust des eigenen Status und der sozialen Anerkennung zu betrachten.

Der Verlust des Arbeitsplatzes und damit finanzieller Ressourcen bildet einen Anteil der existenziellen Bedrohung, der andere Anteil resultiert aus der Krise insgesamt, der sozialen Abwertung sowie dem drohenden Verlust des mit der Position verbundenen sozialen Status. Die zwangsläufig entstehenden negativen Gefühle sowie die permanente Anspannung beeinträchtigen das Wohlbefinden und in letzter Konsequenz die Gesundheit von Tim K. Somit wird die absehbar eintretende Abwärtsspirale von Anspannung, Stress, Abwesenheit von Wohlbefinden und Krankheit zur wichtigsten existenziellen Anforderung. Die Gesundheit von Tim K. ist als wahrscheinlich wichtigste Ressource unbedingt zu erhalten.

Die selbstwertgefährdenden Anforderungen werden, wie dargestellt, in letzter Konsequenz zu existenziellen Anforderungen. Daher ist bei diesen ihr jeweiliger Beitrag zum Entstehen von Spannung und Stress und Beeinträchtigung des Wohlbefindens entscheidend. Je höher dieser bewertet wird, desto dringlicher ist deren Bewältigung.

Aus diesen Überlegungen resultiert eine Priorisierung der verschiedenen zu bewältigenden Anforderungen.

Wie bereits festgestellt, setzt zielgerichtetes Handeln Ziele voraus. In der beruflichen Krise geht es dabei um die individuellen Lebens- und Berufsziele. Solche Lebens- und Berufsziele haben wir bereits in den vorhergehenden Kapiteln kennengelernt. Zuallererst wären das Herstellen und der Erhalt von Wohlbefinden zu nennen. Die entscheidende Frage lautet also: „Was führt zu persönlichem Wohlbefinden?" In beruflicher Hinsicht bedeutet Wohlbefinden für Tim K., eine herausfordernde Führungsposition mit dem damit verbundenen Status innezuhaben, in der sich Zeiten angespannter Arbeit mit Zeiten sichtbaren und auslebbaren Erfolges abwechseln. Diese Führungsposition hat unmittelbaren Einfluss auf das Netzwerk von Tim K. Er hatte Zugang zu Informationen für die Führungsebene, wurde zu entsprechenden Veranstaltungen und Workshops eingeladen. Die Art und Weise, wie er von seinen Mitarbeiterinnen und Mitarbeitern behandelt wurde, war erkennbar eingefärbt durch seine Bedeutsamkeit innerhalb der Firma. All dies hat ihm viel bedeutet und wird nun gefährdet.

Seine Bewältigungsstrategien und -maßnahmen in der Krise sollen folglich wieder zum Zustand des beruflichen Wohlbefindens führen. Dieses bedeutet für ihn das Erreichen einer Position, die Herausforderung, Status, Spannung und sichtbaren Erfolg sowie das Erleben eigener Bedeutsamkeit bietet.

▪▪ Schritt 3 – Emotionsorientierte und problemorientierte Bewältigung

Erinnern wir uns an den auf Basis des Transaktionalen Stressmodells entworfenen Bewältigungsprozess. Das Transaktionale Stressmodell erklärt die Entstehung und die Bewältigung von Stress. Dabei werden die im Modell beschriebenen Schritte mit dem Ziel durchlaufen, eine als bedrohlich oder zumindest fordernd wahrgenommene Situation zu lösen. Der Spannungszustand und letztendlich der Stress bewirken bei dem Betroffenen, fokussiert und mit Nachdruck eine Lösung herbeizuführen. Unsere Krisenbewältigung hat dasselbe Ziel, nun möchten wir diesen

7

Emotionsorientierte
und problemorientierte
Bewältigung

Schritt bewusst und ausgerichtet an unserem formulierten Ziel durchlaufen.

Zunächst sind die relevanten Anforderungen, die es zu bewältigen gilt, von irrelevanten zu unterscheiden. In den vorangehenden beiden Schritten haben wir genau dieses bewertet. Wir haben die verschiedenen Anforderungen benannt, gesichtet und hinsichtlich ihrer Existenz- und Selbstwertgefährdung bewertet und priorisiert. Anschließend ist zu untersuchen, inwieweit wir über die Ressourcen zur Bewältigung der Anforderungen verfügen. Dabei richten wir unsere Bewertung an dem Ziel aus, unser Wohlbefinden wiederherzustellen. Sind die Ressourcen geeignet, mit den Anforderungen umzugehen und uns zum Wohlbefinden zu führen? Für Tim K. war ein wesentlicher Baustein seines persönlichen Wohlbefindens, eine herausfordernde Führungsposition mit dem damit verbundenen Status innezuhaben. Für ihn war der Wechsel von Zeiten angespannter Arbeit mit Zeiten sichtbaren und auslebbaren Erfolgs besonders wichtig. Um dieses Ziel mit realistischer Aussicht auf Erfolg in seiner Situation zu erreichen, müsste bewiesen werden, dass die erhobenen Vorwürfe unwahr bzw. falsch sind. Da scheinbar bewusst darauf hingearbeitet wurde, ein Fehlverhalten bei Tim K. zu suggerieren, und Tim K. als Beschuldigter nicht im Detail über Informationen hierzu verfügt, fehlen Tim K. die Ressourcen, die zum Beweis seiner Unschuld notwendig wären. Die direkte Lösung der Krise über den Beweis seiner Unschuld bleibt ihm folglich verwehrt. Die Flucht zu ergreifen und sich den Anschuldigungen zu entziehen ist ebenfalls keine Handlungsoption, da in diesem Fall das formulierte Ziel ebenfalls verfehlt würde. Objektiv betrachtet, ist zu dem in dem Fallbeispiel betrachteten Zeitpunkt eine Lösung der Anforderung damit nicht möglich. Es bleibt damit bezogen auf diese Anforderung nur der emotionsorientierte Umgang als Handlungsoption.

Die Erfolgswahrscheinlichkeit der emotionalen Bewältigung von Stress hängt entscheidend von der psychischen Widerstandsfähigkeit ab. In ▶ Kap. 6 hatten wir uns detaillierter damit auseinandergesetzt. So hat uns die Frage beschäftigt, wie psychische Widerstandskraft gezielt gestärkt werden kann. Da wir aktuell in einem „Sandkasten" unter idealisierten Bedingungen arbeiten, setzen wir voraus, dass Tim K. über eine ausgeprägte psychische Widerstandskraft verfügt. Seine bisherige berufliche Karriere lässt diesen Schluss durchaus zu. Ohne ein hinreichendes Maß psychischer Widerstandskraft ist das

Scheitern emotionaler Stressbewältigung von höherer Wahrscheinlichkeit.

Anspannung und Stress resultieren bei Tim K. darüber hinaus aus Anforderungen, die sein Selbstwertgefühl beeinträchtigen. Dabei steht subjektiv wahrgenommenes abwertendes Verhalten in seinen sozialen Beziehungen im Mittelpunkt. Ein emotionsorientierter Bewältigungsansatz wäre demnach darauf ausgerichtet, die eigene, subjektive Bewertung des Verhaltens anderer Menschen zu verändern. Die eigene Haltung zu verändern ist bereits außerhalb von Krisen ein Kraftakt – versuchen Sie es einmal selbst: Nehmen Sie sich beispielsweise vor, einem Menschen, den Sie zutiefst verabscheuen, bei der nächsten Begegnung wertschätzend, zugewandt und freundlich zu begegnen. Sie werden erleben, dass die Veränderung Ihrer Haltung deutlich mehr ist, als nur das eigene Verhalten in der Begegnung anzupassen und eine Rolle zu spielen.

Dennoch lohnt sich der Versuch, bei dem es sehr hilfreich ist, eine vertraute Person an Ihrer Seite zu haben. Im Fall von Tim K. bildet die eigene Unschuldsüberzeugung das Fundament. Ist diese grundlegende Überzeugung nicht vorhanden, gibt es also Selbstzweifel „Da könnte doch etwas gewesen sein?!", so oder ähnlich, werden sich die eigenen Emotionen immer wieder an diesem Punkt festhaken und eine Lösung verhindern. Auf die eigene Unschuldsüberzeugung folgt die Überzeugung, dass sich die Vorwürfe zwangsläufig auflösen müssen, sobald sie genauer untersucht wurden. Unklar ist derzeit nur, wie der zeitliche Horizont bis zur Klärung ist. Erst wenn diese Klärung im zeitlichen Verlauf herbeigeführt wurde, kann damit begonnen werden, die unterbrochenen sozialen Beziehungen wiederaufzubauen.

Zusammengefasst wäre die Einnahme einer stresslösenden eigenen Haltung an dieser Stelle wie folgt: „Ich bin unschuldig, und das werden alle anderen auch erkennen müssen. Meine sozialen Kontakte werden mich wieder wertschätzen, wenn meine Unschuld bewiesen ist. Ich kenne nur den Zeitpunkt noch nicht." Wie gesagt, es geht bei der eigenen Haltung um deutlich mehr, als diese Sätze aufzusagen. Es geht um eine profunde Neubewertung der Situation, daraus werden dann neue Annahmen abgeleitet und aufgebaut. Diese müssen verinnerlicht werden und zur Überzeugung werden. Bestätigen andere Menschen, denen Sie vertrauen, diese Haltung, so wirkt dieses erleichternd. Gelingt dieser emotionsorientierte Bewältigungsansatz und hält er der neuerlichen Bewertung

7

(Re-Appraisal) stand, so kann die weitere, problemorientierte Bewältigung von Anforderungen aus sozialen Kontakten (zunächst) zurückgestellt werden.

Mit der angepassten Haltung sollten Anspannung und Stresslevel sinken, sodass nun der Weg zum eigentlichen Ziel, wieder eine herausfordernde und erfüllende berufliche Aufgabe zu haben, durchdacht und angegangen werden kann. Zur Planung gehören die konkreten Lösungsschritte, die benötigten Ressourcen sowie eventuelle Defizite und Hindernisse, die beseitigt werden müssen. Können benötigte Ressourcen voraussichtlich nicht verfügbar gemacht werden oder bestehende Hindernisse nicht beseitigt werden, so ist der Plan entsprechend anzupassen. Ist eine Anpassung nicht möglich, so sollte die Zielsetzung überdacht werden. Wichtig ist, der Planung eine realistische Einschätzung der Möglichkeiten zugrunde zu legen.

Für Tim K. sind zwei Wege grundsätzlich möglich. Er könnte versuchen, seine bisherige Position zurückzuerhalten, um letztlich den Status quo vor der Krise wiederherzustellen, oder er könnte eine vergleichbare Position in einem anderen Unternehmen anstreben. Beide Varianten sind zu bewerten. Dabei wäre in dem Beispiel als ein wesentlicher Aspekt zu bedenken, welchen Status quo er für seine bisherige Position zugrunde legt. Konkret geht es um die Bewertung der Beziehung zu Niko T. und Marie S. sowie das Versagen von Svenja P., als Führungskraft die vorhandenen Konflikte zu lösen. Sollte die Bewertung ergeben, dass der bisherige Status quo bei genauerer Betrachtung eine geringere Attraktivität besäße als eine neue Position in einem anderen Umfeld, so ergäben sich sehr wahrscheinlich andere Bewältigungsschritte, als wenn die Varianten gleichwertig wären.

Damit sind die Anforderungen so weit bearbeitet, wie es zum in dem Fallbeispiel beschriebenen Zeitpunkt möglich wäre. Auf emotionaler Ebene könnte das Stressniveau gesenkt werden, und über die weiteren persönlichen Ziele besteht Klarheit. Damit reduziert sich die gesamte Krise zu diesem Zeitpunkt auf die Frage, wann der Unschuldsbeweis erbracht werden kann. So weit zu unserer Arbeit im „Sandkasten". Hier noch einmal auf einen Blick die drei zu durchlaufenden Schritte:

Idealtypische
Bewältigung der Krise

❯ 1. **Anforderungen identifizieren und kategorisieren**
2. **Anforderungen bewerten nach Lösbarkeit und Bewältigungsreihenfolge sowie strategische Ziele formulieren**

3. **Stress reduzieren durch emotionsorientierte Bewältigung, problemorientierte Bewältigungs-alternativen entwickeln und problemorientierte Bewältigung planen (Schritte, Ressourcen, Hindernisse)**

Uns ist sehr wohl bewusst, dass wir die Schritte zur Bewältigung idealtypisch und vereinfacht durchlaufen haben. Uns ging es zunächst darum, die wichtigsten Ansatzpunkte zur Bewältigung einer Krise frei von störenden Einflüssen wie tiefer emotionaler Betroffenheit herauszuarbeiten. In unserem Beispiel haben wir daher vorausgesetzt, dass Tim K. aufgrund seiner bisherigen beruflichen Karriere über eine überdurchschnittliche psychische Widerstandsfähigkeit verfügt. Anders ausgedrückt, Tim K. kann emotionsorientierte Bewältigungsstrategien mit einer hohen Erfolgswahrscheinlichkeit anwenden und es insbesondere aushalten, wenn die Bewältigung einer Anforderung zeitlich unbestimmt aufgeschoben ist.

Zusammenfassung

Der Eintritt einer beruflichen Krise ist regelmäßig unvorhergesehen, sodass zunächst ein Schockzustand entsteht, der planvollem und zielgerichtetem Handeln unzugänglich ist. Nachdem dieser überwunden ist, findet eine erste Reaktion statt, in der bisher bewährte Bewältigungsmechanismen versagen. Erst danach werden notwendige Ressourcen mobilisiert, und es kann planvoll reagiert werden. Am Ende steht die Bewältigung der Krise, und es findet eine Neuorientierung statt. Die in der Krise an den Menschen gerichteten Anforderungen können gegen die Existenz gerichtete und gegen die Identität gerichtete Anforderungen unterschieden werden. Entscheidend ist, diese Anforderungen möglichst objektiv zu identifizieren, um Erfolg versprechende Handlungsmöglichkeiten von eher aktionistischen Möglichkeiten unterscheiden zu können. Da unsere Wahrnehmung subjektiv eingefärbt ist, kann eine Fremdeinschätzung sehr wertvoll sein, um am Ende die objektiv bedrohlichen Anforderungen von solchen zu unterscheiden, die zwar subjektiv bedrohlich sind, aber nicht existenziell. Zielgerichtetes Handeln erfordert Ziele, d. h. im Zusammenhang mit einer beruflichen Krise ist es unerlässlich, seine Lebens- und Berufsziele zu formulieren. Idealerweise sind diese schon vor Eintritt der Krise bekannt, ansonsten ist mit der Krise der späteste Zeitpunkt eingetreten, diese systematisch kennenzulernen.

Aus diesen Überlegungen ergeben sich drei Schritte zur Bewältigung der Krise. Im ersten Schritt sind die Anforderungen der Krise möglichst objektiv zu identifizieren und in ihrer Bedeutung zu kategorisieren. Im zweiten Schritt sind die Anforderungen zu bewerten nach Lösbarkeit und Bewältigungsreihenfolge, und es sind die eigenen strategischen Lebens- und Berufsziele zu formulieren. In Kenntnis dieser Grundlagen beginnt als dritter Schritt der eigentliche Bewältigungsprozess, in dem so lange problemorientierte Bewältigungsalternativen geplant, wenn möglich umgesetzt und geprüft werden, bis die Krise überwunden ist. Begleitend wird emotionsorientiert das wahrgenommene Stressniveau gesenkt.

7

Literatur

Caplan, G. (1964). *Principles of preventive psychiatry*. New York: Basic Books.
Cullberg, J. (1978). Krisen und Krisentherapie. *Psychiatrische Praxis, 5*, 25–34.
Lazarus, R. S. (1984). *Stress, appraisal, and coping*. New York: Springer.
Roslieb, F., & Dreher, M. (Hrsg.). (2008). *Krisenmanagement in der Praxis – Von erfolgreichen Managern lernen*. Berlin: Erich Schmidt Verlag.
Selye, H. (1936). A syndrome produced by diverse nocuous agents. *Nature, 138*, 32.
Watzlawick, P. (2010). *Wie wirklich ist die Wirklichkeit? – Wahn, Täuschung, Verstehen* (8. Aufl.). München: Piper.

Prävention – Verbesserung der eigenen Ausgangsposition

8.1   Die eigenen Ressourcen stärken – 141

8.2   Die Bedeutung persönlicher
       Zielsetzungen – 148

8.3   Stärkung der eigenen Wahrnehmung für
       bedeutende Entwicklungen im eigenen
       Umfeld – 157

       Literatur – 162

© Springer-Verlag GmbH Deutschland, ein Teil von Springer Nature 2020
H. Schüler-Lubienetzki, U. Lubienetzki, *Durch die berufliche Krise und dann vorwärts –*,
https://doi.org/10.1007/978-3-662-60536-3_8

8

Ist die Krise erst da, muss auch mit ihr umgegangen werden. Die zu diesem Zeitpunkt gegebene Ausgangssituation bildet gleichzeitig den Startpunkt zum Umgang mit der Krise. Vieles daran ist nicht oder nur gering durch uns beeinflussbar und geschieht einfach. Dennoch existieren immer Anteile an der Ausgangssituation, die von uns selbst abhängen. Wir hatten uns in vorhergehenden Kapiteln beispielsweise schon mit unseren Ressourcen beschäftigt. Es macht sicherlich einen Unterschied, ob wir uns vor der Krise niemals bewusst mit den Thema Ressourcen beschäftigt haben und uns somit mit Eintritt der Krise erstmals orientieren müssen. Günstiger wäre es sicherlich, wenn wir uns unserer Ressourcen bewusst wären und aus einem möglichst umfassenden Repertoire schöpfen könnten. So könnten wir Personen in unserem Netzwerk aktivieren, die uns zur Seite stehen und unterstützen. Erst in der Krise solche Personen zu finden und zu aktivieren ist nach unserer Erfahrung mindestens schwierig, wenn nicht unmöglich.

Ein weiteres wichtiges Thema in der beruflichen Krise bildet der gesamte Fragenkomplex nach den eigenen Lebens- und Berufszielen. Wie soll es denn werden, wenn die Krise überwunden ist? Muss es unbedingt wieder so sein wie vorher, oder gibt es alternative Ziele? Bezogen auf die eigenen Handlungsmöglichkeiten ist schnell ersichtlich, dass ein einzelnes, eng gefasstes persönliches Lebens- und Berufsziel die eigenen Handlungsoptionen eher einschränkt als solche, die alternative Wege zulassen.

Ein dritter Themenkomplex im Zusammenhang mit der eigenen Ausgangsposition bei Eintritt der beruflichen Krise behandelt die Antizipation möglicher krisenhafter Entwicklungen. Alfred Herrhausen hat einmal gesagt, dass Unternehmen dann die meisten Fehler machen, wenn es ihnen gut geht, und nicht, wenn es ihnen schlecht geht. Dieser Satz lässt sich auf die persönliche berufliche Situation in dem Sinne übertragen, dass wir dazu neigen, in beruflich erfolgreichen und entspannten Zeiten aus dem Auge zu verlieren, dass es auch ganz anders sein kann. Es ist daher lohnend, gerade dann über möglicherweise krisenhafte Entwicklungen nachzudenken, wenn eigentlich alles zu unserer Zufriedenheit läuft und unserer Karriere scheinbar nur der Himmel ein Limit setzt.

Lassen Sie uns diese einleitenden Gedanken aufgreifen und uns in den nächsten Abschnitten näher damit beschäftigen.

8.1 Die eigenen Ressourcen stärken

Persönliche Ressourcen wirken im beruflichen Alltag und helfen uns, jeden Tag mit den großen und kleinen Anforderungen umzugehen, die an uns gestellt werden. Im Zusammenhang mit beruflichen Krisen wirken sie präventiv, indem mit der Verfügbarkeit unserer Ressourcen die Wahrscheinlichkeit erhöht wird, krisenhafte Entwicklungen bereits im Ansatz zu beenden oder nach Eintritt der Krise diese zügig zu beenden und eine positive Entwicklung einzuleiten. Erfahrungsgemäß ist der Aufwand, mit einer bereits eingetretenen Krise umzugehen, immer größer, als diese möglichst frühzeitig zu erkennen und der krisenhaften Entwicklung bereits im Ansatz entgegenzuwirken. Insofern bildet das präventive Befassen mit den eigenen Ressourcen einen immens wichtigen Baustein, um unseren erwünschten beruflichen Zielzustand zu erhalten oder wieder zu erreichen.

Konkret bedeutet dieses, insbesondere die drei im Zusammenhang mit der psychischen Widerstandsfähigkeit genannten Ressourcenkomplexe (s. ▶ Abschn. 6.2)

— unser objektives persönliches Repertoire,
— unsere Haltung zu Anderem und Anderen sowie
— unser Ich

Stärkung der drei Ressourcenkomplexe

gerade in beruflichen Phasen, in den alles planmäßig läuft und jede Krise weit weg erscheint, gezielt zu stärken.

Gezielt meint hierbei, in Kenntnis der eigenen Lebens- und Berufsziele sowie möglicher Alternativen (s. auch ▶ Abschn. 9.1) vorzugehen. Gerade in herausgehobenen beruflichen Positionen steigt das Risiko unvorhergesehener Entwicklungen häufig an, sodass nach unserer Ansicht ein „Plan B" zur eigenen Absicherung immer dazugehören sollte.

Das Stärken der drei Ressourcenkomplexe stärkt gleichzeitig die persönliche psychische Widerstandskraft und damit die Fähigkeit, auch in emotional belastenden Situationen handlungsfähig zu bleiben. Die zuvor behandelten Modelle zur psychischen Widerstandsfähigkeit beinhalten durchgängig Komponenten, die sich auf die Kontrolle (u. a. Verstehbarkeit und Handhabbarkeit), auf den Sinn (u. a. Bedeutung und Engagement) sowie auf die eigene Sicht auf das Selbst (u. a. Selbstwirksamkeitserwartung, geringe Leistungsängstlichkeit) beziehen. Die drei Ressourcenkomplexe operationalisieren diese Komponenten und fassen sie zusammen.

Konzentrieren wir uns im Folgenden auf das objektive persönliche Repertoire, das Ressourcen beinhaltet, die einer gezielten Weiterentwicklung und Weiterbildung zugänglich sind. So sind das eigene Wissen und Können gezielt erweiterbar, indem wir kontinuierlich lernen und dabei bereit und offen sind, Neues zu erfahren, zu verstehen und umzusetzen. Je breiter und präsenter diese Bereitschaft ist, desto größer ist die Wahrscheinlichkeit, einer neuen Anforderung gewachsen zu sein. Auch soziale Ressourcen fallen in diesen Komplex. Ein Netzwerk von Menschen, denen wir vertrauen, die wir, wenn nötig, aktivieren können und die dann zur Hilfe kommen, wirkt sich ebenfalls positiv auf unsere Möglichkeiten aus, auf negative Entwicklungen wirkungsvoll zu reagieren.

Neben der Weiterentwicklung und Weiterbildung gilt es auch, sich sein objektives persönliches Repertoire immer wieder präsent zu machen. Ressourcen, die wir zwar besitzen, die uns im entscheidenden Moment jedoch nicht zugänglich sind, da wir schlichtweg vergessen haben, dass wir sie besitzen, sind in dem Moment nutzlos. Ob in Listenform (z. B. ein detaillierter und aktueller Lebenslauf) oder als Mindmap, es lohnt sich, seine Ressourcen für sich sichtbar zu halten und so die Möglichkeit zu haben, sich ihrer zu erinnern und diese im Bedarfsfall abzurufen. Im Exkurs in ▶ Abschn. 4.3 hatten Sie bereits die Ressourcen-Mindmap kennengelernt. Nun möchten wir Sie einladen, dieses Tool gezielt als präventive Maßnahme einzusetzen:

Tool: Ressourcen-Mindmap
Beginnen wir mit der persönlichen Haltung zum Tool Ressourcen-Mindmap. Ressourcen sind etwas Wertvolles und Unerlässliches zur erfolgreichen Gestaltung unserer beruflichen Entwicklung und zum Umgang mit beruflichen Anforderungen. Gleichzeitig sollten sie auch etwas sein, das zeitlich dauerhaft und bei Bedarf verfügbar ist. Übertragen auf Ihre Ressourcen-Mindmap heißt dieses, dass Ihre Bestandsaufnahme entsprechend sorgfältig und beständig zu gestalten ist. Idealerweise ist sie so gestaltet, dass sie jederzeit hervorgeholt werden kann, um sich seiner Ressourcen erneut bewusst zu werden und um jederzeit Anhaltspunkte zu erhalten, wo eine Stärkung oder Entwicklung sinnvoll wäre. Je nach Ihrer persönlichen Präferenz ist ein großes, festes Blatt Papier bzw. Karton oder, als digitale Variante, ein Programm oder eine App

zur Entwicklung von Mindmaps geeignet. Vielleicht
fallen Ihnen noch weitere Möglichkeiten ein, wichtig ist
die persönliche Haltung, etwas zu schaffen, das Sie auf
Ihrem weiteren beruflichen Weg begleiten wird und das
Sie stetig weiterentwickeln. Die Ressourcen-Mindmap
ist Ihr ganz persönlicher Blick auf sich selbst und damit
zutiefst privat. Dritte Personen erfahren nur dann etwas
darüber bzw. daraus, wenn das notwendige Vertrauens-
verhältnis zu diesen besteht. Ein Beispiel wäre, dass Sie
eine vertraute Person (beispielsweise Freund, Freundin
oder Coach) bitten, Sie bei der Gestaltung durch
Feedback und das Aufmerksammachen auf eventuelle
blinde Flecke zu unterstützen. Die Ressourcen-Mindmap
bildet grundsätzlich den Ist-Zustand ab. Es werden
ausschließlich Ressourcen erfasst, die bei möglichst
objektiver Betrachtung tatsächlich vorhanden sind.
Das ist auch der Grund, warum es hilfreich ist, eine
zweite oder dritte Meinung einzuholen. Eine vertraute
Person hat die Möglichkeit, Sie aus deren Sicht auf
Ressourcen aufmerksam zu machen, die Sie gerade
nicht wahrnehmen. Auch kann diese auf eventuelle
eigene Über- und Unterschätzungen hinweisen. Kurz
gesagt, nach unserer Erfahrung ist es sehr wertvoll, die
Ressourcen-Mindmap gemeinsam mit einer vertrauten
Person zu entwickeln.

Eine Mindmap hat den Vorteil gegenüber einer Liste, dass
sie eine natürliche Entwicklung der eigenen Gedanken
zulässt. So gibt es keinen Anfang und kein Ende, es
gibt kein Zuerst oder Zuletzt, auf allen Ebenen können
zu jedem Zeitpunkt Ergänzungen eingefügt werden
und das Wichtigste, die Mindmap ist immer so richtig,
wie Sie sie zeichnen! Beginnen Sie also in der Mitte der
Zeichenfläche mit einem Kreis, in dem beispielsweise
steht „Meine Ressourcen". Lassen Sie im Anschluss die
Mindmap ausgehend davon wachsen (◘ Abb. 8.1).
Wie bereits gesagt, es gibt kein übergeordnetes Richtig
oder Falsch. Welche Äste mit welchen Bezeichnungen
und welchen weitergehenden Verästelungen Sie
einzeichnen ist ganz allein Ihnen überlassen. Es ist
Ihre persönliche Ressourcen-Mindmap, die Sie für
sich gestalten und bei deren Gestaltung allein Sie
bestimmend sind. Unsere weiteren Hinweise sollten
Sie in diesem Kontext betrachten. Wir wissen aus
eigener Erfahrung, dass insbesondere der Beginn
der Mindmap schwerfallen kann. Daher möchten wir

Tool:
Ressourcen-Mindmap

8

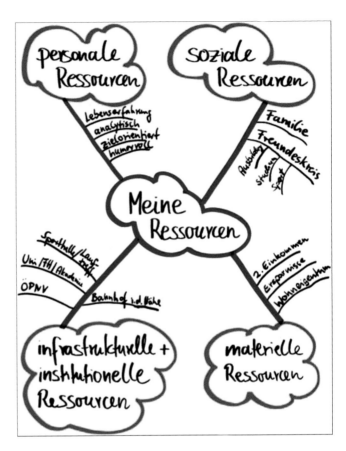

◘ **Abb. 8.1**   Ressourcen-Mindmap (Beispiel)

Ihnen einige Anregungen an die Hand geben, um Ihre Ressourcen-Mindmap zu gestalten:

1. Eine Systematik ist hilfreich, um die eigenen Gedanken zu Beginn etwas zu sortieren. Erinnern Sie sich an ▶ Abschn. 5.3, in dem wir persönliche Ressourcen in die Systematik „Meine personalen Ressourcen", „Meine sozialen Ressourcen", „Meine materiellen Ressourcen" und „Meine infrastrukturellen und institutionellen Ressourcen" unterteilt hatten. In dieser Systematik könnten die ersten Äste der Mindmap gestaltet werden.

2. Zu dem Ast **„Meine personalen Ressourcen"** könnten Sie solche Ressourcen notieren, die Sie persönlich auszeichnen und von welchen Sie nach eigener Auffassung oder auch nach dem Feedback von Dritten profitieren. Hier einige Anregungen:

- Konkrete glückliche und lehrreiche Erfahrungen (aus Ihrer Kindheit, Jugend- und Schulzeit, Ihrem weiteren Bildungsweg, Ihren vorherigen Stellen und Ihrer jetzigen Position, Ihren Freizeit- aktivitäten, mit Familie, PartnerInnen, Freunden, Bekannten)
- Wertvorstellungen (Glaubenssätze und Normen, nach denen Sie im Alltag handeln; religiöse Überzeugungen)
- Ihre körperliche Konstitution (Gesundheit- und Fitnesslevel, individuelle Attraktivitäts- oder Alleinstellungsmerkmale)
- Fachspezifische und -fremde Fertigkeiten und Kompetenzen (Worin sind Sie gut im Vergleich zu Ihrem Bekanntenkreis? Worin tun Sie sich im Vergleich zu Ihren Kollegen hervor?)
- Persönlichkeitseigenschaften (Sind Sie eher extravertiert oder introvertiert? Offen gegenüber neuen Menschen und Erfahrungen? Vorsichtig? Gewissenhaft? Empathisch?)
- Hobbys und Vorlieben (Was genießen Sie? Lesen, kochen, Sport machen, Spiele spielen, verreisen, sich mit Freunden unterhalten, Filme schauen, im Haushalt oder handwerklich tätig werden, fotografieren, schreiben, zeichnen oder Ähnliches?)

3. Der Ast **„Meine sozialen Ressourcen"** könnte Ihr persönliches soziales Netzwerk beschreiben. Benennen Sie die Menschen, mit denen Sie in Kontakt sind, zu denen Sie Vertrauen besitzen und die Ihnen auch in schwierigen Zeiten zur Seite stehen könnten. Dieses könnten beispielsweise sein:
   - Familie (Eltern, Großeltern, Geschwister, Ehemann bzw. -frau, eigene Kinder, Onkel und Tanten, Cousinen und Cousins, Neffen und Nichten usw.)
   - Freunde/-innen und Bekannte (Mit wem haben Sie ab und zu oder regelmäßig Kontakt? Dazu zählen auch Nachbarn oder Vereinsmitglieder. Lassen Sie sich durch Ihre Kontaktliste im Handy oder vielleicht auf Facebook oder Ähnlichem inspirieren.)
   - Kollegen und berufliche Kontakte (Vorgesetzte, Mitarbeiter, Kunden, ehemalige Arbeitgeber usw.)

4. Im Ast **„Meine materiellen Ressourcen"** beschreiben Sie alles Materielle, dass Sie besitzen. Möglichkeiten dafür wären:
   - Finanzielle Mittel wie Gehalt, Erspartes, Wertpapiere etc.
   - Versicherungen
   - Immobilien und weitere werthaltige Mobilien (beispielsweise PKW)
   - Weiteres Materielles
5. **„Meine infrastrukturellen und institutionellen Ressourcen"** beziehen sich auf Möglichkeiten und Gegebenheiten, die für Sie Bedeutung besitzen und sich aus Ihrer Lebensumgebung ergeben. Beispiele hierfür könnten sein:
   - Bildungseinrichtungen (Bibliotheken, Schulen, Universitäten usw.)
   - Infrastruktur und Verkehrsanbindung (Lage des Wohnorts, nahe liegende Bus- und Bahnstationen, Zugang zu Bike- oder Car-Sharing usw.)
   - Kultur- und Freizeiteinrichtungen (Museen, Kinos, Theater, Ausstellungen, Sportplätze oder Fitnessstudios, Restaurants, Parks, Schwimmbäder usw.)
   - Staatliche Institutionen (Ämter, Polizeistationen, Feuerwachen usw.)
   - Gesundheitsinstitutionen (Ärzte, Krankenhäuser, Apotheken, Krankenkassen usw.)

So weit zu unseren Anregungen zu Beginn. Erfahrungsgemäß wird es Ihnen leichter fallen fortzufahren, wenn der Grundstein gelegt ist. Nehmen Sie sich die Zeit, die Sie brauchen. Es gibt keinen Grund, in Hektik zu verfallen. Wichtig ist, dass Sie sich einen möglichst umfassenden Überblick über Ihr Ressourcen-Ist verschaffen. Wenn sich bei der Gestaltung der Ressourcen-Mindmap das Gefühl bei Ihnen einstellt, einen recht umfassenden Blick erreicht zu haben, könnte es sich lohnen, den Fokus Ihrer Überlegungen vom Ist in Richtung einer möglichen Weiterentwicklung zu verschieben. Die Antworten auf folgende Fragen können Ihnen einen Anhaltspunkt liefern, wo es sinnvoll sein könnte, sich weiterzuentwickeln:
- Welche Äste sind stark entwickelt? – Führen Sie sich vor Augen, welche Ressourcen qualitativ und auch quantitativ besonders wertvoll sind. Lassen Sie sich dabei ruhig auch von Ihrem Gefühl leiten, indem Sie

das Wohlbefinden zulassen, wenn Sie bestimmte Bereiche der Ressourcen betrachten.

- Welche Äste haben Entwicklungspotenzial? – Die Gesamtsicht auf Ihre Ressourcen bietet die Chance, Bereiche zu entdecken, die nur gering entwickelt sind. Lassen Sie auch an dieser Stelle das Gefühl zu, dass etwas nicht vollkommen ist und dass dort Handlungsbedarf bestehen könnte. Benennen Sie diese Stellen, und formulieren Sie geeignete Entwicklungsziele, um diese Bereiche für die Zukunft zu stärken.
- Wo fehlt etwas? – Dass Sie Bereiche in der Ressourcen-Mindmap entdecken, wo etwas fehlt, liegt in der Natur des Tools. Diese zu benennen, um dort mit der eigenen Weiterentwicklung und Ergänzung anzusetzen, ist eines der Ziele in der Anwendung des Tools. An diesen Stellen kann es passieren, dass wir es nicht zulassen, Defizite zu erkennen. Nennen wir es Verdrängen oder Ignorieren, im Ergebnis lohnt es sich dort hinzuschauen und hinzugehen, wo wir eigentlich nur ungern oder widerwillig hinmöchten. Vertraute Personen sind gerade bei der Identifikation solcher Bereiche, die uns unangenehm und damit offenkundig unterausgeprägt sind, oft unerlässlich. Deren deutlich geringer ausgeprägte emotionale Betroffenheit ermöglicht einen objektiveren Blick und eröffnet die Chance, etwas zu erkennen und danach anzugehen, das uns spürbar weiterbringt.

Als letzten Hinweis zur Ressourcen-Mindmap möchten wir anregen, dass Sie sich anlassbezogen und auch in regelmäßigen Abständen damit befassen. Solche Anlässe könnten neue berufliche Anforderungen oder auch eine Veränderung in Ihren persönlichen Lebens- und Berufszielen sein.

Ihre persönliche Ressourcen-Mindmap liegt nun vor Ihnen. Sie kennen somit Ihre Ressourcen und haben die Chance, unterausgeprägte Bereiche zu identifizieren und gezielt zu stärken. In der Krise gibt diese Ihnen wertvolle Hinweise, auf welche Ressourcen Sie zurückgreifen können, um, ausgerichtet an Ihren persönlichen Lebens- und Berufszielen, diese zu bewältigen. Auf die präventive Bedeutung von klaren persönlichen Lebens- und Berufszielen sowie von alternativen Zielen gehen wir im nächsten Abschnitt ein (▶ Abschn. 8.2).

8

Die Ressourcenkomplexe „Eigene Haltung zu anderem und anderen" sowie „Unser Ich" haben einen etwas anderen Charakter als unser objektives persönliches Repertoire. Die **eigene Haltung zu anderem und anderen** zielt auf die Bedeutung dessen ab, was wir als Ziele verfolgen. In diesem Ressourcenkomplex lohnt es sich, regelmäßig zu überprüfen, ob das, womit wir uns im beruflichen Kontext beschäftigen, auch wirklich das ist, was wir als sinnvoll und für uns bedeutend empfinden. Erst Sinn und Bedeutung führen zu Engagement und damit zu Nachdruck in unserem Handeln. Sich selbst zu erforschen und das zu erkennen, was im Beruf wirklich von Bedeutung ist, hilft, den eigenen Blick auch für Alternativen zu weiten. Es lohnt sich, sich in Zeiten „wohliger Wärme" im Beruf zu fragen, ob dieses Gefühl von Dauer sein kann oder ob es sinnvoll sein könnte, den eigenen Blick auf weiterführende Möglichkeiten zu richten. Im folgenden Abschnitt sowie in ▶ Abschn. 9.1 beschäftigen wir uns vertieft mit unseren persönlichen Zielen und mit Möglichkeiten, die Ziele zu identifizieren, denen gegenüber wir eine positive Haltung besitzen.

Unser Ich zu stärken ist eine große Herausforderung. Ist unsere Identität doch eng verwoben mit unserer Persönlichkeit. Dennoch ist auch dieser Ressourcenkomplex uns insofern zugänglich, dass wir uns unser Selbst zunächst bewusst machen. Das eigene Ich zu erkennen ist der erste Schritt, sich selbst und seine Reaktionen auf Anforderungen zu verstehen. Fremdeinschätzungen von vertrauten Personen können hilfreich sein, sich selbst zu erfahren. Sein Selbst zu verändern ist jedoch nur sehr eingeschränkt möglich. Insbesondere wenn es sich um Persönlichkeitsanteile handelt, deren Ursachen in der persönlichen Lebensgeschichte liegen, ist unser Ich nur über therapeutischen Beistand zugänglich.

Die Überlegungen zu den drei Ressourcenkomplexen zeigen, dass Klarheit über die eigenen Lebens- und Berufsziele im Kern notwendig ist, um grundsätzlich und insbesondere in der Krise handlungsfähig zu sein. Überlegen wir also im nächsten Abschnitt, wie es gelingen kann, diese Klarheit zu erreichen.

8.2 Die Bedeutung persönlicher Zielsetzungen

In der beruflichen Krise besteht eine wichtige Herausforderung darin, zu erfassen und zu verstehen, was überhaupt passiert und was die wesentlichen Anforderungen

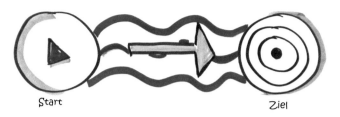

Start   Ziel

■ **Abb. 8.2** Strategie – „a pattern in a stream of decisions". (Nach Mintzberg 1987)

sind, die an uns gerichtet werden. Um den Weg aus der Krise zu finden und am Ende wieder zu persönlichem Wohlbefinden zu kommen, ist der Zielpunkt, auf den unsere Maßnahmen zur Krisenbewältigung ausgerichtet sind, mindestens genauso bedeutend. Auf oberster Ebene hängt unsere gesamte Strategie der Krisenbewältigung davon ab. Was bedeutet der Begriff Strategie in diesem Zusammenhang? Es existiert eine Vielzahl von Definitionen für den Begriff Strategie. Diese haben wahrscheinlich alle in ihren unterschiedlichen Kontexten ihre Berechtigung, stellen sie doch eine Modellvorstellung dar, anhand derer jeweils relevante Sachverhalte und Entwicklungen beschrieben und analysiert werden können und sollen. In unserem Kontext möchten wir uns an eine Strategiedefinition von Henry Mintzberg anlehnen, der Strategie als ein Muster in einem Strom von Entscheidungen – „a pattern in a stream of decisions" (Mintzberg 1987) – bezeichnet (■ Abb. 8.2).

Eine Bewältigungsstrategie ist damit nicht ein starrer Pfad, auf dem wir uns von unserem Ausgangspunkt zu einem Zielzustand bewegen, sondern eher vergleichbar einem Fluss, bei dem es Kurven, Stromschnellen oder flache und tiefe Abschnitte gibt. Eines ist jedoch, um in dem Flussbild zu bleiben, unveränderlich, der Fluss fließt immer von der Quelle zur Mündung, so wie die Bewältigungsstrategie uns immer von der Ausgangssituation durch die Krise zu unserem Zielzustand und damit zu neuem Wohlbefinden führen soll. In der Terminologie von Antonovsky (1997) geht es also darum, wieder zum Kohärenzgefühl zu gelangen und uns im Gesundheits-Krankheits-Kontinuum in Richtung von Gesundheit und Wohlbefinden zu bewegen.

In ▸ Abschn. 5.1 hatten wir uns mit dem Transaktionalen Stressmodell nach Lazarus (1984) und dem darin enthaltenen Bewältigungsprozess (Coping) befasst. Den Ausgangspunkt bildete eine Anforderung, der nicht unmittelbar begegnet werden konnte, was diese zur Belastung

Strategie als Muster in einem Strom von Entscheidungen

oder sogar Bedrohung machte und damit Stress auslöste. Der Stress konnte entweder dadurch bewältigt werden, dass mit der belastenden oder bedrohlichen Anforderung umgegangen wurde, oder dadurch, dass die eigene Haltung der Anforderung gegenüber verändert wurde, d. h. die Anforderung wird im Ergebnis kognitiv und emotional nicht mehr als belastend oder bedrohlich wahrgenommen und erlebt.

In ▶ Abschn. 7.2 hatten wir dazu einen modellhaften Ablauf zur Krisenbewältigung aufgezeigt, der aus drei Schritten bestand:

Schritt 1 – Sichtung und Einordnung der wichtigsten Anforderungen

Schritt 2 – Bewertung der Anforderungen und Formulierung der Ziele der Krisenbewältigung

Schritt 3 – Emotionale und problemorientierte Bewältigung

Unser strategisches Vorgehen besteht also darin, dass wir zunächst unsere Ausgangssituation ermitteln, dann unseren gewünschten Zielzustand formulieren und dann bestimmen, wie wir mittels eines geeigneten Maßnahmenbündels vom Ausgangspunkt zum Ziel gelangen. Hätten wir die vollständige oder zumindest weitgehende Kontrolle über alle relevanten Einflussfaktoren und Ressourcen, wäre Krisenbewältigung folglich nichts anderes als ein strukturierter Prozess, der zunächst geplant und dann nur noch abgearbeitet werden müsste. In diesem Fall bildet die Strategie eine Klammer um die Maßnahmen, die ergriffen werden müssen, um die krisenhaften Entwicklungen abzuwenden. Kurz gesagt würde die Strategie lauten: „Handle so, dass die Krise abgewendet wird."

Jeder Mensch, der eine Krise durchlebt hat, weiß, dass eine Begleiterscheinung der Krise gerade die fehlende Klarheit in Bezug auf die eigene Ausgangssituation sowie oft auch in Bezug auf die zu verfolgenden Ziele ist. In diesem Zusammenhang möchten wir darauf hinweisen, dass fehlende Zielsetzungen Krisen sogar begünstigen können, wenn beispielsweise eigene Handlungen in Richtungen führen, die uns von dem Zustand des Wohlbefindens entfernen. So ist der Krise inhärent, dass wir nicht alle relevanten Einflussfaktoren und Ressourcen unter unserer Kontrolle haben, die wir benötigen, um die Krise abzuwenden. Damit würde die Strategie „Handle so, dass die Krise abgewendet wird" zunächst aufgrund fehlender Ressourcen ausscheiden, und wir würden eine alternative Strategie benötigen. Präventiv sinnvoll wäre es somit, wenn wir bereits vor einer Krise unseren Zielzustand, der für uns mit persönlichem

Wohlbefinden einhergeht, beschrieben hätten. Es geht also um die Beschreibung des Zieles, sodass deutlich wird, wann keine Krise mehr vorliegt bzw. diese endgültig abgewendet ist. So spiegelt eine persönliche Krise offensichtlich eine gravierende Diskrepanz zwischen den persönlichen Zielen eines Menschen und der erlebten Ist-Situation wider. Solche Soll-Ist-Abweichungen könnten klar benannt und beschrieben werden, wenn die Ziele bekannt sind – wenn z. B. plötzlich angestrebte Karrierewege verbaut sind oder gar die eigene, als Berufung wahrgenommene Position gefährdet ist. Weitere Zielsetzungen, die sich meistens unmittelbar aus der Krisensituation ergeben, sind emotionaler Art, wenn negative Gefühle wie beispielsweise Ärger und Angst überwältigende Ausmaße annehmen und das persönliche Wohlbefinden erheblich einschränken oder sogar krank machen.

Es geht also im Kern bei der Bewältigung der Krise darum, die Diskrepanz zwischen der eigenen Zielvorstellung (Soll) und der erlebten Krisensituation (Ist) zu verringern bzw. möglichst gänzlich zu beseitigen. Wie wäre es, wenn die eigene Zielvorstellung Alternativen zuließe? Wenn es uns in der Krise möglich wäre, an Stelle des uns nun verwehrten Ziels ein weiteres, möglichst ebenbürtiges oder sogar höheres Ziel anzustreben, das weniger oder gar nicht von der Krise beeinflusst wird? Die Strategie „Handle so, dass die Krise abgewendet wird" zielt in erster Linie dahin, die im Zusammenhang mit der Krise gegebenen Anforderungen und Umstände so zu verändern, dass unsere von uns gesetzten Ziele beibehalten werden können. Mit anderen Worten, unsere Maßnahmen sind so angelegt, dass unsere Situation nach der Krise ungefähr so ist wie vor der Krise. Alternative Ziele, die einen Zustand beschreiben, der anders ist als vor der Krise, könnten eine zweite grundsätzliche Strategie ermöglichen. Diese könnte lauten: „Strebe alternative Ziele an und weiche, wenn möglich, der Krise weitestgehend aus." Diese Strategie passt im weitesten Sinne zu dem Bild, dass eine Krise auch immer eine Chance beinhaltet. Diese Chance bestünde darin, etwas wirklich Neues zu finden und anzustreben, mit dem wir uns selbst weiterentwickeln und im Ergebnis mindestens dasselbe Gefühl von Kohärenz und Wohlbefinden erreichen wie vor der Krise.

Schauen wir uns dieses Spannungsfeld zwischen dem Festhalten an und Anstreben von bisherigen Zielen und dem Ausweichen auf neue Ziele genauer an. Brandtstädter unterscheidet hierzu in seinem Modell zwei grundlegende Verhaltensmuster, die er als „assimilativ" und „akkommodativ" bezeichnet (Brandtstädter 2015, S. 90). Assimilatives

> Bedeutung von Lebens- und Berufszielen

> Strategische Überlegungen – Den früheren Zustand wiederherstellen oder alternative Ziele anstreben

8

Verhalten beschreibt ein Muster, in dem der Mensch daran arbeitet, gegebene Bedingungen und Umstände so zu verändern, dass er persönliche Ziele erreicht. Akkommodatives Verhalten beschreibt, dass der Mensch seine Ziele an gegebene Bedingungen und Umstände anpasst. Diese Verhaltensweisen wirken auf den ersten Blick gegensätzlich, indem einerseits an Bestehendem festgehalten wird und andererseits Neues angestrebt wird. Bei genauerer Betrachtung ist jedoch erkennbar, dass beide Verhaltensweisen sich ergänzen. Ein Mensch, der seine Ziele unabhängig von den äußeren Gegebenheiten, zu denen auch die Interessen anderer Menschen zählen, verfolgt, würde sehr wahrscheinlich als kompromisslos, rigide und zutiefst egoistisch wahrgenommen werden. Auf der anderen Seite könnte jemand, der seine Ziele bei geringstem Widerstand an die Gegebenheiten anpasst, als unstet, chaotisch oder auch opportunistisch wahrgenommen werden. Besitzt ein Mensch sowohl ein assimilatives als auch ein akkommodatives Verhaltensrepertoire, so kann es ihm gelingen, bei Widerstand (wie beispielsweise Krisen) lange genug an seinen Zielen festzuhalten und zum richtigen Zeitpunkt diese so zu verändern, dass er wieder handlungsfähig wird (Brandtstädter 2015). Die entsprechenden adaptiven Kompetenzen bzw. Ressourcen eines Menschen, d. h. die Fähigkeit, mit erlebten Schwierigkeiten bei der eigenen Zielerreichung umzugehen, sind die „assimilative Persistenz" sowie die „akkommodative Flexibilität" (Brandtstädter 2015, S. 92). Assimilative Persistenz ermöglicht es, auch bei schärferem Gegenwind weiter seine Ziele anzusteuern. Akkommodative Flexibilität schützt davor, seine Ressourcen in erfolglosen Anstrengungen zu verschwenden. Auch in diesem Fall bildet das Finden der Balance zwischen dem Festhalten an erreichbaren Zielen und dem Loslassen von unerreichbaren Zielen einen Grundpfeiler persönlichen Wohlbefindens. Extreme Positionen wie das erfolglose und kräftezehrende Festhalten an faktisch unerreichbaren Zielen oder das zu rasche Aufgeben auch bei kleinen Schwierigkeiten sind dabei „dysfunktionale Nebenwirkungen" (Brandtstädter 2015, S. 93).

Assimilative Persistenz
und akkomodative
Flexibilität

Ist die Krise bereits da, wäre assimilative Persistenz die passende Überschrift für die bereits genannte Handlungsstrategie „Handle so, dass die Krise abgewendet wird". Wenn wir an einem bestimmten Punkt der Krise erkennen, dass diese Strategie faktisch nicht erfolgreich sein kann, da unsere Ressourcen und Kräfte nicht ausreichen, könnten wir unseren Blick auf die akkommodative Flexibilität richten. Wir passen in diesem Fall die eigenen Ziele so weit an, dass diese realistisch zu erreichen sind, und passen unser Verhalten und unsere Handlungen darauf an. Die Handlungsstrategie lautet nun „Strebe alternative Ziele an und weiche der Krise weitestmöglich aus". Die entscheidende Frage wäre, inwieweit wir zu einem Zeitpunkt, an dem die Krise uns bereits erfasst hat und zu dem wir mit unzähligen Anforderungen und negativen Emotionen belastet sind, realistischerweise in der Lage sind, adäquate alternative Ziele abzuleiten und zu formulieren. Sicherlich können auch erst in der Krise alternative Ziele gefunden werden, jedoch besteht aufgrund der ungünstigen Umstände wie Zeitdruck und emotionale Betroffenheit die Gefahr, dass mit höherer Wahrscheinlichkeit alternative Ziele angestrebt werden, die zwar erreichbar sind, gleichzeitig aber auch Abstriche im eigenen Anspruch beinhalten und damit nicht den bisherigen gleichwertig sind. Daher lohnt es sich, sich frühzeitig und kontinuierlich mit seinen Lebens- und Berufszielen zu befassen. In ▶ Kap. 9 werden Sie verschiedene, aufeinander aufbauende Tools kennenlernen, um sich systematisch mit Ihren Lebens- und Berufszielen zu befassen. Diese Tools sind sowohl geeignet, um in der Krise eingesetzt zu werden, noch effektiver sind sie, wenn sie präventiv angewendet werden, sodass sogar die Möglichkeit eröffnet wird, auch außerhalb einer Krise sich unerwartet ergebende Chancen zur Steigerung des eigenen Wohlbefindens zu erkennen, zu bewerten und bei positiver Bewertung auch zu ergreifen.

Lassen Sie uns schließen mit einigen Gedanken zur Gestaltung möglicher alternativer Ziele. Notwendige Voraussetzung ist, dass die alternativen Ziele bzw. der alternative Zielzustand zu uns und den uns zur Verfügung stehenden Ressourcen passt. Unsere drei Ressourcenkomplexe bilden dabei den Maßstab. Das objektive persönliche Repertoire beinhaltet die Hilfsmittel, die uns zur Verfügung stehen, um entweder die Krise zu bewältigen oder auch um alternative Ziele anzustreben. Die Erkenntnis, dass akkommodative Flexibilität von uns gefordert ist, resultiert letztendlich daraus, dass uns die zur Krisenbewältigung notwendigen Ressourcen nicht zur Verfügung stehen und auch nicht mit verhältnismäßigem Aufwand verfügbar gemacht werden können. Übertragen auf die alternativen Ziele bedeutet dieses, dass die Ziele so gewählt werden sollten, dass diese idealerweise zu unseren Ressourcen passen oder dass es uns mit vertretbarem Aufwand gelingt, diese uns verfügbar zu machen. Schauen wir uns dazu ein Beispiel an:

Einen alternativen
Zielzustand anstreben

Beispiel

Tim K. dachte in seiner Krise viel über Alternativen nach. „Warum nicht einfach alles hinschmeißen und ganz neu anfangen?", dachte er manchmal. So dachte er darüber nach, in die Lehre und vielleicht auch Forschung zu gehen. Dozent an einer Hochschule oder einer Akademie, an der er sein Wissen und insbesondere seine Erfahrungen weitergeben konnte, wäre eine solche Alternative. Nach Abschluss seines Studiums hatte er sich nie wieder mit akademischer Arbeit befasst. In seiner Karriere passierte einfach so viel Interessantes, dass es nie ein Thema war. Bei genauerer Betrachtung erkannte Tim K., dass ihm wichtige Ressourcen zum Start einer akademischen Laufbahn fehlten. So sind die Vernetzung in der akademischen Community sowie der akademische Ruf aufgrund eigener Veröffentlichungen von Bedeutung für die Laufbahn an einer Hochschule. Wollte er das Ziel, in die Lehre an einer Hochschule zu gehen, also umsetzen, müsste er zunächst einen größeren zeitlichen Aufwand investieren, nur um die genannten Ressourcen aufzubauen. Und selbst wenn ihm dieses gelänge, gebe es natürlich keine Garantie, dass er eine Anstellung an einer Hochschule fände. Unter dem Strich führten seine Überlegungen dazu, dass er es bei vertretbarem Aufwand als unrealistisch einschätzte, an eine Hochschule als Dozent zu wechseln.

Seine Überlegungen zu alternativen Zielen führten jedoch dazu, dass er das Ziel, sein Wissen und seine Erfahrungen anderen Menschen zu vermitteln, festhielt. Zu einem späteren Zeitpunkt, nachdem er die Krise überwunden hatte, griff er übrigens dieses Ziel auf, indem er neben seiner neuen beruflichen Aufgabe in Veröffentlichungen, in Vorträgen und auch in Seminaren sein Wissen an andere Menschen weitergab.

Ist die Grundbedingung, dass die alternativen Ziele zu unseren Ressourcen passen, nicht gegeben, würde mit einer gewissen Wahrscheinlichkeit die bestehende Krise nur durch ein Misserfolgserlebnis und damit vielleicht eine andere Krise ersetzt.

Der zweite Ressourcenkomplex umfasst unsere Haltung anderem und anderen gegenüber. Unsere Haltung zu dem neuen Ziel sollte positiv geprägt sein. Ein alternatives Ziel ist, vereinfacht gesagt, nicht per se adäquat. So könnten wir es als zweite Wahl wahrnehmen. Unsere erste Wahl bliebe das gegenwärtig unerreichbare Ziel, die Krise zu bewältigen und den Ursprungszustand wiederherzustellen. Unsere Haltung zu dem alternativen Ziel als nur zweitbeste Lösung könnte somit negativ belegt sein. Umso wichtiger ist es, dass das alternative Ziel für uns Sinn ergibt und so bedeutsam ist, dass wir es wahrhaftig anstreben möchten. Alternative Ziele, die wir nur anstreben, weil sie uns erreichbar erscheinen, die wir aber innerlich ablehnen, sind ungeeignet, da diese zwangsläufig nicht herausfordernd, sondern eher belastend wirken. In letzter Konsequenz steuern wir auf die nächste persönliche Krise zu. Hierzu ein Beispiel:

> Die gesamten Untersuchungen und damit die Krise dauerten mehrere Monate. Als klar wurde, dass sämtliche Anschuldigungen gegen Tim K. gegenstandslos waren, hatte Tim K. u. a. ein Gespräch mit dem Personalvorstand eines Konzerns, den er entfernt aus seiner bisherigen Position kannte. In dem Gespräch ging es darum, dass Tim K. Mitglied der Geschäftsführung eines Tochterunternehmens werden sollte, um in dieser Funktion dessen Inlandsgeschäft anzukurbeln. Klang das nicht fast zu schön, um wahr zu sein? Tim K. könnte in einem neuen Umfeld nahtlos an seine bisherige Karriere anknüpfen! Eigenartigerweise wollte sich bei Tim K. keine ungetrübte Freude einstellen. Eigentlich war alles perfekt, die Position passte, das Gehalt passte, nur … die Branche passte überhaupt nicht zu seinen Grundüberzeugungen. Tim K. war niemals ein fanatischer Umweltschützer, jedoch war seine grundlegende Haltung, dass jeder Mensch seinen, wenn auch kleinen Beitrag, zum Erhalt dessen, was die Natur den Menschen bietet, leisten sollte. Diese Haltung passte nicht dazu, dass das Unternehmen, um das es ging, chemische Produkte, genauer gesagt Giftstoffe, produzierte, die in der Landwirtschaft eingesetzt wurden. Tim K. war kurzzeitig hin und her gerissen, sagte dann jedoch aus tiefer Überzeugung das Stellenangebot ab.

Unser Ich schließlich bildet den dritten Ressourcenkomplex. Verfügen wir über das notwendige persönliche Repertoire und haben wir eine positive Haltung, so sind wichtige Eckpfeiler vorhanden, dass das alternative Ziel auch zu unserem Ich, unserem Selbst und unserer Identität passt. Unsere personale Identität entwickelt sich aus uns selbst, d. h. aus unserer Persönlichkeit und allem, was wir auf unserem Lebensweg erfahren und erlebt haben. Unsere soziale Identität entsteht daraus, wie wir glauben, in unserem jeweiligen sozialen Kontext sein zu sollen. So sollte das alternative Ziel dem Abgleich mit unserem Ich standhalten. Verdeutlichen wir uns dieses an einem weiteren Beispiel:

8

Beispiel

Endlich war es geschafft. Sämtliche gegen Tim K. erhobenen Vorwürfe waren entkräftet. Kurz danach meldete sich der Personalchef seines bisherigen Konzerns mit der Frage, ob Tim K. nicht wieder für den Konzern tätig sein möchte. Das Tochterunternehmen wurde mittlerweile umstrukturiert, sodass eine Rückkehr auf seinen bisherigen Posten in der Geschäftsführung nicht möglich wäre, es wäre jedoch in der Konzernzentrale eine leitende Position für ihn frei. Diese wäre hierarchisch zwar niedriger angesiedelt als seine vorherige Position in der Geschäftsführung des Tochterunternehmens, jedoch könnte Tim K. die Position ohne gehaltliche Einbußen bekommen. „… und wer weiß, was die Zukunft noch bringt?", fügte der Personalchef vieldeutig, ohne konkreter zu werden, hinzu.

Tim K. erbat sich einige Tage Bedenkzeit. In dieser Zeit dachte er über die angebotene Position nach. Sicherlich konnte er mit seinen Fähigkeiten und Erfahrungen die Position sehr gut ausfüllen. Auch erinnerte er sich gerne an seine Zeit in der Konzernzentrale als Leiter der Unternehmensstrategie zurück, sodass er mit einem durchaus positiven Gefühl auf die vakante Position schaute. Auch das Gehalt war in Ordnung. Eines passte jedoch aus seiner Sicht überhaupt nicht. Er sah sich als einen Menschen, dessen Karriere nach oben verlief. Er war nun vollständig rehabilitiert, und in seine aktuelle Situation war er nur deshalb geraten, weil eine Intrige gegen ihn gesponnen wurde. Ein solcher Karriererückschritt passte grundsätzlich nicht zu ihm und erst recht nicht in der gegebenen Situation. Ihm fiel die Entscheidung zwar nicht leicht, dennoch lehnte er die ihm angebotene Position dankend ab. Die Diskrepanz zu dem, wie er sich selbst sah, war einfach zu groß.

Die extremste Form akkommodativer Flexibilität wäre, sich der krisenbehafteten beruflichen Situation durch eigene Kündigung oder Rücktritt vollständig zu entziehen. Auch diese Alternative sollte der Überprüfung der drei Ressourcenkomplexe standhalten. So wäre beim persönlichen objektiven Repertoire beispielsweise von Bedeutung, welche materiellen Mittel uns nach diesem Schritt zur Verfügung stehen. Je geringer materielle Ressourcen uns zur Verfügung stehen, desto höher wäre die Bedeutung des regelmäßigen Gehalts, das mit einer Kündigung verloren ginge. Die Haltung zu anderem und anderen erhält besondere Bedeutung, wenn unsere Arbeit eng verbunden ist mit unseren sozialen Kontakten. So könnte die Gefahr entstehen, dass uns persönlich wertvolle Kontakte zu

Kolleginnen und Kollegen verloren gehen, die wir bei unserer Arbeit nicht missen möchten. Auf unser Ich schließlich könnte die Kündigung wie eine Flucht wirken. In diesem Fall passt Kündigung nicht zum Selbst, weil derjenige sich als einen Menschen wahrnimmt, der Probleme angeht und nicht vor ihnen davonläuft. Wir hatten bereits mehrfach auf die Bedeutung des Austausches mit einer vertrauten Person hingewiesen. Zur Beleuchtung der Frage, ob eine Kündigung oder ein Rücktritt eine geeignete Maßnahme wäre, raten wir unbedingt, mindestens eine zweite Meinung einer vertrauten Person einzuholen. Dieser Schritt ist immer mit existenziellen Auswirkungen verbunden, sodass ein wohlmöglich überstürztes Handeln unbedingt vermieden werden sollte.

Unsere Ausführungen zeigen, es sich lohnt, sich möglichst frühzeitig, spätestens jedoch mit Eintritt der Krise, mit seinen Ressourcen und mit seinen Zielen zu befassen. Präventives Handeln bedeutet in diesem Zusammenhang, sich bewusst dann dafür Zeit zu nehmen, wenn eigentlich alles in bester Ordnung ist und zu unserer Zufriedenheit läuft.

Das vorausschauende Auseinandersetzen mit möglicherweise krisenhaften Entwicklungen, um das es im nächsten Abschnitt geht, rundet die präventiven Möglichkeiten ab.

8.3 Stärkung der eigenen Wahrnehmung für bedeutende Entwicklungen im eigenen Umfeld

Der Volksmund sagt „Gefahr erkannt, Gefahr gebannt". Damit ist gemeint, dass das Auseinandersetzen mit Gefahren und Risiken, die Krisen sicherlich darstellen, Möglichkeiten eröffnen, diesen bei deren Auftreten Erfolg versprechend zu begegnen. Es geht demnach darum, mit Risiken behaftete Entwicklungen frühzeitig zu erkennen und möglicherweise frühzeitig zu entschärfen. Es liegt in der Natur der Krise, dass diese nur in engen Grenzen vorhersagbar ist. Wäre es anders, würde diese wahrscheinlich gar nicht eintreten. Auch könnten Entwicklungen Chancen beinhalten, deren Nutzung in unserem Interesse sein könnte. Daher schlagen wir vor, mögliche Entwicklungen im eigenen Umfeld unabhängig, ob diese ein Risiko oder eine Chance darstellen, zu antizipieren. Ein Tool zur systematischen Analyse ist die sog. SWOT-Analyse (**S**trength-**W**eaknesses-**O**pportunities-**T**hreads-Analyse), die die eigenen Stärken und Schwächen sowie die Chancen und Risiken in unserem Umfeld aufzeigt und analysiert. Eine SWOT-Analyse wird regelmäßig im Rahmen strategischer

Analysen von Unternehmen eingesetzt, ist jedoch mindestens genauso zielführend, wenn es um persönliche strategische Überlegungen wie im vorliegenden Fall geht. Schauen wir uns das Tool auf unsere persönliche Situation bezogen genauer an:

8

Krisenhafte
Entwicklungen
frühzeitig erkennen

Tool: Persönliche
SWOT-Analyse

Persönliche SWOT-Analyse

Die SWOT-Analyse hat eine interne Sicht, in der wir uns selbst betrachten, und eine externe Sicht, die die Entwicklungen in unserem Umfeld untersucht. Die Stärken und Schwächen beziehen sich auf uns selbst und die Chancen und Risiken darauf, was unser persönliches Umfeld uns jetzt und zukünftig bietet. Die in ▶ Abschn. 8.1 erarbeitete Ressourcen-Matrix liefert für Ihre persönliche SWOT-Analyse wertvolle Hinweise. Durchlaufen Sie dazu bitte folgende Schritte:

1. Listen Sie Ihre wichtigsten persönlichen Stärken bzw. Ressourcen auf. Wenn Sie sich bereits mit Ihren Ressourcen befasst haben und Ihre Ressourcen-Mindmap aufgezeichnet haben, so sollte diese Ihre Stärken beinhalten. Betrachten Sie dazu Ihre Ressourcen und wählen diejenigen aus, die aus Ihrer Sicht Ihre größten Stärken markieren.
2. Listen Sie Ihre wichtigsten Schwächen bzw. Defizite auf. Auch in diesem Fall gibt Ihnen die Ressourcen-Mindmap wichtige Hinweise auf Ihre Schwächen bzw. Defizite. Äste oder Bereiche der Ressourcen-Mindmap, in denen etwas fehlt, geben Hinweise auf mögliche Defizite oder auch auf Ressourcen, die zwar vorhanden sind, aber Entwicklungspotenziale bieten.
3. Betrachten Sie nun Ihr berufliches Umfeld und listen Chancen und auch Risiken auf, die dieses bieten könnte. Zwei Bereiche sollten dabei erfahrungsgemäß besonders analysiert werden: die heutige und zukünftige Organisation einschließlich möglicher Entwicklungen, die die Organisation beeinflussen, sowie Ihr soziales Umfeld an Ihrem Arbeitsplatz und dessen mögliche Entwicklung. So könnte sich die Organisation aufgrund von verschiedenen Einflüssen wie Veränderung des Geschäfts oder organisationsverändernde Initiativen verändern. Dieses bietet einerseits die Chance, sich selbst in der Organisation weiterzuentwickeln, und andererseits das Risiko, im Zuge der Veränderung die eigene Position zu schwächen. Zur Analyse von Chancen und Risiken

im sozialen Umfeld am Arbeitsplatz ist die berufliche Umfeldanalyse geeignet. Zeichnen Sie dazu sich selbst als Kreis in die Mitte eines Blattes Papier und ordnen alle aus Ihrer Sicht relevanten Personen um sich herum an. Nutzen Sie unterschiedliche Darstellungsmittel, um die Beziehung zu der jeweiligen Person zu visualisieren. Fragen in diesem Zusammenhang sind u. a.: Steht diese Ihnen nah oder nicht? Ist die Beziehung freundlich, konfliktär oder neutral? Gibt es Allianzen? Beispielhaft könnte die **Umfeldanalyse** im Ergebnis, wie in ◘ Abb. 8.3 dargestellt, aussehen

4. Legen Sie Ihre Ergebnisse bitte nebeneinander und untersuchen folgende Fragestellungen:

    Tool: Umfeldanalyse

    - Welche Ressourcen stehen mir zur Verfügung, um Chancen und Risiken, die Entwicklungen meines beruflichen Umfeldes bieten, zu nutzen bzw. zu begegnen? Welche Ressourcen sollte ich vor dem Hintergrund unbedingt stärken oder entwickeln?
    - Welche Entwicklungen sind mir in ihrer Wirkung unklar? Wie kann ich deren Einfluss auf mich klären, um Handlungsbedarf bei meinen Ressourcen abzuleiten?
    - Welche Beziehungen in meinem beruflichen Umfeld sind konfliktär bzw. negativ belastet? Welche Risiken gehen damit einher? Wie könnte ich diesen Risiken begegnen?
    - Welche Beziehungen lohnt es sich, zu stärken oder zu verbessern, um eventuell sich bietende Chancen besser nutzen zu können?
    - Der Zugang zu welchen meiner persönlichen Ressourcen könnte durch negative Entwicklungen in meinem beruflichen Umfeld be- bzw. verhindert werden? Welche Kompensationsmöglichkeiten könnte es geben?

Nachdem Sie die Analyse abgeschlossen haben, sollten Sie in der Lage sein, einerseits abzuschätzen, inwieweit Ihr berufliches Umfeld anfällig für krisenhafte Entwicklungen ist. Weiterhin sollten Sie in der Lage sein, konkrete persönliche Entwicklungsmöglichkeiten zu benennen und diese Entwicklungsmöglichkeiten mit konkreten Maßnahmen zu unterlegen. Es lohnt sich, die persönliche SWOT-Analyse in regelmäßigen Abständen zu überprüfen und an neue Entwicklungen anzupassen.

8

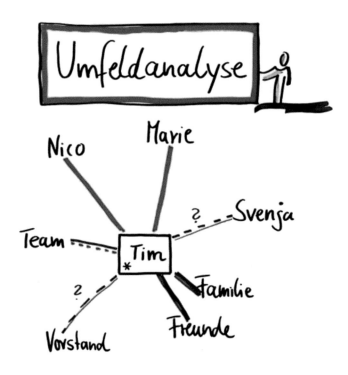

● Abb. 8.3   Umfeldanalyse

Auch für die SWOT-Analyse gilt, in der Krise ist eine syste-
matische Analyse in jedem Fall notwendig. Weitaus günstiger ist es, diese in Zeiten der Ruhe und Gelassenheit, wenn
möglich gemeinsam mit einer vertrauten Person, durchzuführen. Bereits die erstmalige Analyse liefert regelmäßig
viele Ansatzpunkte, persönliche Risiken zu reduzieren, und
darüber hinaus Möglichkeiten, sich selbst in seinem beruflichen Kontext weiterzuentwickeln. Dieses kontinuierlich
fortzuführen bietet darüber hinaus die Chance, weniger auf
sich zufällig bietende Gelegenheiten zu warten, sondern
stattdessen seinen beruflichen Weg und damit in letzter
Konsequenz sein persönliches Wohlbefinden selbst in die
Hand zu nehmen.

Zusammenfassung

Grundsätzlich gilt, dass in Anwesenheit einer Krise die eigene Fähigkeit zum planvollen Handeln eingeschränkt wird. Die durch Stress induzierte emotionale Betroffenheit und Anspannung wirkt dabei regelmäßig kontraproduktiv. Präventive Vorbereitung in ruhigeren Zeiten außerhalb einer Krise besitzt diese Einschränkungen nicht. Ein erster Ansatzpunkt sind die persönlichen Ressourcen bzw. das persönliche Repertoire. Dieses zu erfassen ist zunächst recht aufwendig, hat jedoch den Vorteil, dass wir uns nicht nur in der Krise bewusst sind, welche Ressourcen uns zur Lösung von Anforderungen zur Verfügung stehen. Sind die Ressourcen erstmalig zusammengetragen, ist die kontinuierliche Aktualisierung mit deutlich geringerem Aufwand verbunden. Die Ressourcen-Mindmap ist ein geeignetes Tool, um die eigenen Ressourcen systematisch zu erfassen und zu visualisieren.

Die persönlichen Lebens- und Berufsziele zu kennen hat verschiedene Vorteile. So hängen viele berufliche Krisen damit zusammen, dass nicht erkannt oder ignoriert wurde, dass der berufliche Alltag nicht uns und unseren Zielen entspricht. Somit eröffnet sich die Chance, deutlich vor Eintritt der Krise nach Alternativen zu suchen. In der Krise sind Ziele unerlässlich, da eine Rückkehr zum Zustand vor der Krise verwehrt sein kann, sodass berufliche Alternativen gefunden werden müssen. Zentral ist dabei die Frage, wie lange Energie in unmöglich zu erreichende Ziele gesteckt wird und wann der Zeitpunkt erreicht ist, zu dem alternative Ziele verfolgt werden sollten. Assimilative Persistenz und akkomodative Flexibilität sind dabei Ressourcen, die die Entscheidung zwischen Kampf für das bisherige Ziel und Wechsel zu einem vergleichbaren, einfacher zu erreichenden Ziel unterstützen.

Krisenhafte Entwicklungen und deren Auswirkungen zu antizipieren ist ebenfalls eine geeignete Handlungsweise, um einerseits Risiken zu identifizieren und deren Auswirkung einzuschätzen und gleichzeitig Chancen zu erkennen, die eigene berufliche Position zu verbessern. Sich selbst hinsichtlich der eigenen Stärken bzw. Ressourcen und der eigenen Schwächen bzw. Defizite zu kennen ist dabei ein Baustein. Der zweite bezieht sich auf die relevante Umwelt, z. B. der Beruf, die in Bezug auf Chancen und Risiken jetzt und in Zukunft analysiert wird. Werden Stärken und Schwächen mit den Chancen und Risiken in Verbindung gesetzt, werden Ansatzpunkte erkennbar, wo durch Einsatz der eigenen Stärken bzw. Ressourcen Chancen genutzt werden können und wo Risiken durch gezielte Stärkung von Ressourcen bzw. die Verringerung von Defiziten gemindert oder ganz vermieden werden können.

Literatur

Brandtstädter, J. (2015). *Positive Entwicklung – Zur Psychologie gelingender Lebensführung* (2. Aufl.). Berlin: Springer.
Lazarus, R. S. (1984). *Stress, appraisal, and coping*. New York: Springer.
Mintzberg, H. (1987). Crafting strategy. *Harvard Business Review, 65,* 66–74.

8

Werkzeugkasten zum Umgang mit der Krise

9.1   Tools zur Analyse und Zielfindung – 164

9.2   Ableitung einer Handlungsstrategie – 175

9.3   Beginn des Projekts Krisenbewältigung – 183

Literatur – 188

Wir arbeiten als Coaches mit unseren Kunden daran, ihre persönlichen Ziele zu erkennen und Wege zu finden, diese umzusetzen. Ein häufiges Thema ist dabei die Bewältigung beruflicher Krisen. Unsere Aufgaben bestehen dann darin, unseren Kunden zu helfen, ihre Situation objektiv und realistisch einzuschätzen, ihre Ziele zu erkennen und zu priorisieren sowie Erfolg versprechende Handlungsoptionen zu entwickeln. Im Folgenden möchten wir Ihnen einige Techniken und Tools aufzeigen, die Sie grundsätzlich auch ohne die Begleitung eines Coaches anwenden können. Wie schon mehrfach angesprochen, bedenken Sie bitte dabei, dass gerade in emotional aufgeladenen Momenten eine zweite Meinung und der Austausch mit einem anderen Menschen wichtig sein können. Daher lohnt es sich, darüber nachzudenken, ob Sie eine vertraute Person bei Ihren Überlegungen hinzuziehen. Wir möchten in diesem Zusammenhang daran erinnern, dass es zunächst sinnvoll sein kann, die eigene emotionale Belastung zu reduzieren. In ▸ Abschn. 5.3 finden sich Ansätze sowie weiterführende Hinweise zur emotionsorientierten Stressbewältigung.

9.1   Tools zur Analyse und Zielfindung

Die berufliche Krise zieht auf oder ist bereits da. Die Situation insgesamt und insbesondere die eigene Position sind diffus und unklar. Menschen, die uns vor Kurzem noch vertraut erschienen, werden unzugänglicher oder wenden sich sogar ab. Wir selbst sind emotional aufgewühlt, zweifeln an uns selbst und fühlen uns alleingelassen. Wofür stehen wir, und was trauen wir uns zu? Was sollen wir tun? Gut gemeinte Ratschläge, wie einen kühlen Kopf zu bewahren, sind sicherlich unterstützend gemeint, jedoch regelmäßig aus der Ratlosigkeit unseres Gegenübers geboren. Ein systematisches Vorgehen, wie wir es prototypisch in ▸ Kap. 7 vorgeschlagen haben, ist daher sinnvoll. Im Kern geht es darum, die Krise mit ihren Anforderungen zu verstehen, die eigenen Ziele zu kennen und schließlich eine Handlungsstrategie mit einem Handlungsplan abzuleiten und umzusetzen. Obwohl wir scheinbar keine Zeit oder die nötige Ruhe für lange Überlegungen haben, führt erfahrungsgemäß kein Weg an einer sorgfältigen Analyse der Situation vorbei. Schauen wir uns einige Analysetools an, mit denen wir die Krise für uns und ggf. uns vertraute Personen verständlich aufbereiten können. Wir greifen dabei auch die bereits an anderer Stelle vorgestellten Tools auf und verweisen auf die jeweilige Textposition im Buch.

In einem ersten Schritt, der sicherlich emotional belastend ist, aber dafür unseren Ausgangspunkt genauer bestimmt, geht es darum, dass wir uns einen Überblick über unsere Krisensituation verschaffen. Die **persönliche Situationsanalyse** ist ein geeignetes Tool, um systematisch diesen Überblick über das, was bislang passiert ist und gegenwärtig passiert, zu bekommen. In dem Tool geht es darum, möglichst alle relevanten Ereignisse in ihrer zeitlichen Abfolge zu erfassen und deren Auswirkung zu beschreiben. Falls Sie Unterlagen, die zur Krise gehören und die Krise verdeutlichen, besitzen, fügen Sie diese dazu. Praktisch ist eine Pinnwand oder ein Whiteboard, um darauf zu arbeiten. Eine freie Wand tut es selbstverständlich auch. Wichtig ist, dass es gelingt, die relevanten Entwicklungen der Krise übersichtlich darzustellen und wichtige Unterlagen gleich damit zu verbinden.

Gehen Sie also auf der Zeitachse schrittweise die aus Ihrer Sicht wichtigen Ereignisse durch und benennen diese. Notieren Sie jeweils das Datum und beschreiben das Ereignis. Anschließend beschreiben Sie die Auswirkung des Ereignisses. Konzentrieren Sie sich bei der Auswirkung insbesondere darauf, inwieweit sich Anforderungen ergeben haben, die es nun zu bewältigen gilt. Ferner könnten sich Hindernisse ergeben, die Auswirkungen auf Ihre Ressourcen haben. Versuchen Sie das zu erfassen, was für die Krise Bedeutung hat. Eine beispielhafte persönliche Situationsanalyse könnte, wie in ◼ Abb. 9.1 dargestellt, gestaltet werden.

Tool: Persönliche Situationsanalyse

Da in einer beruflichen Krise immer auch die sozialen Beziehungen betroffen sind und damit möglicherweise auch soziale Ressourcen, die uns in der Krise eigentlich helfen könnten, ist die bereits in ▶ Abschn. 8.3 dargestellte **Umfeldanalyse** ein weiteres Tool, das hilft, unsere Ausgangssituation besser zu verstehen und einzuschätzen. Die Umfeldanalyse war eingebettet in die **SWOT-Analyse**, die unsere Stärken und Schwächen sowie die Chancen und Risiken betrachtet. In der Krise liefern SWOT-Analyse und Umfeldanalyse hilfreiche Hinweise zur Einschätzung der Situation im beruflichen Umfeld sowie in Bezug auf die Auswirkungen bzw. Risiken, die die Krise mit sich bringt. Sollten Ihnen diese Analysen bereits vorliegen, so wären diese nun anzupassen. Falls nicht, sollten diese vor dem Hintergrund der aktuellen krisenhaften Entwicklung erarbeitet werden.

Die persönliche Krise besitzt eine ausgeprägte emotionale Komponente (s. auch ▶ Abschn. 5.3). Wir fühlen uns unwohl und bedroht, wir erleben einen beängstigenden Kontrollverlust, und wir spüren ganz deutlich, dass es so

Tools: SWOT-Analyse und Umfeldanalyse

Wann?	...	3. April	5. April	...
Was?	...	Erscheinen des ersten Zeitungs- artikels	Schreiben des CEO	...
Aus- wirk- ung?	...	Termin bei Sven; Sven ist aufgebracht; ich kann es nicht erklären und bin ratlos	CEO möchte Lagebericht; be- tont bedrohliche Lage; Svenja wirkt distanziert auf mich	...
	...	Artikel	Brief	...

◻ Abb. 9.1   Persönliche Situationsanalyse. (Angelehnt an Schüler-Lubienetzki und Lubienetzki 2016, S. 92)

9

nicht weiter geht und sich unbedingt etwas ändern muss. Die Krise wird begleitet von negativen Gefühlen, und unser Ziel ist ganz klar, wir möchten uns wieder besser fühlen. Die Frage ist, wie schaffen wir es, uns besser zu fühlen? Wir benötigen **Lebens- und Berufsziele**, die aus Unwohlsein Wohlbefinden und aus Unklarheit Klarheit werden lassen. Falls Sie die Fragen zu Ihren Lebens- und Berufszielen in ▶ Abschn. 7.1 beantwortet haben, nehmen Sie diese gerne begleitend zur Hand.

In unserer Vergangenheit gab es sicherlich Zeiten, in denen wir uns deutlich wohler gefühlt haben als in der gegenwärtigen Krise. Warum sollten wir also nicht daran anknüpfen und herausfinden, was damals zu unserem Wohlbefinden und einem erfüllten Berufsleben geführt hat? Die **biografische Analyse** hilft uns, Antworten auf diese Fragen zu finden. Im Kern geht es bei der biografischen Analyse darum, Elemente und Faktoren aufzuspüren, die eine berufliche Station für uns attraktiv oder aversiv besetzen. Sie besitzt im grundsätzlichen Vorgehen Ähnlichkeiten mit der persönlichen Situationsanalyse, besitzt jedoch einen anderen Betrachtungsfokus. Schauen wir uns das Vorgehen genauer an (◻ Abb. 9.2).

Tool: Biografische Analyse

In der biografischen Analyse werden wichtige berufliche Lebensabschnitte und Meilensteine in ihrer zeitlichen Folge visualisiert. Die Abschnitte und Meilensteine

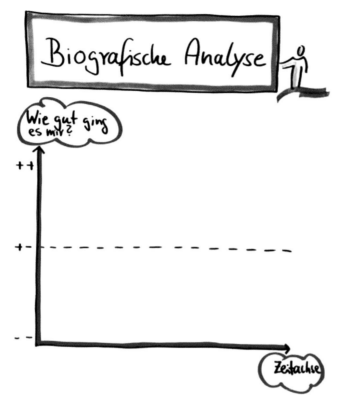

● Abb. 9.2 Biografische Analyse

werden benannt und horizontal von links nach rechts auf der Zeitachse abgetragen. In der Vertikalen erfolgt eine Bewertung, ob der jeweilige Abschnitt eher mit negativen oder positiven Gefühlen besetzt war. Je höher ein Abschnitt oder Meilenstein in der Darstellung eingezeichnet wird, desto wohler haben wir uns zu dem Zeitpunkt gefühlt. Bleiben Sie an dieser Stelle vollständig auf der emotionalen Seite. Es geht noch nicht darum, kognitiv zu erklären, woran Ihr damaliges Gefühl wohl gelegen haben könnte.

Erst nachdem Sie so Ihren beruflichen Weg mit seinen emotionalen Höhen und Tiefen aufgezeichnet haben, stellen Sie sich im zweiten Schritt die Frage, woran das jeweilige Gefühl damals wahrscheinlich lag. Was empfanden Sie in Ihrer damaligen beruflichen Situation als besonders attraktiv, das dieses Wohlbefinden ausgelöst hat, bzw. gegen was haben Sie damals eine Aversion verspürt, sodass dieses zu negativen Gefühlen bei Ihnen geführt hat. Visualisieren Sie Ihre **Attraktionen und Aversionen**. Eine geeignete

Tool: Attraktionen und
Aversionen

Visualisierungsmöglichkeit ist die in ◘ Abb. 9.3 beispielhaft dargestellte Tabelle bzw. Liste.

Sammeln Sie so zunächst alles, was für Sie attraktiv oder aversiv besetzt war. Erst, wenn Ihnen keine Punkte mehr einfallen, gehen Sie zum nächsten Schritt über.

Nun geht es darum, die gefundenen Punkte weiter zu hinterfragen. Was war es genau, was das jeweilige Gefühl ausgelöst hat? Gehen Sie Punkt für Punkt durch und stellen sich vor, Sie würden einem unbeteiligten Dritten diesen erläutern. Wechseln Sie auch die Perspektiven. Was wäre, wenn Sie die damalige Situation durch die Augen eines damaligen Kollegen betrachten würden? – Immer wieder geht es um die eine Frage: Was war es genau? – Schauen wir uns ein Beispiel an:

9

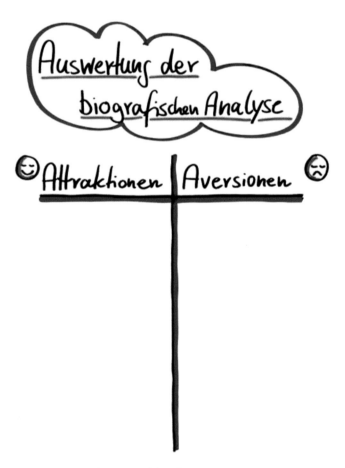

◘ **Abb. 9.3**   Attraktionen und Aversionen

Wenn Tim K. heute auf sein berufliches Leben und seine Karriere zurückblickt, dann verbindet er mit der Position des Leiters der Unternehmensstrategie seines Konzerns die positivsten Gefühle. Als sich Tim K. mit einem guten Freund darüber unterhielt, fragte dieser nach: „Was meinst du, woran es lag, dass du dich als Leiter der Unternehmensstrategie so wohlgefühlt hast?" Tim K. dachte kurz nach und antwortete: „Das hatte verschiedene Gründe. Ich hatte nicht nur das Gefühl, sondern war der Überzeugung, genau an der richtigen Stelle zu sein. Mein Team war toll, und die Zusammenarbeit mit dem Vorstandvorsitzenden war sehr gut." Sein Freund schlug vor, die drei genannten Punkte einmal genauer anzuschauen. Sie begannen mit der „Überzeugung, genau an der richtigen Stelle zu sein". Im Kern ging es Tim K. bei diesem Punkt um seine Aufgabe. Diese war herausfordernd, ohne ihn zu überfordern, sie war abwechslungsreich mit wenig Routine, und sie bot ihm die Möglichkeit, sich persönlich weiterzuentwickeln. Sein damaliges Gehalt war angemessen, aber wenn Tim K. ehrlich war, hätte er den Job sogar für etwas weniger Geld gemacht. Sein Freund fasst zusammen: „Für dich waren die Herausforderung, der Abwechslungsreichtum und deine Möglichkeiten zur Weiterentwicklung besonders attraktiv. Aversiv besetzt sind für dich sowohl Überforderung als auch Routine. Stell dir einmal vor, ich würde einen deiner damaligen Kollegen fragen, was würde dieser antworten, warum du damals an genau der richtigen Stelle warst?" Tim K. wechselte die Perspektive, und er sah sich selbst im Gespräch mit seinen Mitarbeiterinnen und Mitarbeitern und auch mit seinem direkten Vorgesetzten, dem Vorstandsvorsitzenden des Konzerns. Tim K. antwortete: „Ein damaliger Kollege hätte gesehen, wie gut die Zusammenarbeit im Team war. Wir haben uns fast blind verstanden. Wir konnten konzentriert zusammenarbeiten, wir konnten aber auch zusammen lachen und uns gemeinsam über unsere Erfolge freuen. Ich hatte natürlich großen Respekt vor meinem damaligen Chef. In unserer unmittelbaren Zusammenarbeit lag immer eine große, auch nach außen sichtbare, Wertschätzung. Natürlich lief nicht immer alles reibungslos, dennoch blieb die gegenseitige Wertschätzung auch dann erhalten, wenn einmal etwas schieflief. Dann ging es ihm nämlich genau um diese Sache, und es wurde nicht alles infrage gestellt. Klar und deutlich wurde von ihm angesprochen, was richtig und was falsch war. Das war wirklich wohltuend!"

Im Beispiel schaut sich Tim K. gemeinsam mit einem Freund eine berufliche Station genauer an. Der Freund hilft ihm dabei zu konkretisieren, was Tim K. als positiv empfunden hat, und gleichzeitig zu formulieren, was er als negativ empfunden hätte.

Mit jeder beruflichen Station und mit jedem Baustein von Attraktion und Aversion entsteht ein deutlicheres Bild, wie Ihr berufliches Umfeld sein sollte, damit Sie sich wohlfühlen, und auf der anderen Seite, wie es nicht sein sollte. Sind Sie sämtliche beruflichen Stationen durchgegangen, so betrachten Sie die gesamte Liste und ergänzen Punkte, die aus Ihrer Sicht noch nicht genügend berücksichtigt sind.

Am Beispiel von Tim K. könnte die Liste auszugsweise so aussehen:

- …
- Teamwork und Teamzusammenhalt
- Wertschätzende Zusammenarbeit mit meinem Vorgesetzten
- Abwechslungsreiche und herausfordernde Aufgabe
- Möglichkeit zur persönlichen Weiterentwicklung
- …

Aus der so entstandenen Liste zu Attraktion und Aversion leitet sich übergeordnet Ihr **wichtigstes persönliches Ziel** im beruflichen Kontext ab. Das Ziel, das Sie nach der Krise wieder erreichen möchten, lautet:

Wichtigstes persönliches Ziel

❯ **Meine berufliche Situation soll sich meiner Attraktionsliste so weit wie möglich annähern.**

Eine handlungsorientiertere Formulierung des Ziels lautet:

❯ **Wie kann ich meine derzeitige berufliche Situation so verändern, dass sie sich meiner Attraktionsliste so weit wie möglich annähert?**

Aus dem eher abstrakten Ziel, die Krise irgendwie zu bewältigen, ist nun das Ziel geworden, die gegenwärtige berufliche Situation so zu verändern, dass sich diese der zuvor erarbeiteten Liste annähert. Nicht die Krise steht mehr im Mittelpunkt, sondern alles das, was dazu führt, dass Sie sich im Beruf erfüllt und wohlfühlen. Dies muss nicht zwangsläufig darauf hinauslaufen, dass alles wieder so wird wie vor der Krise. Diese Zielsetzung lässt damit grundsätzlich Alternativen zu, die in Bereichen liegen, die nicht von der Krise betroffen sind.

Nachdem Sie sich die Zeit genommen haben, Ihre persönlichen Ziele für Ihre berufliche Situation zu formulieren, steht

Ihnen ein machtvolles Werkzeug zur Verfügung. Sie sind nun in der Lage zu bewerten, welche Ihrer Anforderungen überhaupt durch die Krise gefährdet sind und welche es nicht sind, da sie auch neben der Krise angesteuert werden können. Beispielsweise könnte die Krise den Anlass bieten, sich (endlich) mit der Möglichkeit zu befassen, eine Stelle zu finden, die wirklich Ihrer Berufung entspricht. Hierzu gehört auch, die Erfüllung Ihrer Ziele in Ihrer aktuellen beruflichen Situation auch unabhängig von der Krise zu bewerten. Gerade die letztgenannte Frage hilft Ihnen, Ihren Blick zu erweitern und Möglichkeiten in Betracht zu ziehen, die über das bisher als möglich Erscheinende hinausgehen. Diesen Punkt werden wir im folgenden Abschnitt noch einmal aufgreifen.

Sie kennen nun Ihr Ziel und können beschreiben, wie Ihre berufliche Situation idealerweise sein sollte. Auch können Sie benennen, zu welchen Zieldiskrepanzen die Krise führt und welche Diskrepanzen eventuell bereits vor der Krise bestanden. Erfahrungsgemäß wirkt es sehr erleichternd zu wissen, wo wir beruflich hinmöchten, was uns erfüllt und was wir eigentlich erreichen möchten. Bietet dieses Wissen doch die Chance, unsere eigenen Ressourcen unter diesem Blickwinkel zu betrachten und so eigene Entwicklungsmöglichkeiten zu erfahren. In ▶ Abschn. 8.1 hatten wir die **persönlichen Ressourcen** in die Kategorien personale, materielle, soziale sowie institutionelle und infrastrukturelle Ressourcen eingeteilt. Sie haben an der Stelle bereits Ihre Ressourcen-Mindmap entwickelt. Mit den zuvor angewendeten Tools haben Sie die Möglichkeit, Ihre **Ressourcen-Mindmap** weiter zu vervollständigen. Nutzen Sie Ihre biografische Analyse, um sich weitere Ressourcen bewusst zu machen. Legen Sie dabei den Fokus auf persönliche Erfolge, auf bewältigte schwierige Situationen und auf weitere hilfreiche Erfahrungen. Gehen Sie hierzu die verschiedenen beruflichen Stationen durch und fragen sich, was Ihre persönlichen Highlights waren. Unter Highlights verstehen wir insbesondere berufliche Herausforderungen, mit denen Sie konfrontiert waren und die Sie erfolgreich bewältigt haben. Haben Sie sich vielleicht mit einer besonderen Aufgabe, z. B. einem Projekt, befasst oder ist es Ihnen eventuell gelungen, mit besonderen Menschen, z. B. Mitarbeitern, eine gute und tragfähige Beziehung aufzubauen? Wann und in welcher Konstellation hatten Sie das Gefühl, wirklich erfolgreich gehandelt zu haben? Notieren Sie sich diese Situationen zunächst in Stichworten, um diese im Anschluss systematisch zu analysieren und auszuwerten.

Tool:
Ressourcen-Mindmap

Die **STAR-Methode** (Obermann 2013, S. 163; Jordan et al. 2013, S. 114 ff.) bietet eine zielführende Systematik, um sich den eigenen beruflichen Erfolgen zu nähern. Handelt es sich doch um eine Interviewmethode, mit der beispielsweise in Einstellungsinterviews ein Bewerber von eher allgemeinen und übergreifenden Aussagen über konkrete Statements zu seinen Stärken und damit Ressourcen geführt wird. Im Coaching hilft die Methode, zunächst Situationen zu identifizieren, in denen der Coachee erfolgreich agiert hat, und diese so weit zu analysieren, dass konkrete Ressourcen abgeleitet werden können.

Tool: STAR-Methode

STAR ist eine Abkürzung für die englischen Begriffe **Situation, Task, Action** und **Result**. Mit diesen Begriffen werden die vier Analyseschritte der Methode beschrieben. Beginnen Sie mit dem ersten Schritt „Situation". Schauen Sie sich bitte Ihre biografische Analyse an und verfolgen Ihre beruflichen Stationen. In welchen Situationen haben Sie erfolgreich agiert? Trauen Sie ruhig Ihrem „Bauchgefühl" und finden berufliche Situationen, in denen Sie sich besonders wohl und am richtigen Platz gefühlt haben. Vielleicht haben Sie Anerkennung oder positives Feedback von anderen Menschen erhalten oder haben eine herausfordernde Projektsituation bestanden. Gehen Sie Ihre beruflichen Stationen Punkt für Punkt durch und rufen sich die Situationen ins Gedächtnis. Notieren Sie in wenigen Sätzen, um welche Situationen es sich handelte. Stellen Sie sich dabei vor, Sie wollen einer fremden Person kurz und knapp das jeweilige Setting umreißen. Es geht noch nicht unbedingt um Ihre konkrete Rolle, sondern um einen Überblick. Wichtig ist, dass Sie einen nicht zu strengen Maßstab für die von Ihnen ausgewählten Situationen ansetzen. Es geht um mehr als um die Highlights. Schließlich möchten wir möglichst viele Ihrer Ressourcen identifizieren. Gerade jene Ressourcen, welche Sie routiniert einsetzen können, sollen nicht durch Ihr Raster fallen, bloß weil Sie diese als nicht herausfordernd genug bewerten. Am Ende entsteht so eine Liste mit Situationen, die Sie mit positivem Erleben verbinden. Folgen wir Tim K. in seine Zeit als Leiter der Unternehmensstrategie. Eine bestimmte Begebenheit ist ihm im Gedächtnis geblieben. Gehen wir diese in der STAR-Systematik schrittweise durch:

Situation

Gerade einmal zwei Monate war Tim K. Leiter der Unternehmensstrategie, und schon stand die Präsentation der strategischen Eckpunkte für die nächsten Jahre auf dem Plan. Die Herausforderung bestand darin, in wenigen Wochen eine überzeugende Strategie im Team zu erarbeiten und diese dann auch überzeugend dem Vorstand zu präsentieren.

Nachdem die Situation hinreichend detailliert beschrieben ist, gilt es, diese genauer zu untersuchen. Nehmen Sie sich jede Situation einzeln vor und rufen sich in Erinnerung, was Ihre wichtigsten persönlichen Aufgaben (Task) und Ziele waren. Die Aufgabe kann dabei von Ihnen persönlich gesetzt oder von einer anderen Person vorgegeben gewesen sein. Versuchen Sie, es auf den Punkt zu bringen. Schauen wir Tim K. über die Schulter:

Task

Als Leiter der Unternehmensstrategie lag es in der Verantwortung von Tim K., mit seinem Team die strategischen Eckpunkte der nächsten Jahre zu entwerfen. Tim K. hatte die Aufgabe, die strategischen Ziele aufzubereiten und dem gesamten Vorstand zu präsentieren. Ziel war es, dass dieser sie billigte und zur weiteren Detaillierung und Planung freigab. Eine besondere Herausforderung ergab sich daraus, dass Tim K. noch keine 100 Tage auf seiner Position war, sodass der Vorstand ihn noch nicht richtig kannte und einschätzen konnte. Hierdurch besaß die Präsentation nicht nur eine inhaltliche, die strategischen Eckpunkte, sondern auch eine persönliche Komponente, nämlich die überzeugende Selbstpräsentation von Tim K. als neuen Leiter der Unternehmensstrategie.

Im nächsten Schritt geht es darum, was Sie genau gedacht und getan haben (Action), um Ihre Aufgabe zu erfüllen und die gesetzten Ziele zu erreichen. Haben Sie vielleicht mit anderen gemeinsam gearbeitet? Was war Ihr persönlicher Beitrag zur Lösung? Finden Sie ruhig ein oder zwei Beispiele Ihrer Handlungen. Haben Sie vielleicht Ihr vorhandenes Wissen und Können genutzt, oder mussten Sie zunächst recherchieren, oder haben Sie andere in den Prozess eingebunden? Was waren Ihre wichtigsten Beiträge zum Erfolg? Verfolgen wir, was Tim K. getan hat:

Task

Tim K. kannte aus seiner Zeit als Unternehmensberater die Methodik, um systematisch eine Strategie zu erarbeiten. Er entwarf einen groben Plan, den er gemeinsam mit seinem Team besprach und weiter detaillierte. Das Ganze erfolgte im Rahmen einer zweitägigen Planungsklausur, die Tim K. gleichzeitig dazu nutzte, die Beziehung zu seinem Team weiter auszubauen und den Teamzusammenhalt zu festigen. Am Ende kannte jeder im Team seine Aufgaben, und Tim K. übernahm die Projektleitung. Das Projekt lief ausgezeichnet, und die abschließenden Ergebnisse konnten eine Woche vor

der Vorstandspräsentation finalisiert werden. Die Vorstandspräsentation entwarf Tim K. persönlich, ließ sich jedoch aus
dem Team spezifische Charts und Darstellungen zuarbeiten.
Tim K. kannte sich mit wichtigen Präsentationen aus, sodass
er sich routiniert vorbereiten konnte. In der Präsentation
selbst wusste Tim K. um die überzeugenden Inhalte und kon-
zentrierte sich darauf, auch selbst als Person zu überzeugen.

Als letzten Punkt rufen Sie sich bitte in Erinnerung, welche
Ziele Sie erreichen konnten und welche Ergebnisse Sie in der
Situation erzielt haben. Werden Sie dabei möglichst konkret
und machen es an Fakten oder Ihren Wahrnehmungen fest.

Result

Die Präsentation war ein voller Erfolg. Der Vorstand billigte
die strategischen Eckpunkte mit marginalen Anpassungs-
wünschen. Die einzelnen Vorstandsmitglieder bedankten
sich bei Tim K. für die exzellente Arbeit. Tim K. wurde die
Leitung des Projektes zur Detaillierung und Umsetzung
der Strategie übertragen. Auch die Beziehung zum Vorstandsvorsitzenden erhielt im Anschluss eine neue Qualität.
Tim K. wurde von nun an auch zu wichtigen Terminen und
Beratungen hinzugezogen, die der Vorstandsvorsitzende
sonst allein oder mit anderen Vertrauten wahrnahm. Sein
Team war stolz auf den Erfolg und war auch Stolz auf Tim K.,
da es ihm gelungen war, die manchmal etwas schwierigen
Vorstandsmitglieder zu überzeugen.
Tim K. fühlte sich einfach großartig.

Nun haben Sie es geschafft, die erste Situation ist vollständig nach der STAR-Methode analysiert. Gehen Sie bei
allen weiteren Situationen bitte genauso vor. Wenn Sie die
verschiedenen Situationen analysiert haben, werden Sie
vielleicht überrascht sein, welche Herausforderungen Sie
in Ihrem bisherigen beruflichen Leben bereits bewältigt
haben. Aus eigener Erfahrung wissen wir, dass im Alltag
und besonders in Zeiten hoher Anforderungen, wie es Krisen sicherlich sind, der Blick für die eigenen Fähigkeiten und
das, was schon alles geschafft wurde, verloren gehen kann.
Wie Sie anhand der sicherlich vielen bewältigten beruflichen
Herausforderungen sehen werden, haben Sie deutlich mehr
geschafft, als Ihnen aktuell bewusst ist. Ihre personalen Ressourcen haben Ihnen geholfen und möglich gemacht, in der
Vergangenheit zu bestehen. Auch in der Gegenwart können
Sie diese aktivieren und für sich nutzen. Vervollständigen Sie
auf dieser Grundlage Ihre Ressourcen-Mindmap weiter.

Nachdem Sie die genannten Tools angewendet haben, sollten Sie einen umfassenden Überblick über die Krise, Ihre Ressourcen sowie Ihre Zielsetzungen besitzen. Diese Erkenntnisse bilden die Grundlage für den nächsten Schritt, in dem Sie Ihre grundlegende Handlungsstrategie entwickeln und konkrete Maßnahmen ableiten, um diese umzusetzen.

9.2 Ableitung einer Handlungsstrategie

In ▶ Abschn. 8.2 hatten wir eine Strategie als ein Muster in einem Strom von Entscheidungen – „a pattern in a stream of decisions" (Mintzberg 1987) – dargestellt. Um dieses Muster zu entwickeln, ist es erforderlich, die Ausgangssituation und auch den gewünschten Zielzustand zu kennen. Nehmen Sie sich also Ihre im vorhergehenden Abschnitt erarbeiteten grundlegenden Ergebnisse zur Hand und betrachten und bewerten Ihre Ausgangssituation. Wichtige Fragestellungen hierzu sind:

- Welche Ihrer beruflichen Ziele sind durch die Krise gefährdet bzw. nicht (mehr) zu erreichen?
- Welche Ihrer beruflichen Ziele sind auch unabhängig von der Krise in Ihrem derzeitigen beruflichen Umfeld nicht zu erreichen?

Bewertung
Ausgangssituation

Nehmen Sie sich Ihre Liste mit Attraktionen und Aversionen zur Hand und zeichnen eine Skala von 0 bis 100 % neben jeden Punkt:

Schätzen Sie nun auf den Skalen ab, inwieweit eine Attraktion vor dem Hintergrund der Krise noch gegeben ist bzw. eine Aversion entstanden ist. Ist eine Attraktion beispielsweise aufgrund der Krise nicht mehr gegeben, markieren Sie 0 %. Ist diese nur noch teilweise vorhanden, markieren Sie die entsprechende Prozentangabe, z. B. 50 %, wenn diese noch zur Hälfte gegeben ist. Je mehr Anforderungen betroffen sind und je höher diese priorisiert sind, desto höher ist wahrscheinlich auch Ihr Handlungsdruck. Doch auch der umgekehrte Fall ist durchaus möglich, nämlich, dass die Krise zwar da ist und Sie belastet, dass diese Ihre beruflichen Anforderungen jedoch kaum negativ berührt, weil diese zuvor bereits stark eingeschränkt oder überhaupt nicht da waren. In einem solchen Fall könnte die Krise der Anlass sein, grundsätzlich über Ihre berufliche Zukunft nachzudenken und zu einer Strategie der beruflichen Neuorientierung, auch unabhängig von der Krise, führen.

Nachdem Sie die Ressourcen-Mindmap im vorherigen Abschnitt vervollständigt haben, untersuchen Sie diese erneut vor dem Hintergrund der Krise unter den in ▶ Abschn. 8.1 genannten Fragestellungen:

— Welche Äste sind, bezogen auf die Bewältigung der Krise, stark entwickelt? – Führen Sie sich vor Augen, welche Ressourcen qualitativ und auch quantitativ besonders wertvoll sind. Lassen Sie sich dabei ruhig auch von Ihrem Gefühl leiten, indem Sie das Wohlbefinden zulassen, wenn Sie bestimmte Bereiche der Ressourcen betrachten.

— Welche Äste haben, bezogen auf die Krise, Entwicklungs-potenzial? – Die Gesamtsicht auf Ihre Ressourcen bietet die Chance, Bereiche zu entdecken, die nur gering ent-wickelt sind. Lassen Sie auch an dieser Stelle das Gefühl zu, dass etwas nicht vollkommen ist und dass dort Hand-lungsbedarf bestehen könnte. Benennen Sie diese Stellen und formulieren geeignete Entwicklungsziele, um diese Bereiche für die Bewältigung der Krise zu stärken.

— Wo fehlt etwas? – Dass Sie Bereiche in der Ressourcen-Mindmap entdecken, wo etwas fehlt, liegt in der Natur des Tools. Gerade im Zusammenhang mit beruflichen Krisen können Hindernisse entstehen, die uns den Zugang zu bestimmten Ressourcen verwehren. Diese gilt es zu identifizieren, um dort gezielte Maßnah-men zur Kompensation anzusetzen.

Sie kennen nun Ihre Ausgangssituation in der Krise. Ihnen ist bewusst, was Sie unabhängig von der Krise erreichen wollen und was durch die Krise gefährdet wird. Ihnen ist bewusst, über welche Ressourcen Sie verfügen und inwieweit Defizite auszugleichen und Hindernisse zu beseitigen sind.

Nun folgt der letzte Schritt, bevor Sie Ihre Strategie ableiten und Maßnahmen planen. Beantworten Sie bitte so konkret wie möglich die Frage, welche Ziele Sie vor dem Hintergrund der Ausgangssituation erreichen möchten. Ausgangspunkt bildet die im vorherigen Abschnitt formu-lierte übergeordnete Frage „Wie kann ich meine derzeitige berufliche Situation so verändern, dass sie sich meiner Attraktionsliste so weit wie möglich annähert?".

Formulieren Sie Ihre konkreten Ziele bitte entsprechend und ersetzen den Passus „dass sie sich meiner Attraktions-liste so weit wie möglich annähert" durch die konkreten Bedingungen für Ihre zukünftige berufliche Situation, die am Ende erfüllt sein sollen. Wichtig ist, dass Sie die Ziele so formulieren, dass diese nach Ihrer Einschätzung realistisch erreichbar sind, dass Ihre Haltung zu den Zielen positiv ist und dass die Ziele zu Ihnen und Ihrem Selbstkonzept passen. So werden Sie wahrscheinlich einige Ihrer bisherigen Ziele unverändert übernehmen, einige Ihrer Ziele werden vielleicht abgeschwächt, und Ihnen fallen auch neue Ziele ein, die bisherige Ziele ersetzen. Schauen wir uns dazu das Beispiel von Tim K. näher an:

Beispiel

Neben einigen anderen Bedingungen an seine zukünftige berufliche Situation hatte Tim K. die Punkte

- Teamwork und Teamzusammenhalt,
- wertschätzende Zusammenarbeit mit meinem Vorgesetzten,
- abwechslungsreiche und herausfordernde Aufgabe sowie
- Möglichkeit zur persönlichen Weiterentwicklung

Formulierung der konkreten persönlichen Ziele

in seiner Liste notiert. Nun wandelte er diese in Ziele um.

Teamwork und Teamzusammenhalt waren für ihn sehr wichtig, daher übernahm er diese Bedingung und formulierte die zielorientierte Frage:

Ziel 1: Wie kann ich meine derzeitige berufliche Situation so verändern, dass ich in meiner Position Teamwork finde und Teamzusammenhalt erlebe?

In seinem beruflichen Leben hatte Tim K. bereits viele unterschiedliche Vorgesetzte erlebt, daher wusste er, dass die Art, wie sein Vorgesetzter mit ihm umging, im positiven Sinne eine Ausnahme bildete. Daher formulierte er seine zielorientierte Frage etwas zurückhaltender:

Ziel 2: Wie kann ich meine derzeitige berufliche Situation so verändern, dass ich mit einem Vorgesetzten zusammenarbeite, der bereit ist, meine Leistung objektiv zu würdigen?

Tim K. war sich bewusst, dass der Abwechslungsreichtum und die Herausforderung, die er für eine berufliche Aufgabe empfand, von verschiedenen Faktoren abhingen. So ist es natürlich ein Unterschied, ob man eine Aufgabe erst seit 2 Monaten oder bereits seit mehreren Jahren wahrnimmt. Auch wechseln sich im Geschäft aufregende Zeiten mit ruhigeren Zeiten ab. Daher wandelte er die Bedingung etwas ab:

Ziel 3: Wie kann ich meine derzeitige berufliche Situation so verändern, dass ich eine Aufgabe finde, die zu meinen Fähigkeiten passt und wenig Routineanteile besitzt?

Persönlicher Stillstand war Tim K. ein Gräuel. Daher konnte er beim letzten Punkt keine Abstriche machen:

Ziel 4: Wie kann ich meine derzeitige berufliche Situation so verändern, dass ich mich auf der Position persönlich weiterentwickeln kann?

Wenn die Liste vollständig ist, priorisieren Sie die Ziele bitte noch. Für den Fall, dass Sie sich in der Umsetzung der Ziele für einzelne Ziele entscheiden müssten, haben Sie so die Möglichkeit die Priorisierung als Entscheidungshilfe zu nutzen.

Tool: Zielpriorisierung

Falls Sie Schwierigkeiten haben, Ihre Ziele ad hoc zu priorisieren, so könnten Sie jedes einzelne Ziel mit jedem anderen Ziel direkt vergleichen und sich fragen, welches Ziel im direkten Vergleich wichtiger ist. Das wichtigere Ziel wird dann jeweils mit einem Punkt bewertet. Die Punktesummen der einzelnen Ziele führen zu einer Reihung. Erhalten Ziele gleich viele Punkte, so entscheidet der direkte Vergleich. Ein Beispiel mit vier Zielen könnte das in ◨ Abb. 9.4 dargestellte Ergebnis haben.

In dem Beispiel hätte Ziel 4 mit 3 Punkten die höchste und Ziel 3 mit 0 Punkten die niedrigste Priorität.

Nun ist es so weit, und Sie können Ihre Strategie ableiten. Es existieren mehrere grundsätzliche strategische Möglichkeiten, jedoch ist eine begleitende strategische Maßnahme immer gleich:

❯❯ Die Krise ist immer im Rahmen der eigenen Möglichkeiten zu begrenzen.

In der Krise einfach nichts zu tun und zu hoffen, dass „der Kelch an Ihnen vorüberzieht", ist mit großen Risiken verbunden. In der Politik wird eine solche Strategie häufig

9

	Ziel 1	Ziel 2	Ziel 3	Ziel 4	Summe
Ziel 1 ist wichtiger als	✕	1	1	0	2
Ziel 2 ist wichtiger als	0	✕	1	0	1
Ziel 3 ist wichtiger als	0	0	✕	0	0
Ziel 4 ist wichtiger als	1	1	1	✕	3

◨ **Abb. 9.4**   Zielpriorisierung (Beispiel)

auch als „die Krise auszusitzen" bezeichnet. Auch wenn das Aussitzen einer Krise scheinbar eine durchaus Erfolg versprechende strategische Variante sein könnte, sollten Sie nicht vergessen, dass wir in politischen Zusammenhängen in aller Regel nur über die Informationen verfügen, die uns über die Medien zur Verfügung gestellt werden. Gehen Sie bitte davon aus, dass im Hintergrund durchaus Aktivitäten zur Krisenbewältigung stattfinden, auch wenn der betroffene Politiker in der Öffentlichkeit scheinbar von der Krise unberührt bleibt und diese somit nur in der öffentlichen Wahrnehmung einfach aussitzt.

Ein wichtiges Element jeder strategischen Überlegung ist daher, dass die Krise begrenzt und eine weitere Eskalation möglichst vermieden wird. Der Schwerpunkt unserer Aktivitäten sollte bei den Anforderungen der Krise liegen, die Sie als existenzgefährdend einstufen. Geht es beispielsweise um persönliche Vorwürfe, die Ihre berufliche Position und Existenz gefährden, so sollten diese mit Fakten entkräftet werden. Oder ist durch eine Restrukturierung Ihr Arbeitsplatz gefährdet, so können Sie zwar in aller Regel die Entwicklung nicht aufhalten, haben jedoch die Möglichkeit, einen „Plan B" vorzubereiten, um der Krise auszuweichen und Ihre berufliche Entwicklung in neue Bahnen zu lenken.

Die nächste strategische Überlegung ist, wie Sie Ihre persönlichen beruflichen Ziele verwirklichen können. Hierzu gibt es grundsätzlich nur zwei Möglichkeiten, entweder auf Ihrer aktuellen, von der Krise betroffenen Position oder auf einer neuen Position an anderer Stelle. Ihre Zielauswahl hängt dabei vom Deckungsgrad der aktuellen Position mit Ihren beruflichen Zielen ab und zusätzlich von den Ihnen zur Krisenbewältigung zur Verfügung stehenden Ressourcen.

Um die Frage nach dem **Deckungsgrad Ihrer aktuellen Position mit Ihren beruflichen Zielen** zu bestimmen, können Sie Ihre Liste mit den zielorientierten Fragen einsetzen. Gehen Sie bitte jede Frage durch und fragen sich, ob die Antwort lautet: „Indem ich meine aktuelle berufliche Aufgabe und Position behalte." Eine andere Antwort könnte lauten: „Indem ich eine alternative berufliche Aufgabe finde." Formulieren Sie Ihre Antworten bitte so, wie es Ihrer Einschätzung entspricht. Anschließend bewerten Sie die Antworten dahin gehend, ob diese für Ihre aktuelle berufliche Aufgabe sprechen oder dagegen. Vergeben Sie beispielsweise Punkte für die eine oder andere Richtung. Je nach Wichtigkeit des Ziels können Sie auch noch zusätzliche Gewichtungsfaktoren einfließen lassen und so die jeweilige Punktevergabe bei Bedarf erhöhen.

Ableitung der
Handlungsstrategie

Deckungsgrad Ihrer aktuellen Position mit Ihren beruflichen Zielen

Die Einschätzung, inwieweit Ihnen die **notwendigen Ressourcen zur Bewältigung der Krise zur Verfügung** stehen, können Sie auf Basis Ihrer Ressourcen-Mindmap (einschließlich Defiziten und Hindernissen) vornehmen. Da die Ressourcen unterschiedliche Qualitäten in Bezug auf die Krisensituation besitzen, ist ein einfaches Abzählen nicht sinnvoll. Sie können jedoch jede Ressource in Bezug auf deren Auswirkung auf die Krise bewerten. Werden Sie nicht zu detailliert, Kategorien wie „niedrig, mittel und hoch" reichen aus, um sich einen Überblick zu verschaffen. Zusätzlich sollten Sie Defizite und Hindernisse dahin gehend bewerten, ob K.-o.-Kriterien dabei sind. Fehlt Ihnen als Geschäftsführerin oder Geschäftsführer beispielsweise der Rückhalt durch die Gesellschafterin oder den Gesellschafter, so ist die Wahrscheinlichkeit sehr hoch, dass keine Ressourcenkombination dieses Defizit ausgleichen könnte.

Verfügbarkeit der notwendigen Ressourcen zur Bewältigung der Krise

Beantworten Sie nun auf einer Skala von niedrig bis hoch, wie hoch Sie den Deckungsgrad Ihrer beruflichen Aufgabe mit Ihren persönlichen Zielen einschätzen. Beantworten Sie dann auf einer Skala von niedrig bis hoch, wie Sie Ihre Erfolgschancen der Krisenbewältigung mit den verfügbaren Ressourcen einschätzen. Tragen Sie Ihre Ergebnisse in ein Koordinatensystem ein. Dieses könnte, wie in ◘ Abb. 9.5 dargestellt, aussehen, wobei die Quadranten unterschiedliche grundsätzliche strategische Handlungsmöglichkeiten aufzeigen.

9

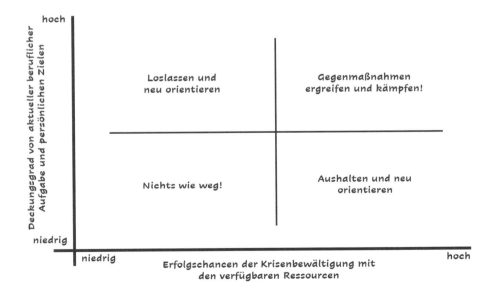

◘ **Abb. 9.5**   Grundsätzliche strategische Handlungsmöglichkeiten

Schauen wir uns die Quadranten mit ihren grundsätzlichen strategischen Handlungsmöglichkeiten genauer an:

- **Gegenmaßnahmen ergreifen und kämpfen** – Ihre
aktuelle berufliche Aufgabe oder Position deckt sich
in besonderem Maße mit Ihren persönlichen Zielen,
und Ihnen stehen auch ausreichend Ressourcen zur
Verfügung, um mit der Krise umzugehen. In diesem
Fall lohnt es sich, mit allen Ihnen zur Verfügung stehenden Mitteln gegen die Krise anzukämpfen, um sie
abzuwenden und Ihren aktuellen Job zu behalten. Diese
Strategie besitzt den entscheidenden Vorteil, dass Sie
aktiv und zielgerichtet handeln und somit auch Ihr Selbst
gestärkt wird. Sie verlassen die Opferrolle und gehen
aktiv mit der Krise um. Ist diese Strategie erfolgreich, so
ist es sehr wahrscheinlich, dass Sie sogar gestärkt aus der
Krise hervorgehen.
- **Aushalten und neu orientieren** – Ihnen stehen zwar
ausreichend Ressourcen zur Verfügung, um die Krise im
Zaum zu halten, dennoch hat Ihre Bewertung ergeben,
dass Ihre aktuelle berufliche Aufgabe nicht bzw. nicht
mehr dem entspricht, was Sie sich als persönliche Ziele
gesetzt haben. Ob erst die Krise die berufliche Situation
negativ verändert hat oder ob diese eigentlich bereits vor
der Krise nicht zufriedenstellend war, führt letztlich zum
selben Schluss, dass Sie sich neu orientieren sollten. Da
Sie aufgrund Ihrer Ressourcen mit der Krise umgehen
können, besteht kein zeitlicher Druck, sodass es durchaus
Sinn machen könnte, zunächst die Krise zu bewältigen,
dann eine erneute Bestandaufnahme zu machen und auf
Grundlage des Ergebnisses zu handeln. In jedem Fall
gehört zu dieser strategischen Handlungsmöglichkeit,
dass Sie zur Krise und ihren Begleitumständen eine Haltung finden müssen, die es Ihnen ermöglicht, diese aus-
zuhalten. Hierzu gehört, dass Sie sich Ihrer Ressourcen
bewusst sind, dass Sie überzeugt sind, dass es sich lohnt,
sich der Krise entgegenzustemmen, und dass Sie ebenfalls überzeugt sind, die Krise tatsächlich zu bewältigen.
- **Loslassen und neu orientieren** – Sie bewerten den
Deckungsgrad Ihrer aktuellen beruflichen Position mit
Ihren persönlichen Zielen als hoch, verfügen jedoch
nicht über die notwendigen Ressourcen, um die Krise
abzuwenden. Kommen Sie zu diesem Ergebnis, so passt
die bekannte Weisheit der Dakota-Indianer an dieser
Stelle: „Wenn du merkst, dass du ein totes Pferd reitest,
steig ab!" Lassen Sie los und investieren Ihre Energie in
die Suche nach einer anderen, passenden beruflichen

Grundsätzliche
strategische Handlungs-
möglichkeiten

Aufgabe. Der Wechsel erfolgt erst dann, wenn Sie eine Ihren Zielen entsprechende neue berufliche Aufgabe gefunden haben.

— **Nichts wie weg!** – Sie stellen fest, dass Ihre aktuelle berufliche Aufgabe nicht dem entspricht, was Sie sich als Ziele gesetzt haben. Gleichzeitig bewerten Sie Ihre Ressourcen als unzureichend, um mit der Krise umzugehen. In diesem Fall lohnt es sich nicht, für eine verlorene Sache, die sowieso nicht die Ihre ist, zu kämpfen. Daher sollten Ihre strategischen Überlegungen in die Richtung gehen, dass Sie die Situation schnellstmöglich verlassen, um sich nicht auch noch der Gefahr zusätzlichen Schadens auszusetzen. Wie bereits an anderer Stelle angesprochen, sollte diese Strategie aufgrund ihrer möglicherweise tief greifenden existenziellen Bedeutung unbedingt mit einer vertrauten Person beleuchtet werden.

Wie eingangs dargestellt, handelt es sich um grundsätzliche strategische Handlungsmöglichkeiten. So sind natürlich auch Mischformen möglich, die sich beispielsweise im zeitlichen Verlauf offenbaren. So könnte eine Variante sein, dass Sie über die notwendigen Ressourcen verfügen und diese auch einsetzen, um für Ihre Position zu kämpfen, obwohl der Job eigentlich erheblich von dem abweicht, was Sie sich vorstellen. In diesem Fall könnte eine Überlegung sein, dass die Bewältigung der Krise eine Möglichkeit wäre, um Ihre Ausgangsposition für eine neue berufliche Aufgabe zu verbessern. Die Neuorientierung ist also auf der Zeitachse nur nach hinten verschoben. Auch könnte die Strategie „Nichts wie weg!" bedeuten, dass Sie zunächst Ihre materiellen Ressourcen für eine eventuelle Übergangsphase absichern müssten, bevor Sie zeitlich später dann gehen. Wichtig ist, dass Sie sich zunächst über das eingangs angesprochene strategische Muster Ihrer Maßnahmen im Klaren werden.

Haben Sie es bis zu diesem Punkt geschafft und ist es Ihnen begleitend gelungen, Ihre emotionale Betroffenheit so weit zu lindern, dass Sie handlungsfähig sind, beginnt die eigentliche Bewältigung der Krise, indem Sie konkrete Maßnahmen planen und umsetzen. Aus der unübersichtlichen, belastenden und herausfordernden beruflichen Krise wird dem Grunde nach nichts anderes als ein Projekt. Wir haben den Begriff Projekt im Zusammenhang mit der Bewältigung der Krise an dieser Stelle ganz bewusst gewählt, um deutlich zu machen, dass jenseits persönlicher Betroffenheit eine zielgerichtete planvolle Struktur erreichbar ist, in der die eigene Handlungsfähigkeit wiederhergestellt ist.

9.3 Beginn des Projekts Krisenbewältigung

Sie haben nun die Voraussetzungen geschaffen, um das Projekt Krisenbewältigung zu beginnen. Die DIN 69901-5 „Projektmanagement" definiert ein Projekt als ein „Vorhaben, das im Wesentlichen durch Einmaligkeit der Bedingungen in ihrer Gesamtheit gekennzeichnet ist" (2009, S. 11). Die berufliche Krise ist sicherlich eine einmalige Ausnahmesituation, die gerade dadurch gekennzeichnet ist, dass die Bedingungen nicht alltäglich sind und dass wir mit für uns neuen Anforderungen konfrontiert werden. Daher trifft der Begriff Projekt die Bewältigung der Krise im Grunde recht genau.

Das Bild des Projektes erlaubt es uns auch, zu unterscheiden zwischen Anteilen, die zum Projekt und damit zur Krise gehören, und solchen Anteilen, die außerhalb der Krise liegen. So wirkt sich eine berufliche Krise sehr wahrscheinlich auch auf unser Privatleben aus. Ein Beispiel ist, dass wir emotional von der Krise belastet sind und unsere Gefühle im Privatleben nicht einfach abschalten können, sodass diese sich auch auf unser Verhalten im Privaten auswirken. Dennoch ist die Unterscheidung in innen und außen bzw. in Ursache und Wirkung hilfreich. Können wir doch so unser Verhalten im Privaten erklären und um Verständnis bitten. Wir setzen der Krise quasi eine erste Grenze und schaffen uns so eine Zone, die außerhalb der Krise liegt und aus der wir diese somit von außen betrachten können. Gleichzeitig erhalten wir einen Ort als zusätzliche Ressource, dem die Krise möglichst weitgehend verschlossen bleibt.

Projekt Krisenbewältigung

❯ **Die Antwort auf die Frage, was zur Krise gehört und was nicht, grenzt die Krise ein und schafft gleichzeitig einen Bereich außerhalb der Krise, der einen Freiraum und damit eine zusätzliche Ressource schafft.**

Im Projektjargon ist die Eingrenzung der Krise nichts anderes als der Umfang oder Scope des Projektes. In Verbindung mit unserer Ausgangssituation und unseren persönlichen Zielen (Wie kann ich …?) sowie unserer Handlungsstrategie kann die Projekt- bzw. Maßnahmenplanung beginnen. Da jeder Mensch und auch jede berufliche Krise einzigartig sind, gehen wir im Folgenden nur auf aus unserer Sicht sinnvolle Planungskategorien ein und erläutern beispielhaft, unter welchen Fragestellungen diese ausgestaltet werden könnten. Wichtig ist, am Ende soll das Ergebnis so sein, dass es nach Möglichkeit mit Ihren Lebens- und Berufszielen übereinstimmt. Jede Maßnahme, die Sie diesem Ziel näher bringt, sollte in Ihrer Planung berücksichtigt werden.

9

Es gibt sicherlich eine Vielzahl von Möglichkeiten, eine Projektplanung zu erarbeiten. Das Internet ist voll von solchen Ansätzen. Wir möchten uns darauf beschränken, welche grundlegenden Punkte in der Planung durchdacht und welche Fragen beantwortet werden sollten. Sie werden dabei erkennen, dass Sie auf die zuvor erarbeiteten Grundlagen zurückgreifen können. Folgende grundlegenden Fragen sollte Ihr Projektplan beantworten:

— **Was muss ich tun, um mein Ziel zu erreichen?** – In diese Planungskategorie nehmen Sie alle Maßnahmen auf, die aus Ihrer Sicht notwendig sind, um Ihr Ziel zu erreichen. Zählen Sie alles auf, was aus Ihrer Sicht sinnvoll ist. Lösen Sie sich bewusst davon, ob Sie Hindernisse oder Defizite erkennen. Es geht an dieser Stelle darum, zu verstehen und zu beschreiben, wie Sie zu Ihrem Ziel gelangen. Um die Hindernisse und Defizite kümmern Sie sich, wenn Sie die benötigten Ressourcen erfassen.

— **Welche Ressourcen benötige ich?** – Nachdem Sie wissen, was zu tun ist, bestimmen Sie nun, mit welchen Ressourcen die Maßnahmen umgesetzt werden können. Greifen Sie dazu auf Ihre Ressourcen-Mindmap (▶ Abschn. 8.1 und 9.1) zurück und ordnen geeignete Ressourcen den Maßnahmen zu. Stellen Sie dabei fest, dass Ihnen Ressourcen fehlen oder dass bestimmte Ressourcen durch die Krise nicht mehr zugänglich sind, planen Sie, wie Sie diese Defizite und Hindernisse überwinden. Hieraus ergeben sich weitere Aufgaben, die Sie zusätzlich zu den bisher definierten Maßnahmen erledigen müssen. Sehen Sie im Einzelfall keine Chance, eine unbedingt notwendige Ressource verfügbar zu machen, ist zwangsläufig die entsprechende Maßnahme zu überprüfen und so anzupassen, dass die notwendigen Ressourcen erreichbar werden.

— **Welche anderen Menschen sollte ich einbinden?** – Eine Krise allein durchzustehen ist nach unserer Erfahrung extrem schwierig, wenn nicht sogar unmöglich. Daher sollten Sie einen besonderen Schwerpunkt auf die Ressource Mensch legen. Ihre Umfeldanalyse (▶ Abschn. 8.3) gibt Ihnen wertvolle Hinweise zu dieser Ressource. Dieses sind vertraute Menschen, wie Ihre Familie oder Freunde, mit denen Sie offen über die Krise sprechen können, die Ihnen dabei helfen, Entscheidungen zu treffen, und die Sie dabei unterstützen, die emotional belastende Situation zu überstehen. Dann benötigen Sie Menschen in Ihrem beruflichen Umfeld, die über Machtpositionen verfügen und Wege eröffnen können, wie

Vorgesetzte oder der Betriebsrat. Schließlich benötigen Sie Menschen, die über Informationen verfügen und diese mit Ihnen teilen. Diese Gruppe umfasst grundsätzlich Ihr gesamtes Netzwerk, besonders herausheben möchten wir Ihren Kolleginnen- und Kollegenkreis, der einerseits emotional unterstützend wirken kann und andererseits dabei helfen kann, die eigene Situation in Ihrem beruflichen Umfeld objektiver wahrzunehmen.

- **In welcher Reihenfolge und bis wann müssen die einzelnen Maßnahmen und Aufgaben erledigt sein?**
  – Schauen Sie sich Ihre Maßnahmen und Aufgaben an und legen fest, bis wann diese umgesetzt sein sollten. Eine Möglichkeit, sich zeitlich zu orientieren, bietet die Rückwärtsplanung. Sie bestimmen zunächst die Reihenfolge Ihrer Maßnahmen unabhängig von Terminsetzungen. Anschließend legen Sie fest, bis wann die letzte Maßnahme spätestens abgeschlossen sein sollte. Ausgehend von diesem Zeitpunkt, durchlaufen Sie rückwärts alle Maßnahmen bzw. Aufgaben und terminieren diese so, dass der Endtermin erreicht wird. Ist der gewählte Zeitraum zu kurz, um alle Maßnahmen und Aufgaben zeitlich einplanen zu können, sollten Sie zunächst den Endtermin überprüfen. Gegebenenfalls sind auch Maßnahmen und Aufgaben zu überprüfen, ob es Möglichkeiten gibt, diese so anzupassen, dass der Zeitplan erreicht werden kann.

- **Welche Risiken sollte ich unbedingt im Auge behalten?**
  – Die Realität ist nicht ideal, und es könnten gerade in einer Krise immer wieder Ereignisse und Entwicklungen eintreten, auf die Sie reagieren müssen. Nehmen Sie sich Ihre SWOT-Analyse (▶ Abschn. 8.3) zur Hand und schauen sich die darin genannten Risiken an. Ergänzen Sie weitere Risiken, die sich auf Ihre bisherige Planung auswirken könnten. Bewerten Sie im Anschluss jedes Risiko in seiner Wirkung auf Ihren Plan und dessen Eintrittswahrscheinlichkeit. Planen Sie nun Möglichkeiten, um auf das jeweilige Risiko zu reagieren. Je größer die Auswirkung und je wahrscheinlicher der Eintritt, desto detaillierter sollten Sie Ihre jeweilige Reaktion festlegen.

Die Mindmap-Methode ist nach unserer Auffassung auch ein geeignetes Instrument, um den grundlegenden Projektplan zur Krisenbewältigung zu entwickeln. Die genannten Fragen bilden die grundlegenden Äste, die sich mit fortschreitender Konkretisierung immer weiter detaillieren. Der Vorteil der Mindmap gegenüber Listen im

Rahmen der Projektplanung ist, dass Sie gleichzeitig an allen Fragestellungen, ohne eine bestimmte Reihenfolge einhalten zu müssen, arbeiten können. Nach Fertigstellung sollten Sie ergänzend alle Termine in eine geeignete Kalender-App eintragen.

Eine Ressource haben wir durchgängig vorausgesetzt, ohne diese explizit zu nennen. Es geht um Ihre persönliche Handlungsfähigkeit in der Krise. Diese ist Grundvoraussetzung für jede Ihrer Aktivitäten im Zusammenhang mit der Krisenbewältigung. Daher sollten Sie sich im Rahmen Ihrer Planung eine weitere Frage stellen und beantworten:

Planungskategorie – Erhalt der eigenen Handlungsfähigkeit

— **Wie bleibe ich auch bei emotionaler Belastung handlungsfähig?**

Erinnern Sie sich an die Ausführungen in ▶ Kap. 5 und 6 zu den Themen Stress und Stressbewältigung sowie psychische Widerstandsfähigkeit. Die Reaktionen auf Stress sowie die psychische Widerstandsfähigkeit sind von Mensch zu Mensch unterschiedlich, sodass diese im Rahmen der Krisenbewältigung unterschiedliche Bedeutung erlangen. Beobachten Sie sich selbst und beantworten für sich möglichst ehrlich die Frage nach Ihrer emotionalen Betroffenheit und Belastung. Planen Sie Ihre individuellen Maßnahmen zum Umgang mit Stress ein. Nutzen Sie die in ▶ Abschn. 5.3 beschriebenen Ansätze oder auch weiterführende Literatur dazu. Sollten Sie zu dem Schluss kommen, dass Sie damit allein überfordert sind, so wenden Sie sich an vertraute Menschen oder suchen auch professionelle Hilfe. Denken Sie daran, dass wichtigstes Gebot in der persönlichen Krise ist, dass Sie gesund bleiben!

Nach der Planung kommt die Umsetzung. Diese erfolgt zweckmäßigerweise in dem Dreiklang:

— Maßnahmen und Aufgaben (wie geplant) durchführen
— Ergebnisse der Maßnahmen und Aufgaben überprüfen
— Bei festgestellten Abweichungen nachsteuern

Je nach Entwicklung des Projekts Krisenbewältigung kann es immer wieder notwendig werden, den Plan anzupassen und fortzufahren. Es ist nach unserer Erfahrung absolut normal, dass Pläne unterwegs angepasst werden müssen. Lassen Sie sich dadurch nicht aus dem Konzept bringen. Wir finden in diesem Zusammenhang den bei Projektmanagern beliebten Spruch „Planung ersetzt den Zufall durch den Irrtum!" sehr passend.

Zusammenfassung

Für das Befassen mit der konkreten beruflichen Krise und das Ableiten konkreter Handlungsstrategien und Maßnahmen stehen unterschiedliche Tools zur Verfügung. Zur Erfassung der Krise und deren Auswirkungen eignet sich die persönliche Situationsanalyse, die Entwicklungen bis zur Krise sowie deren Auswirkungen auf der Zeitachse darstellt. Weiterhin sind vor dem Hintergrund der Krise die Stärken und Schwächen sowie die Chancen und Risiken in der jeweiligen aktuellen Situation darzustellen und zu bewerten. Die eigenen beruflichen Ziele können mithilfe einer biografischen Analyse in Verbindung mit einer Betrachtung von Attraktionen und Aversionen abgeleitet werden. Die eigenen Entwicklungs- und Handlungsmöglichkeiten hängen von den zur Verfügung stehenden Ressourcen ab. Diese werden über die Ressourcen-Mindmap systematisch erfasst und visualisiert. Unterstützend wirkt im Zusammenhang mit den eigenen Ressourcen die STAR-Betrachtung, die erfolgreiche berufliche Situationen so aufbereitet beschreibt, dass zusätzliche Ressourcen sichtbar werden.

Auf die Analyse von Ausgangssituation und persönlichen Zielen setzt die Entwicklung der Handlungsstrategie als grundsätzliches Handlungsmuster auf. Die Bewertung des Deckungsgrades der beruflichen Aufgabe mit den persönlichen Zielen sowie der Erfolgschancen der Krisenbewältigung mit den verfügbaren Ressourcen eröffnet die Möglichkeit, vier grundsätzliche Handlungsstrategien zu unterscheiden. Decken sich die eigenen Ziele nur gering mit der aktuellen beruflichen Aufgabe, besteht Anlass, die krisenbehaftete berufliche Aufgabe zu verändern. Je nach zur Verfügung stehenden Ressourcen sollte dieses bei geringen Ressourcen kurzfristiger als bei ausreichenden Ressourcen erfolgen. Deckt sich die aktuelle berufliche Aufgabe stark mit den eigenen Zielen, so sollte bei ausreichenden Ressourcen der Kampf aufgenommen werden. Sind die Ressourcen dagegen unzureichend, wäre es zielführend, loszulassen und sich auf absehbare Zeit neu zu orientieren. Auf Basis der so gefundenen Handlungsstrategie kann das Projekt „Krisenbewältigung" angegangen werden. Dieses ist so entlang der Strategie zu planen, dass unter Berücksichtigung der verfügbaren Ressourcen die eigenen Ziele erreicht werden.

Literatur

DIN 69901-5:2009-01. Projektmanagement – Projektmanagement-systeme – Teil 5: Begriffe.

Jordan, U., Külpp, B., & Bruckschen, I. (2013). *Das erfolgreiche Ein-stellungs-Interview – Potenziale für morgen sicher erkennen und gewinnen* (2. Aufl.). Wiesbaden: Springer.

Mintzberg, H. (1987). Crafting strategy. *Harvard Business Review, 65,* 66–74.

Obermann, C. (2013). *Assessment Center – Entwicklung, Durchführung, Trends. Mit originalen AC-Übungen* (5. Aufl.). Wiesbaden: Springer.

Schüler-Lubienetzki, H., & Lubienetzki, U. (2016). *Schwierige Menschen am Arbeitsplatz: Handlungsstrategien für den Umgang mit heraus-fordernden Persönlichkeiten* (2. Aufl.). Berlin: Springer.

9

Abschluss – Die Chance für etwas Neues

Wir möchten das Buch nicht beenden, ohne unseren Beispielfall ebenfalls abzuschließen. Schauen wir, wie es Tim K. nach seiner beruflichen Krise erging.

Beispiel

Zwischenzeitlich dachte Tim K. es würde ihm alles zu viel werden. Er hatte sich zwar einen Plan zurechtgelegt, jedoch passierten unterwegs Dinge, mit denen er nicht gerechnet hätte. So tauchten wie aus dem Nichts weitere Vorwürfe auf. Ein ehemaliger Mitarbeiter, der Tim K. früher insbesondere durch schlechte Leistungen auffiel und gegen den Tim K. damals geeignete Maßnahmen ergriffen hatte, meldete sich mit weiteren Anschuldigungen, die natürlich haltlos waren, um die sich Tim K. aber dennoch kümmern musste. Auch stellte er fest, dass Menschen in seinem beruflichen Umfeld, die er früher fast als Freunde bezeichnet hätte und auf die er eigentlich gezählt hatte, nicht mehr zur Verfügung standen. Kurz gesagt, er durchlebte bis zur Klärung so manches emotionale Tief, mit dem er begleitend umgehen musste. Trotz aller widrigen Umstände gelang es Tim K., seinen Plan am Ende umzusetzen. Er hatte frühzeitig erkannt, dass eine Rückkehr auf seine alte Position keine sinnvolle Handlungsstrategie wäre. Einerseits stellte er bei genauerer Betrachtung fest, dass das soziale Umfeld, insbesondere die beiden Toxiker, nicht seinen Vorstellungen entsprach, und andererseits bot ihm seine berufliche Krise die Chance, frei darüber nachzudenken, wie und wo er seine Lebens- und Berufsziele umsetzen könnte. Seine systematischen Überlegungen zu seinen Zielen führten dazu, dass er offen war für wirklich Neues und für Chancen, die er in seiner bisherigen beruflichen Position wahrscheinlich nicht wahrgenommen, geschweige denn ergriffen hätte. Er ließ also los und orientierte sich neu.

Fallbeispiel Tim K.   Tim K. traf mitten in der Krise einen entfernten Freund, den er seit längerer Zeit nicht gesprochen hatte. Dieser hatte von seinen Problemen gehört und interessierte sich verständlicherweise zunächst für das, was passiert war, wie es dazu kam und natürlich auch dafür, wie Tim K. sich fühlte und was er weiter tun wollte. Doch dann nahm das Gespräch eine unvorhergesehene Wendung. Der Freund erzählte Tim K. beiläufig von einer Geschäftsidee, die er hatte. Allerdings traute er sich deren Umsetzung alleine nicht zu. Insbesondere seine Fähigkeiten in der Kundenansprache und in der Entwicklung des Geschäfts schätzte er als nicht ausreichend ein. Tim K., dessen Stärken gerade in diesem Bereich lagen, hörte gebannt zu, und das Gespräch ging in eine Richtung, die Tim K. nicht erwartet hatte. Anstatt seine Krise in immer feinerer Körnung zu beleuchten, ging es nun darum zu überlegen, wie aus der Geschäftsidee eine erfolgreiche Unternehmung werden könnte. Tim K. machte Vorschläge, es wurden Notizen und Skizzen auf Servietten gemacht, und aus einem eigentlich kurzen Treffen wurden mehrere Stunden. Am Ende war alles ganz einfach und ganz klar – Tim K. war dabei! Sein Plan sah bis zu diesem Zeitpunkt eigentlich vor, in einem anderen Unternehmen eine vergleichbare Position zu finden, nun war er sich sicher, er hatte seine Berufung gefunden. Er wollte dabei sein, wenn aus einer Geschäftsidee ein neues Unternehmen entsteht. Er überarbeitete zunächst seinen Plan zur Krisenbewältigung. Wichtig war dabei, dass sämtliche Maßnahmen weiterliefen, die dazu dienten, die gegen ihn aufgeworfenen Vorwürfe zu entkräften und seine angeschlagene Reputation wiederherzustellen. Was sich in der Planung änderte, waren alle Aktivitäten, die dazu dienten, seine neue berufliche Aufgabe zu finden und einzunehmen. Stattdessen begannen die Planungen zur Umsetzung der Geschäftsidee seines Freundes. Die Krise war zwar an dieser Stelle noch nicht beendet, Tim K. bewegte sich jedoch endlich wieder in die richtige Richtung, wodurch seine emotionale Belastung deutlich sank und er das lang ersehnte Gefühl von Erfüllung und Wohlbefinden wiederfand.

Heute ist aus der Geschäftsidee ein kleines Unternehmen geworden, für dessen Erfolg Tim K. mitverantwortlich ist und mit dem er sich zutiefst verbunden fühlt.

Wir hoffen, Ihnen mit unserem Buch Anregungen und Hinweise gegeben zu haben, mit deren Hilfe es Ihnen gelingt, Ihre persönliche Krise zu überwinden. Wir wünschen Ihnen dabei Mut, die nötige Ausdauer und natürlich viel Erfolg!

Heidrun Schüler-Lubienetzki und Ulf Lubienetzki

Serviceteil

Stichwortverzeichnis – 195

© Springer-Verlag GmbH Deutschland, ein Teil von Springer Nature 2020
H. Schüler-Lubienetzki, U. Lubienetzki, *Durch die berufliche Krise und dann vorwärts –*,
https://doi.org/10.1007/978-3-662-60536-3

Stichwortverzeichnis

A

akkommodative Flexibilität 152
Analyse
– biographische 166
Anforderungen 10, 48, 51, 82, 117, 129, 132
Anforderungskategorien 119
Arbeitsaufgabe 17, 30
Arbeitsorganisation 17, 30
Arbeitsplatz 17, 30
Arbeitssituation 17, 29
assimilative Persistenz 152
Attraktion 167, 175
Aversion 167, 175

B

Bedeutsamkeit 20, 104
Bedürfnispyramide 18, 69
Bedürfnisse 69
Belastung
– psychische 87
Beruf 16
Berufsziele 125
Betriebsklima 31
Bewertung 83
biographische Analyse 166

C

Coping 84

D

Defizit 51, 76, 180
Defizitbedürfnis 70

E

emotionales Erleben 58
emotionsorientierte Stressbewältigung 89, 135
Entspannung 10
Erfolg 54
Erfüllung 14, 23
Erleben
– emotionales 58

F

Flexibilität
– akkommodative 152
Flüchtlingskrise 4

G

Gesundheit 16
– psychische 69

H

Handhabbarkeit 20, 103
Handlungsfähigkeit 186
Handlungsstrategie 179, 180
Hardiness 107
Herausforderung 45
herausgehobene Position 12
Hindernis 52, 78, 180
humanistische Psychologie 18

I

Ich 111, 155
Ideal-Selbst 67
Identität 20, 64

K

Katastrophe 3, 116
Kohärenzgefühl 19, 103
Krankheit 16
Krise 3, 46
– persönliche 47, 49
Krisenablauf 118
Krisenbewältigung 129, 133, 137, 149, 183
Krisenmanagement 5, 47

L

Lebensziel 125
Leistungsängstlichkeit 106

M

Manager 5, 44
Mindmap 75, 142, 171, 176, 180
Motivation 22

P

Persistenz
– assimilative 152
persönliche Krise 47, 49
persönliche Situationsanalyse 165
Perspektivenwechsel 122
Position
– herausgehobene 12
Privatleben 15
psychische Belastung 87
psychische Gesundheit 69
psychische Widerstandsfähigkeit 53, 57, 98, 109,
   141
Psychologie
– humanistische 18

R

Real-Selbst 67
Repertoire 110
Resilienz 99
– Faktoren 100
Ressource 50, 73, 109, 134, 141, 142, 171, 180, 184

S

Salutogenese 16, 102
Schockerlebnis 59
Selbst 64, 111
Selbstaktualisierung 18, 70
Selbstaktualisierungstendenz 18
Selbstaufwertungsmotiv 64
Selbstbewusstsein 21, 68
Selbsteinschätzungsmotiv 64
Selbstkonzept 21, 65, 66
Selbsttest 87
Selbstverwirklichung 18, 70
Selbstwert 49
Selbstwertgefühl 21, 65
Selbstwirksamkeit 104
Situationsanalyse
– persönliche 165
Soll-Selbst 67

Spannungszustand 11, 83
STAR-Methode 172
Strategie 149, 151
Stress 11, 86, 131
Stressbewältigung 84
– emotionsorientierte 89, 135
Stresslevel 86
Stressmodell 83
– transaktionales 82
Stressor 83
Stressreaktion 11
Stressreduktion 74
Stressverhalten 11
SWOT-Analyse 157, 165

T

Toxiker 33, 109
transaktionales Stressmodell 82

U

Umfeldanalyse 159, 165
Unternehmenskrise 2, 47

V

Verstehbarkeit 19, 103
Volition 22
Vorbote 59
Vorhersehbarkeit 42

W

Wachstumsbedürfnis 70
Wahrnehmungsfilter 83
Wendepunkt 3
Widerstandsfähigkeit
– psychische 53, 57, 98, 109, 141
Wirklichkeit 120
Wohlbefinden 16, 69
Work-Life-Balance 15
Work-Life-Integration 15

Z

Ziel 124, 133, 150, 166, 170, 175, 176
– alternatives 153
Zielpriorisierung 178

Printed in the United States
By Bookmasters